Staats- und socialwissenschaftliche Forschungen

herausgegeben

von

Gustav Schmoller.

Vierzehnter Band. Zweites Heft.

(Der ganzen Reihe einundsechzigstes Heft.)

Johannes Feig: Hausgewerbe und Fabrikbetrieb in der Berliner Wäsche-Industrie.

Leipzig,
Verlag von Duncker & Humblot.
1896.

Hausgewerbe und Fabrikbetrieb

in der

Berliner Wäsche-Industrie.

Von

Dr. Johannes Feig.

Leipzig,

Verlag von Duncker & Humblot.

1896.

Meinen geliebten Eltern.

Vorwort.

Mancherlei Ereignisse der jüngsten Zeit, vor allem der im Februar dieses Jahres durchgefochtene grofse Konfektionsstrike, haben die Augen nicht nur der socialpolitisch Gebildeten, sondern aller Denkenden im Volke auf jene Industrien gelenkt, welche unter dem Sammelnamen der „Konfektion“ begriffen werden. Es war vor allem das Los der Arbeiterinnen dieser Industrien, welches, nachdem einzelne Mitteilungen darüber in die weitere Öffentlichkeit gedrungen waren, nicht nur das allgemeine Mitleid erregte, sondern zur Unterstützung der Konfektionsarbeiterbewegung auch von seiten solcher Kreise führte, die sonst wenig geneigt sind, den Klagen der arbeitenden Klassen Gehör zu schenken.

Der Wissenschaft war die eigentümliche Gestaltung jener specifisch grofsstädtischen Industrien schon lange bekannt. Hatten doch vor allem die Erhebungen der englischen „Sweating Commission“ ein grelles Licht auf eine der traurigsten Erscheinungen des socialen Lebens der Gegenwart geworfen: das Sweating System.

Eingehende Beschreibungen nach seiten ihrer Entstehung, Entwickelung und Betriebsform haben die Konfektionsindustrien jedoch nur in geringerem Mafse gefunden; meist wurden sie im Vergleich zu anderen Hausindustrien nur kurz behandelt.[1]

Zu einer näheren Untersuchung in der angedeuteten Richtung mufste besonders eine Industrie reizen, welche, wie die Wäscheindustrie Berlins, den rein hausindustriellen Charakter abgeworfen hat und in ihren verschiedenen Zweigen die Formen des Fabrikbetriebs und der Hausindustrie neben einander aufweist.

Die Anregung zu der vorliegenden Untersuchung verdanke ich Herrn Professor Sering, welcher mich auch während der Arbeit durch Rat und Empfehlungen in liebenswürdigster

[1] Vergl. Bein, die Industrie des Voigtlandes, und die Veröffentlichungen des Vereins für Socialpolitik über die Hausindustrien in Deutschland. Die neuesten Erscheinungen auf diesem Gebiete sind Schwiedland, Kleingewerbe und Hausindustrie in Österreich, Leipzig 1894, Benoist, Les ouvrières de l'aiguille à Paris, Paris 1895 und Oda Olberg, Das Elend in der Hausindustrie der Konfektion, Leipzig 1896.

Weise unterstützt hat. Es drängt mich, ihm auch an dieser Stelle meinen Dank auszusprechen.

Ich kann es bei dieser Gelegenheit nicht unterlassen, meiner Dankbarkeit auch gegenüber Herrn Professor Brentano Ausdruck zu geben, welcher mich in das Studium der Nationalökonomie eingeführt und darin gefördert hat.

Aller derer namentlich zu gedenken, welche mich bei meiner Arbeit in zuvorkommendster Weise unterstützt haben, ist mir nicht möglich; vor allem sind es die Herren Philippsohn, Hanff und Hergt und die Vorstände der beiden Fachvereine der Wäschearbeiter und Plätterinnen, denen ich zu gröſstem Danke verpflichtet bin.

Endlich bin ich Herrn Geh. Regierungsrat Dr. Boeckh und Herrn Regierungsrat Dr. Sprenger für die gütige Erlaubnis der Benutzung amtlichen Materials Dank schuldig.

Von dem Aufsatze: „Die Entstehung der Berliner Wäsche-Industrie im 19ten Jahrhundert“ von H. Grandke[1] sind mir durch die Freundlichkeit des Herrn Verfassers die Druckbogen zugegangen, so daſs ich die Ergebnisse seiner Arbeit, mit denen ich im allgemeinen übereinstimme, noch verwerten konnte.

Meine Arbeit war bereits abgeschlossen, als der Entschluſs der Reichsregierung bekannt wurde, die Lage der Arbeiterinnen in den Konfektions- und Wäsche-Industrien durch die Kommission für Arbeiterstatistik einer Untersuchung unterziehen zu lassen. Dies legte die Frage nahe, ob mit der Veröffentlichung der vorliegenden Untersuchung bis zum Abschluſs jener Erhebung gezögert werden sollte.

Wenn ich mich dafür entschied, die Arbeit bereits jetzt in die Öffentlichkeit treten zu lassen, so leiteten mich dabei zwei Gesichtspunkte. Erstens: das Hauptgewicht dieser Untersuchung sollte weniger auf die statistische Erfassung der Lage der Arbeiter gelegt werden, als auf die Klarstellung ihrer Bedingtheit durch die wirtschaftliche und technische Entwickelung der Industrie. Zweitens: die Veröffentlichung möchte vielleicht Anregungen geben, welche gerade für die bevorstehende Erhebung von einigem Nutzen sein könnten.

Niemand kann dringender wünschen als ich, daſs die Lücken, welche die nachfolgende Untersuchung aufweist, durch die Erhebungen der Kommission ausgefüllt, und daſs die Fehler, die ihr inne wohnen sollten, richtig gestellt werden mögen.

Berlin, im März 1896.

Der Verfasser.

---

[1] Schmollers Jahrbuch Bd. XX Heft 2. 1896.

Inhaltsverzeichnis.

Zweiter Teil.

Die Arbeitsbedingungen und die sociale Lage der Arbeiter.

A. Die Hausindustrie.

B. Die Fabrikarbeit.

1. Die Fabrikbeamten und Zuschneider.

2. Die Arbeiterinnen.

I. Die Arbeitsbedingungen.

II. Die sociale Stellung und Lebenshaltung der Arbeiterinnen.

C. Die auswärtigen Arbeitsverhältnisse.

D. Die Regelung der Arbeitsverhältnisse.

Einleitung.

Von den Bekleidungsindustrien die jüngste und überhaupt einer der modernsten Gewerbszweige ist die Wäscheindustrie. Die Herstellung von Wäsche erfolgte bis in dies Jahrhundert hinein fast ausschliefslich hauswirtschaftlich. Werden doch bis auf den heutigen Tag in vielen Familien, insbesondere in kleinen Städten, die Aussteuern der Töchter im Hause genäht von den Frauen des Hauses mit Hülfe des Gesindes. War früher das Nähen der Wäschestücke nichts als der Schlufsprozefs des Spinnens und des Webens der Leinwand, welches ebenfalls im Hause erfolgte, so brachte die Entwickelung der Textilindustrie es mit sich, dafs diese den Personen, welche das Nähen besorgten, den Rohstoff fertig als selbständiges Produkt lieferte, welches von ihnen dann weiter bearbeitet wurde.

Der erste Schritt, der das Wäschenähen aus dem Stadium des Hausfleifses löste, war das Aufkommen von Lohnnäherinnen, welche ähnlich wie die Schneiderinnen ins Haus kamen und hier bei der Arbeit halfen oder dieselbe leiteten.

Eine besondere auf Erzeugung fertiger Wäschestücke gerichtete Industrie bildete sich zuerst da aus, wo seitens einer gröfseren Nachfrage höhere Ansprüche an die Qualität gestellt wurden, in England und vor allem im Mutterlande der Mode, in Frankreich. Von hier aus wurde die ganze Kulturwelt mit Wäscheartikeln der feinsten Art versorgt, deren Herstellung ein gröfseres Verständnis erforderte, als die Hausfrau oder Weifsnäherin besitzen konnte. Aus ähnlichen Gründen lieferte England die besonders peinliche Arbeit beanspruchenden Kragen und Manschetten.

Auch in Berlin begannen bereits zu Anfang dieses Jahrhunderts gröfsere Leinengeschäfte, welche bisher nur das Rohmaterial für die Wäsche in Stücken verkauften, einzelne fertige Wäschestücke anzubieten, und vornehme Familien liefsen bereits ganze Ausstattungen von ihnen fertigen. Daneben sind es die „Nähschulen“, welche ursprünglich zu Lehrzwecken, später mehr und mehr zu Erwerbszwecken einen Teil der häuslichen Produktion an sich reifsen[1]. Doch scheinen die Leinengeschäfte schon früh eigene Nähstuben begründet zu haben, in denen sie bis zu 50 und mehr Näherinnen unter Anwendung einer bei der hauswirtschaftlichen Herstellung nicht anwendbaren Arbeitsteilung beschäftigten.

Einen neuen Anstofs erhielt die Industrie durch die Erfindung der Nähmaschine im Anfang der vierziger Jahre dieses Jahrhunderts, welche sich zunächst in ihrem Vaterlande Amerika rasch verbreitete, aber schon seit 1855 in Deutschland fabriziert wurde. Bereits 1848 arbeitet in Berlin die erste, amerikanische Nähmaschine. Seitdem begann die schnelle Verbreitung und die durch die Konkurrenz der Fabrikanten bewirkte Verbilligung der Maschinen in Deutschland. Die Wheeler-Wilson-Maschine kostete nach ihrer Einführung 65 bis 72 Thaler, 1870: 40 bis 45 Thaler, 1885: 110—120 Mark, jetzt 80--90 Mark.

Die Nähmaschine, welche in der Minute 400 bis 800 Stiche zu machen im stande ist[2], bedeutete eine grofse Beschleunigung der Arbeit und damit Vermehrbarkeit der Produktion. Zunächst aber herrschte in dem Publikum, welches bisher allein Abnehmer der fertigen Wäscheartikel war, ein lebhaftes Vorurteil gegen die Maschinenarbeit, und so behielten die guten Geschäfte die Handarbeit in ihren Nähstuben bei und überliefsen es den Lohnnäherinnen, an der Maschine zu arbeiten; diese aber gingen nun nicht mehr in die Familien, sondern arbeiteten in ihrer eigenen Wohnung, allein oder mit Hülfe von Mädchen, welche sie anlernten.

Mit dem schwindenden Mifstrauen gegen die Maschinenarbeit begannen aber die Leinengeschäfte jene Maschinennäherinnen auch ihrerseits zu beschäftigen und aus den Lohnnäherinnen wurden so zum grofsen Teile Hausindustrielle. Hierin liegt die Ursache der merkwürdigen Erscheinung, dafs mit dem Aufkommen der Nähmaschinen zunächst nicht der geschlossene Betrieb gestärkt wird, sondern die zersplitterte Heimarbeit entsteht. Die Nähstuben der Geschäfte bleiben in ihrer Produktion auf den nicht nur relativ sondern absolut immer geringer werdenden Teil des Publikums beschränkt, der nach Handarbeit verlangt. Nur wenige[3] führen die

---

[1] Die Entstehung und Bedeutung der Nähschulen hat Grandke a. a. O. klargelegt.

[2] Nach Grandke verzwölffachte sie die Leistung der Handnäherin, S. 250.

[3] Die von Grandke citierte Stelle bei Viebahn (Statistik des Zollvereins im nördlichen Deutschland III. 1868): „In den grofsen Städten haben sich . . . . grofse Nähanstalten für Weifszeug gebildet, welche mitunter Hunderte von fleifsigen Händen beschäftigen und besonders seit Einführung der Näh-

Maschinenarbeit ein, zeigen sich aber der Konkurrenz der hausindustriellen Maschinennäherinnen nicht gewachsen, da die Vorteile der Arbeitsteilung noch verhältnismäfsig gering sind, so lange es sich nicht um Gegenstände handelt, die massenweise hergestellt werden, der Kapitalaufwand für Maschinenarbeit jedoch erheblich gröfser ist, als ein solcher für Handarbeit. Die meisten dieser Nähstuben gehen allmählich ein, und erst später erstehen neue auf anderer Grundlage[1].

Aufserhalb Berlins wurde in Deutschland nur in Bielefeld und in Sachsen fertige Wäsche hergestellt; hier waren es Kragen und Manschetten gewöhnlichster Art, dort Hemdeneinsätze, welche den Hauptgegenstand der Fabrikation bildeten. Kein Wunder, dafs darum Berlin mit seinem starken Fremdenverkehr bald ein gesuchter Absatzmarkt für Wäsche wurde.

Zunächst errang das Berliner Fabrikat in der Provinz einen vorzüglichen Ruf, bald ging ein, wenn auch geringer, Teil der Erzeugnisse ins Ausland. Nicht nur waren es russische Vergnügungsreisende, die, bevor sie in die Bäder fuhren, sich in Berlin versorgten, sondern bereits in den fünfziger Jahren melden die Berliner Ältesten-Berichte, dafs die Wäscheartikel im Auslande sehr beliebt geworden seien und auf den holländischen und überseeischen Märkten mit französischer und englischer Ware konkurrieren[2].

Die Hauptsache aber war, dafs der Bedarf nach den Erzeugnissen dieser Industrie ein stetig wachsender war, indem mit dem fortschreitenden Wohlstande und mit der zunehmenden Verbilligung der von den Geschäften gelieferten Wäsche mehr und mehr die hauswirtschaftliche Herstellungsweise zurückgedrängt wurde. Die Möglichkeit, den Verbrauch noch in ungemessener Weise zu steigern, bildete die Grundlage für eine Entwickelung, welche Mitte der sechziger Jahre einsetzt.

Die Wäsche, insbesondere die Leibwäsche, um welche es sich in der Hauptsache handelt, wurde bisher fast ausschliefslich nach Mafs gearbeitet; allein die meisten Wäschestücke bedürfen entfernt nicht einer solchen Anpassung an die indi-

---

maschinen den Charakter von Manufakturen angenommen haben," ist offenbar eine Verallgemeinerung einzelner Beispiele (wie des aus Mühlhausen berichteten Falls). Wenn er für Berlin 50 Geschäfte, die Hemden zum Handel machen lassen, darunter 5 gröfsere und eines mit 600 Personen anführt, das mehrere Nähstuben errichtet habe, in denen unter einer Directrice und mehreren Lehrerinnen junge Mädchen für die Näherei ausgebildet würden, so beruht die letzte Zahlenangabe sicherlich auf Überschätzung, da ich durch Befragen älterer Geschäftsleute keine Bestätigung dieser Angabe erhalten konnte.

[1] Diese Entwicklung übersieht Grandke, wenn er sagt: „Die Notwendigkeit, Nähmaschinen einzustellen, beschleunigt den Übergang in die Abhängigkeit von dem, der die nötige Kapitalkraft besitzt, um die Maschinen in der nötigen Anzahl zu beschaffen, vom Unternehmer." (A. a. O. S. 253).

[2] Berichte der Ältesten der Kaufmannschaft von Berlin, Jahrg. 1855 S. 30, Jahrg. 1859 S. 35.

viduelle Figur, wie die aus schwereren Stoffen bestehenden Kleidungsstücke. Es erwies sich daher als möglich, Wäschestücke in bestimmten Normalgröfsen auf Vorrat zu arbeiten.

Nach 1864 begannen einzelne unternehmende Kaufleute mit Hülfe der bereits ausgebildeten Hausindustrie, Wäsche in gröfseren Quantitäten nur für Wiederverkäufer herzustellen. Und dies erwies sich als ein so glückliches Unternehmen, dafs das Berliner Engrosgeschäft sich in merkwürdig kurzer Zeit nicht nur den gesamten deutschen Markt eroberte, sondern auch im Auslande, insbesondere Holland, seine französischen und englischen Konkurrenten schlug.

Der Ruf, den sich das Berliner Detailgeschäft erworben hatte, kam dem aufstrebenden Engrosgeschäft zu Gute. Die Detaillisten der Provinz konnten nun die Berliner Ware auch ihrerseits anbieten. Trotzdem hatte das Engrosgeschäft mit dem immer noch regen Vorurteil zu kämpfen, welches gegen den Bezug fertiger Wäsche überhaupt bestand. Ein lebhafter Aufschwung datiert seit dem deutsch-französischen Kriege, nach dessen Beendigung die Entwickelung Berlins überhaupt, und seiner Industrie insbesondere, aufserordentlich fortschritt. Im Auslande wurden Rufsland und Holland die Hauptabnehmer. Der Absatzmarkt in Inland und Ausland erweiterte sich fast ununterbrochen bis etwa zum Jahre 1880; diese Ausbreitung bietet wirtschaftlich wenig interessante Momente.

Das Engrosgeschäft hatte zunächst seine Arbeitskräfte in Näherinnen gefunden, welche bis dahin oder auch noch weiter nebenher für das Detailgeschäft, oder welche als selbständige Lohnnäherinnen gearbeitet hatten. Es hatte aber eine starke Vermehrung der Arbeitskräfte bewirkt. In einer Stadt wie Berlin fand sich mit Leichtigkeit eine grofse Zahl älterer Mädchen oder Witwen, welche mit Freuden die Gelegenheit ergriffen, sich durch eine ihnen bereits geläufige Arbeit einen kleinen Verdienst zu schaffen. Auch wurden in der ersten Zeit, um Arbeitskräfte heranzulocken, verhältnismäfsig hohe Löhne gezahlt, so dafs sogar im Jahre 1867 die Löhne den steigenden Lebensmittelpreisen folgten[1].

Angeregt durch den Erfolg, welchen die Begründung des Engrosgeschäfts gehabt hatte, schuf der Unternehmungsgeist Ende der 60er Jahre einen neuen Zweig der Wäscheindustrie in Berlin, die Herstellung von Kragen und Manschetten. Diese hatten sich schon lange als geeigneten Gegenstand der Massenerzeugung erwiesen und wurden als solcher vorwiegend in England fabriziert und in Deutschland mit Ausnahme der geringsten Qualitäten fast ausschliefslich von dort bezogen.

Zur Herstellung dieser Artikel gehört im Gegensatz zu der von anderen Wäschestücken ein gröfseres technisches Ver-

[1] Ältesten-Bericht von 1867. S. 56.

ständnis und eine strengere Beaufsichtigung der schwierigeren Arbeit, und es war eine gewisse Arbeitsteilung von vornherein gegeben. Daher wandten sich die ersten Unternehmer in diesem Zweige der Industrie nicht an die hausindustriellen Näherinnen, sondern begründeten Nähstuben, in welche sie zum kleineren Teil aus der Hausindustrie Arbeitskräfte herangezogen, in der Hauptsache aber neue Kräfte anlernten. Das Zuschneiden der Kragen und Manschetten liefs man nicht durch die Näherinnen, sondern durch männliche Arbeiter vornehmen. Es lohnte sich, hierfür besondere Arbeitskräfte anzustellen, da Kragen und Manschetten massenweise in gleicher Gröfse gefertigt werden, sodafs eine grofse Zahl von Lagen des Stoffs nach einem Muster zugeschnitten werden kann.

Im Jahre 1865 richtete ein Wäschegeschäft die, soweit mir bekannt geworden, erste Nähstube dieser Art in eigenem Hause ein. Schon im nächsten Jahre folgte eine zweite, und nun schofs rasch eine nach der anderen empor. Der Anfang all dieser späteren „Fabriken“ war ein bescheidener. So hat die heute gröfste Fabrik mit 20—30 Näherinnen angefangen.

Aber den Hauptaufschwung nahm auch dieser Industriezweig erst nach dem deutsch-französischen Kriege. Das Fabrikat verdrängte durch seine Billigkeit und elegante Ausführung das bis dahin herrschende englische in kurzer Zeit fast vollständig vom deutschen Markt. Anfangs wurden noch die Krageneinlagen fertig aus England bezogen, bald aber emancipierte sich die Berliner Industrie auch hiervon. Noch weit mehr, als von den übrigen Wäschegegenständen, galt von Kragen und Manschetten, dafs ihr Absatz, der bisher fast nur auf die oberen Klassen der Städter beschränkt war, einer starken Vermehrung fähig war, indem sich immer weiter auch in den unteren Klassen und bei der Landbevölkerung die Sitte, weifsleinene und gestärkte Kragen zu tragen, verbreitete, wozu nicht am wenigsten der zunehmende Volkswohlstand der 70er Jahre beitrug.

Endlich aber wurden von der Fabrikation noch andere Gegenstände ergriffen, welche bisher von den Detailgeschäften hausindustriell hergestellt wurden, wie Hemdeneinsätze, Oberhemden, Chemisettes und Serviteurs, oder solche, welche erst von der Mode geschaffen wurden, wie Damenkragen und -Manschetten.

Während in der ersten Zeit, wie schon erwähnt, der Produktionsprozefs in der Fabrik sich auf das Nähen und Zuschneiden beschränkte, und die Halbfabrikate zu ihrer Vollendung in Wasch- und Plättanstalten gegeben wurden, welche eigens für neue Wäsche entstanden waren, begannen die Fabrikanten nach einigen Versuchen, die Wäscherei und Plätterei in der Fabrik selbst vorzunehmen, die aufserordentliche Wichtigkeit gerade dieser Prozesse für das Aussehen und damit die Verkäuflichkeit ihrer Ware zu erkennen. So wurde in einer Fabrik nach der anderen auch Wäscherei und Plätterei eingeführt.

Zunächst wurde in all diesen Fabriken ohne Anwendung von irgend welcher mechanischen Kraft oder von komplizierten Maschinen gearbeitet. Die Zuschneider hantieren nur mit einem Messer, in der Näherei steht eine Nähmaschine neben der anderen, und der einzige Unterschied von der hausindustriellen Arbeit ist der, dafs zwischen den verschiedenen Maschinen- und Handnäherinnen eine ausgebildete Arbeitsteilung besteht. In der Plätterei wurde mit denselben Bügeleisen gearbeitet wie in jedem Haushalt, und nur der Herd, auf dem die Bolzen erwärmt wurden, war von besonderer Konstruktion. Allein in der Wäscherei wurde mit gröfseren Maschinen gearbeitet, welche zunächst durch Handbetrieb in Bewegung gesetzt wurden, aber später die erste Einführung der Dampfkraft in die Wäschefabrikation veranlafsten.

Der Jahresbericht der Fabrikinspektoren für das Jahr 1874[1] zählt für Berlin bereits 32 Wäschefabriken mit zusammen 1355 Arbeitern. 1876[2] werden 50—60 Fabriken angegeben, deren kleinste 30—35 Arbeiter und 6—8 Nähmaschinen beschäftigt, während die gröfste 600 Arbeiter, 150 Nähmaschinen und eine Dampfmaschine von 16 Pferdekräften besitzt; die Zahl der Arbeiter überhaupt beträgt etwa 4000. 1877[3] werden 70 Fabriken gezählt, darunter 5—6 gröfsere, welche 200 – 300 Arbeiter beschäftigen; der Jahresumsatz dieser Fabriken wird auf 12 – 13 Millionen Mark, 1879[4] auf 15 – 16 Millionen Mark geschätzt.

Zu verstehen ist dieser aufserordentliche Aufschwung nur dadurch, dafs sich die junge Fabrikation in kürzester Zeit zu einer lebhaften Exportindustrie entwickelt hatte. Über die Hälfte der Berliner Produktion ging ins Ausland. Trotzdem sie hier nicht nur die englische und französische Exportindustrie, sondern auch einheimische Industrien, wie in Warschau, Stockholm, Wien und Mailand, antraf, wufste die Berliner Industrie selbst diese in ihrem Heimatlande wirksam zu bekämpfen[5]. Sie versorgte Dänemark ausschliefslich und fand starken Absatz in der Schweiz, in Italien, Österreich-Ungarn, Belgien, Holland, Norwegen, Rufsland und den Donaufürstentümern, drang in Spanien und Portugal ein, streckte ihre Fühler bereits nach Amerika und Australien, und selbst Frank-

---

[1] S. 12.

[2] Ältestenbericht S. 58.

[3] Ältestenbericht S. 67.

[4] Ältestenbericht S. 107.

[5] Ältestenbericht 1876 S. 58.

reich und England mufsten sich auf eigenem Boden ihre Konkurrenz gefallen lassen [1].

Die Berliner Wäsche zeichnete sich aus durch Reichhaltigkeit der Muster, geschmackvolle und saubere Ausführung der Näharbeit, der Wäscherei und Plätterei. Nicht wenig trug zu ihrer Verbreitung die Berliner Gewerbeausstellung von 1879 bei; desgleichen die Weltausstellung in Sidney [2].

Die Zollverhältnisse waren in den 70er Jahren für die Industrie nicht ungünstig; der Zoll auf das für die Kragen und Manschetten unentbehrliche Rohmaterial, die irische Leinwand, war 1865 von 60 auf 30 Mark herabgesetzt worden, auf welcher Höhe er bis zum Jahre 1879 verblieb.

Leichter als der Kampf auf dem auswärtigen Markte war für die Industrie die Eroberung des inländischen Marktes. Die französische und englische Ware war bald selbst aus den besten Detailgeschäften verdrängt, die Ausbreitung der weifsen Wäsche auf dem Lande wurde lebhaft gefördert durch die in jenen Jahren aufkommende Papierwäschefabrikation, deren Erzeugnisse vielfach bahnbrechend für die solidere Leinenwäsche wirkten [3]. Doch war der Absatz gröfseren Schwankungen unterworfen. Insbesondere die Einführung der Damenwäsche hat ein flüssiges Element in die Produktion gebracht, denn der Bedarf nach dieser ist der Mode unterworfen. Diese heischt z. B. 1877 statt der gestärkten Kragen leichte rüschen- und spitzenartige Artikel, und damit erwächst plötzlich der Berliner Fabrikation eine starke Konkurrenz durch die sächsische. Solche kleine Einbufsen konnten aber die aufblühende Industrie im ganzen nicht erschüttern, und es ist bezeichnend, dafs gerade für die Jahre 1875—1877 die voigtländische Industrie die überlegene Konkurrenz der Berliner Fabrikation in Herrenwäscheartikeln beklagt [4]. Als bemerkenswert sei noch hervorgehoben, dafs die grofse Krise der 70er Jahre an der jungen Industrie fast spurlos vorübergegangen ist.

Die Preisbewegung der Fabrikate war für die Anfangsperiode der Industrie eine stetig fallende; hauptsächlich trug hierzu bei das Sinken der Preise des Rohmaterials, insbesondere der Baumwolle, welche 1877 einen beispiellosen Tiefstand erreichte und auch in den nächsten Jahren beibehielt. Diese internationale Ursache kann aber nicht die einzige gewesen sein, denn während bis dahin die deutsche Ware der englischen und französischen an Billigkeit nachstand, sinken 1876 die Preise der guten Artikel auf das Niveau der englischen und französischen Konkurrenzware, trotzdem wenigstens der ersteren

---

[1] Ältesten-Bericht 1876 S. 58; 1877 S. 67.

[2] Ältesten-Bericht 1879 S. 107.

[3] Ältesten-Bericht 1877 S. 68.

[4] Bein, Industrie des Voigtlandes, Bd. 2. S. 415.

die billigeren Rohstoffpreise wegen der Zollfreiheit noch in erhöhtem Grade zu Gute kamen. Es waren vielmehr die mit der Vermehrung der Fabriken zunehmende Konkurrenz, der technische Fortschritt, insbesondere durch Einführung der Dampfwäscherei, und die sinkenden Löhne der Arbeiterinnen, welche den Preisrückgang bewirkten. Hatte in den ersten Jahren der Fabrikation ein fühlbarer Mangel an Arbeitskräften geherrscht, so war dieser Ende der 70er Jahre durch fortwährendes Heranbilden neuer Arbeiterinnen und durch Einführung der arbeitsparenden Dampfwäscherei ziemlich gehoben. Infolgedessen brauchten die in den 60er Jahren notwendigen Ausnahmslöhne nicht mehr gezahlt zu werden, und es konnte eine gröfsere Arbeitsgeschicklichkeit mit einem geringeren Aufwande erkauft werden.

Wir kommen nunmehr zu unserer eigentlichen Aufgabe, der Beschreibung des gegenwärtigen Zustandes der Industrie, wie er sich auf Grund der geschilderten Entwickelung etwa seit 1880 gestaltet hat, und unterscheiden hierbei die Wäschekonfektion, wie die Herstellung von Wäschegegenständen durch die Detail- und Engrosgeschäfte genannt wird, und die Wäschefabrikation, d. h. die Herstellung von Kragen und Manschetten.

I. Teil.

Produktion und Absatz.

A. Die Wäschekonfektion.

Kap. I. Das Engrosgeschäft.

Im Berliner Adreſsbuche von 1895 finden sich 64 Wäsche-Engrosgeschäfte aufgeführt. Unter Abzug von 36 unter dieser Rubrik mitgezählten Fabriken ergiebt sich eine Zahl von 28 Engrosgeschäften in dem hier gebrauchten Sinne. Diese Zahl ist natürlich keine genaue, dürfte aber annähernd das Richtige treffen.

Diese Geschäfte sind nach Umfang und Art recht verschieden. Man kann zwei sich kreuzende Scheidelinien beobachten. Die Geschäfte teilen sich, je nachdem sie feine, mittlere oder gewöhnliche (sogen. Arbeiter-)Wäsche, andererseits je nachdem sie Männer-, Frauen- oder Kinderwäsche herstellen. Es ergeben sich hierbei mannigfache Kombinationen, doch kann man als Extreme, die sich kaum vereinigt finden, den Vertrieb von feiner Damenwäsche und den von bunter Arbeiterwäsche bezeichnen.

Nahe bei einander, im Centrum Berlins befinden sich die Geschäftsräume, und leicht hat es der Käufer, sofern er überhaupt persönlich auftritt, eine ganze Reihe derselben zu besuchen und dort erst abzuschlieſsen, wo ihm die billigsten Bedingungen gestellt werden. Denn besteht auch eine Arbeitsteilung zwischen den Geschäften, so ist doch für jeden Artikel die Zahl der Konkurrenten groſs genug. Ist aber der Raum, auf welchem sich der Unternehmungsgeist der Industrie koncentriert, klein, so ist das Gebiet, einerseits des Absatzes, andererseits der Produktion um so gröſser.

In Deutschland wird ausländisches Produkt nur noch in verschwindend geringen Quantitäten abgesetzt. Es sind in der Hauptsache nur einige Pariser Modelle, die hier nachgeahmt werden oder in den Schaufenstern ein oder des anderen Luxusgeschäftes prangen. Folgende Tabelle mag die sinkenden Einfuhrzahlen des letzten Jahrzehnts veranschaulichen:

In das deutsche Zollgebiet wurden eingeführt an leinener und baumwollener Leibwäsche

	Tonnen	im Werte von Mill. Mark
1885	39	0,4
1886	93	0,9
1887	84	0,8
1888	69	0,6
1889	31	0,3
1890	44	0,4
1891	37	0,3
1892	25	0,2
1893	22	0,2
1894	19	0,2

1889 entfielen von der Einfuhr von 30800 kg. auf

Frankreich	16 300 kg.
Groſsbritannien	6 600 „
Österreich-Ungarn	2 400 „
Niederlande	1 700 „
Schweiz	1 500 „
Belgien	1 000 „

1890 betrug die Gesamteinfuhr 43 800 kg., diejenige aus

Frankreich	18 600 kg.
Groſsbritannien	17 000 „
Österreich-Ungarn	2 300 „

1893 und 1894 steht England an erster Stelle mit nur 8 000 und 6 400 kg.

Auf dem deutschen Markte aber nimmt in den meisten Artikeln Berlin unbedingt die erste Stelle ein, seine Hauptkonkurrenten sind Breslau, Stettin und neuerdings auch Köln, in welchen Städten eine lebhafte Produktion der geringsten Ware sich entwickelt hat. Auſserdem besteht in fast allen gröſseren und vielen kleineren Städten eine gröſsere oder geringere einheimische Wäscheerzeugung, die aber überall nur einen beschränkten Teil des einheimischen Markts versorgt, da in den billigsten Artikeln einerseits, den feinsten andererseits Berlin durch die niedrigen Preise jener, die gute Ausführung dieser unübertroffen ist[1]. Ein Hauptabnehmer ist

[1] Vgl. hierüber die Ergebnisse der Ermittelungen über die Lohnverhältnisse der Arbeiterinnen in der Wäschefabrikation und der Konfektionsbranche, Sammlung der Drucksachen des Reichstags, 7te Legislaturperiode, I. Session 1887 Bd. II No. 83, wo aus fast allen Teilen des Reichs, z. B. Düsseldorf S. 25 ff., Köln S. 38, Koburg-Gotha S. 78, Hessen S. 77 über die Berliner Konkurrenz geklagt wird. So wird aus Köln berichtet: „Die Selbstkosten eines bedeutenden Fabrikanten für ein Dutzend Kinderhosen betragen

Berlin selbst durch seine Detailgeschäfte, welche es vorgezogen haben, den gröfsten Teil ihres Bedarfs nicht mehr selbst arbeiten zu lassen, sondern von den Engrosgeschäften zu beziehen. Diese sind im stande, billiger zu liefern, als die Herstellungskosten für den Detaillisten betragen würden. Dafs es von dieser Regel auch einige grofse Ausnahmen giebt, sei schon hier bemerkt.

Im Lande geschieht der Vertrieb hauptsächlich durch Reisende. Die Wäscheindustrie ist zwar nicht derart von der Mode abhängig, wie die übrigen Konfektionsindustrien, aber auch sie mufs durch alljährlich veränderte Façons den Geschmack des Publikums anregen und insbesondere im Material auch gewissen wechselnden Modeströmungen folgen. So ist der Musterkoffer des Reisenden das wichtigste Mittel des Absatzes geworden.

Unsere Industrie hat trotz aller Zollschwierigkeiten, welche sich namentlich seit 1880 schwer fühlbar gemacht haben, doch an Bedeutung nicht abgenommen und sich für manche Verluste bisher immer noch auf neuen Märkten schadlos gehalten. Der Hauptabnehmer ist bisher noch Holland. Die Einfuhr leinener und baumwollener Leibwäsche aus Deutschland dorthin betrug 1894 538 800 kg., über ein Drittel der deutschen Gesamtausfuhr. Es folgen die Schweiz mit 186 300 kg., Brasilien mit 172 100 kg., Dänemark mit 72 900 kg. Diese Zahlen sind weniger darum unzuverlässig, weil sie sich auf ganz Deutschland beziehen — denn Berlin hat an der Ausfuhr den Löwenanteil — als deshalb, weil in ihnen der ganz bedeutende Export von Kragen und Manschetten mitenthalten ist. Sie geben daher nur einen Anhalt für die relative Beteiligung der Länder an der deutschen Ausfuhr.

Gerade in den Niederlanden ist die Entwickelung eine recht lehrreiche. Hier hatten einst die englische und französische Wäscheindustrie um die Herrschaft gestritten, beide sind heute völlig vom Markte verdrängt; die französische, weil sie für den Massenkonsum des Landes viel zu teuer produzierte, die englische, weil sie sich nicht wie die deutsche den Bedürfnissen des Publikums anbequemte, nicht, wie diese, Veränderungen vornahm oder gar sich auf Bestellungen nach Mafs einliefs. Neuerdings aber hat Holland angefangen, die Wäscheerzeugnisse selbst herzustellen und wird hierin begünstigt durch den billigen Bezug englischer Baumwollgewebe, deren Preis weit geringer ist als der zollgeschützter Elsasser Ware. Schon haben die Berliner Exportgeschäfte ihre Preise für Holland bedeutend herabsetzen müssen, und nur der dort noch

---

5,40 ℳ. Dieselbe Qualität wird in bester Ausstattung von Berlin nach Köln für 5 ℳ geliefert.“ Bei einer anderen Sorte seien die differierenden Kosten 4,30 ℳ und 3,60 ℳ.

fühlbare Mangel an geschulten Arbeitskräften und die gröfsere Billigkeit derselben hier haben einer Verminderung des Absatzes bisher entgegengewirkt.

Die gröfsere Billigkeit der Rohmaterialien und zum Teil auch der Löhne ist es, welche die englische Industrie zur gefährlichsten Konkurrentin der hiesigen macht. In den billigen Sorten versorgt England sich und seine Kolonien vollständig selbst. In ganz feinen Sorten dagegen verlangt der englische Geschmack Handarbeit und bezieht sie darum aus Frankreich, wo die Handnäherei noch gepflegt wird. Nur für einige Sorten ist England ein wenig bedeutendes Absatzgebiet.

Aufser den genannten und einigen kleineren europäischen Gebieten, wie Portugal und Spanien, sind jetzt die Hauptabsatzmärkte die südamerikanischen Republiken, insbesondere Brasilien. Hier hat aber eine starke Konkurrenz seitens der Vereinigten Staaten eingesetzt, begünstigt durch die unterschiedliche Behandlung bei der Einfuhr, die bis vor kurzem bestand. Während die deutschen Artikel 40 % vom Werte an Zoll tragen mufsten, bezahlten die nordamerikanischen nur 25 %.

So ist es überhaupt die Schutzzollpolitik des Auslandes, welche der Industrie einen Markt nach dem anderen mehr oder weniger verschlossen hat. Rufsland, welches der erste fremde Abnehmer der Berliner Wäscheartikel war, und als solcher am meisten zur Ausbildung des Engrosgeschäfts beigetragen hatte, hat sich allmählich durch immer höhere Zollschranken dem deutschen Export fast vollständig verschlossen. 1893 wurden an leinener und baumwollener Wäsche nur 4 900 kg. aus Deutschland nach Rufsland eingeführt, und die Zahl ist seitdem wahrscheinlich noch mehr gesunken, während die entsprechende Zahl für das Jahr 1880 noch 71 300 kg. betrug.

Nicht in gleichem Mafse, aber doch auch beträchtlich, hat sich der einst bedeutende Absatz nach den Vereinigten Staaten gemindert. Die Zahlen für ganz Deutschland lassen allerdings seit 1893 wieder einen gröfseren Aufschwung erkennen, doch ist wahrscheinlich, dafs dieser zum gröfseren Teile der Kragen- und Manschettenindustrie zuzuschreiben ist,

Österreich-Ungarn war zwar nie ein bedeutender Abnehmer, hat aber ebenfalls in Folge des Schutzzolls seinen Bedarf äufserst eingeschränkt.

Dafs auch in Südamerika die Zollpolitik eine grofse Rolle spielt, war schon erwähnt.

Wenn trotz all der geschilderten Erschwerungen unsere Industrie im grofsen und ganzen wesentliche Einbufsen noch nicht erlitten hat, so liegt das in gewissen ökonomischen Vorzügen, weche sie vor ihren Hauptkonkurrenten auf dem Weltmarkte, den französischen und den englischen, auszeichnen und die im folgenden sich ergeben werden.

In groben Zügen kann man die Arbeitsteilung zwischen den drei Rivalen so veranschaulichen, dafs der Weltmarkt in feinen Artikeln durch die französische, in gewöhnlichen durch die englische, in mittleren durch die deutsche Industrie beherrscht wird.

Mit Absicht sind die Betrachtungen über den Absatzmarkt in der Schilderung vorangestellt worden, obgleich der Vertrieb der Waren im Produktionsprozefs chronologisch die letzte Stelle einnimmt. Allein die Absatzverhältnisse sind entscheidend für die Bedingungen, unter denen eine Ware produziert wird.

Wie gestaltet sich die Herstellung jener Wäscheerzeugnisse, welche von Berlin aus in grofsen Mengen Inland und Ausland überfluten?

Die Leitung der Produktion ist eine rein kaufmännische. Die erforderlichen technischen Kenntnisse sind aufserordentlich gering und beschränken sich hauptsächlich auf die notwendige Bekanntschaft mit dem Rohmaterial. Die Muster, sofern es nicht solche gewöhnlicher Art sind, werden von der Directrice entworfen, deren Geschmack desto höher bezahlt wird, je anspruchsvoller der Kundenkreis des betreffenden Geschäftes ist. Wesentlicher Bestandteil des Geschäfts ist die Zuschneidestube. Zuschneiderinnen, die mit der Schere, in den gröfseren Geschäften auch Zuschneider, die mit dem Messer arbeiten, durchschneiden hier nach der aufgelegten Zeichnung mehr oder minder starke Lagen des Leinen- oder Baumwollstoffes. Ihre Zahl beträgt in den Engrosgeschäften etwa 10—20 im Durchschnitt. Wir durchschreiten schnell Comptoir und Lagerraum und gelangen zum räumlich kleinsten, aber wichtigsten Teil des Geschäfts, der Ablieferungsstelle. Eine Directrice teilt hier die vorliegenden Zuschnitte in Portionen für die einzelnen Heimarbeiterinnen bezw. Arbeitsstuben aus und hat die fertig gearbeiteten Sachen zu prüfen und anzunehmen.

Wer sind nun diejenigen, welche Tag um Tag den kleinen Ablieferungsraum erfüllen, um das Werk ihrer Hände abzuliefern und die nach langem, oft mehrere Stunden währendem Harren einen Pack neuer Arbeitsstoffe nach Hause tragen? Diese Frage ist nicht etwa gleichbedeutend mit der, von wem überhaupt die Näharbeit gefertigt wird. Es ist nur ein Teil der Arbeitskräfte, der sein Produkt persönlich oder durch Boten abliefern kann, nämlich der in Berlin und seinen Vororten koncentrierte. Unter den hier wohnenden müssen wir vier Gruppen unterscheiden:

1. Die allein arbeitenden Heimarbeiterinnen, meist Frauen und ältere Mädchen,

2. Heimarbeiterinnen mit ein oder zwei Hülfsarbeiterinnen oder Lehrmädchen und Inhaberinnen oder Inhaber von Arbeitsstuben,

3. in den Arbeitsstuben beschäftigte Arbeiterinnen,

4. von den Arbeitsstuben abhängige Heimarbeiterinnen.

Auf die wirtschaftliche und sociale Lage dieser Gruppen soll in diesem Kapitel, wo es sich nur um die Betriebsform handelt, nicht eingegangen werden. Hier interessiert nur ihre zahlenmäfsige Bedeutung, das Verhältnis, in welchem und die Grundsätze, nach welchen die Arbeit unter sie verteilt wird.

Es ist ungemein schwer, die Zahl der Heimarbeiterinnen in der Wäschekonfektion auch nur annähernd festzustellen.

Gar keinen Anhalt giebt die Berufsstatistik [1]. Nach der Schätzung eines Sachkundigen würde die Zahl der für die Wäschekonfektion (also Engros- und Detailgeschäft) thätigen Arbeitskräfte in Berlin und Vororten 3000 betragen. Mir erscheint diese Zahl zu niedrig gegriffen. Giebt doch z. B. allein ein hiesiges Engrosgeschäft Arbeit an 220 Personen aus, wobei die Arbeitsstuben nur als Eine Nummer gerechnet, also die in und von diesen beschäftigten Arbeiter nicht mitgezählt sind. Mit der Schätzung von 4000—5000 Köpfen wird man der Wahrheit vielleicht näher kommen.

Noch weniger festzustellen sind die Zahlen der einzelnen von uns unterschiedenen Kategorien.

Die Zahl der Arbeitsstuben in Berlin dürfte sich nach allerdings willkürlicher Schätzung auf etwa 100 belaufen. Rechnet man alle die Hausindustriellen, welche zeitweilig ein oder zwei Arbeiterinnen beschäftigen, hinzu, so würde allerdings eine weit höhere Zahl sich ergeben. Die Zahl der in den Arbeitsstuben beschäftigten Arbeiterinnen ist eine äufserst schwankende und auch nicht annähernd feststellbare. Die gröfsten Arbeitsstuben beschäftigen etwa 20, die gewöhnlichen im Durchschnitt etwa 6—10 Arbeiterinnen in der Werkstatt, aufserhalb derselben pflegen es weniger zu sein. Es mögen etwa die Hälfte der Konfektionsarbeiterinnen von den Arbeitsstuben abhängig sein, die andere Hälfte bleibt für die direkt an die Geschäfte liefernden Heimarbeiterinnen. Auch diese arbeiten häufig nicht allein. Oft sind es in einer Familie die Mutter und eine Tochter oder mehrere Schwestern, die zusammen arbeiten, zuweilen thun sich auch Freundinnen zu-

---

[1] So unterscheidet die vom Jahre 1882 in der Gruppe Bekleidung und Reinigung u. a. folgende Unterarten: Näherei, Schneiderei und Herstellung fertiger Kleider und Wäsche. Zur Näherei sind dabei gerechnet: „Näherinnen", „Stepperinnen", „Weifsnäherinnen", „Weifswarenstepperinnen" u. s. w. Für die Stadt Berlin beschränkt sich die Unterscheidung auf „Näherei" und „Konfektion". Unter beide Gruppen sind die Arbeiter der Wäscheindustrie verteilt, es lassen sich also nicht einmal die Zahlen derselben für die gesamte Industrie, geschweige denn für einen Zweig derselben allein feststellen. Unter den genannten Rubriken sind nicht einmal sämtliche Arbeiter der Industrie aufgezählt. So sind die Fabrikplätterinnen und Wäscherinnen wahrscheinlich der Untergruppe: „Waschanstalten, Wäscherinnen, Plätterinnen" zugerechnet. Vgl. Statistik des deutschen Reichs. N. F. Bd. 2. 1884 S. 226 und Bd. 3 S. 16.

sammen. Nicht immer bedeutet solche Vereinigung ein wirkliches Zusammenarbeiten, eine Arbeit „Hand in Hand“, sehr oft ist es nur ein Nebeneinander, und nur Ablieferung und Annahme der Arbeit erfolgt gemeinschaftlich.

Fragen wir, welcherlei Arbeit an die Heimarbeiterinnen und welche an die Werkstätten vergeben wird, so läſst sich das kaum allgemein beantworten. Es giebt aber bestimmte Artikel, welche vorwiegend in Arbeitsstuben gefertigt werden, und für welche sich solche specialisiert haben. Hierzu gehören z. B. weiſse Unterröcke, gewöhnliche Hemden, Unterhosen u. a. Es sind meist solche Artikel, bei denen eine, wenn auch geringe Arbeitsteilung als vorteilhaft erscheint. Jedoch eignen sich Arbeitsstuben nur für solche Sachen, bei denen es auf Massenproduktion ankommt, weniger für die feineren Artikel, z. B. Nachtjacken und andere Negligeesachen, welche genauere und sorgfältigere Arbeit erfordern. Sie werden fast ausschlieſslich durch Einzelnäherinnen hergestellt.

Ferner giebt es Arbeitsstuben, die gewisse Specialarbeiten leisten, z. B. solche für Festonnieren und Languettieren (Ausbogen und Besticken der Ränder von Frauenwäschestücken). Die hierher fallenden Knopflochnähstuben sind erst bei der Kragen- und Manschettenfabrikation zu besprechen.

Endlich finden sich Nähstuben, die alle mögliche Arbeit vereinen. So fand ich eine, in der nicht nur Damenhemden und Nachthemden, sondern auch Oberhemden, Chemisettes, Kragen und Manschetten und die dazu gehörigen Knopflöcher durch 5 Arbeiterinnen in der Werkstatt und 6 Heimarbeiterinnen hergestellt werden. Es wird gearbeitet nicht nur für mehrere Fabriken und Geschäfte, sondern auch für Privatkunden und den Detailverkauf, der in einem anstoſsenden Raum verbunden mit dem von Posamentierwaren vor sich geht. Die energische und unternehmende Frau, welche dem allen vorsteht, nur unterstützt durch ihren Mann, der an der Knopflochmaschine thätig ist, beaufsichtigt bald hier die Arbeit, bald bedient sie dort die Kunden. Aber eine solche Vielseitigkeit ist doch nur eine Ausnahme. In den meisten Nähstuben ist der Arbeitsprozeſs ein durchaus einfacher, meist noch dadurch entlastet, daſs eine bestimmte Teilarbeit an die Heimarbeiterinnen vergeben wird. Die Vorteile der Arbeit in geschlossener Werkstatt sind nämlich nicht so groſs, daſs sie nicht bei stärkerer Vergröſserung derselben durch die Kosten, insbesondere die höhere Wohnungsmiete überflügelt würden. Auch wird, je mehr Maschinen angeschafft werden, das Risiko um so gröſser, da die Arbeit unregelmäſsig ist. Jede Schwankung in der Arbeitsgelegenheit hat also die Tendenz, die Zahl jener von den Arbeitsstuben abhängigen Heimarbeiterinnen zu vermehren, eine Entwickelung, die begünstigt wird einmal durch die Neigung der Unternehmer, möglichst wenig direkt mit den Arbeiterinnen zu thun zu haben und sich der Nähstubeninhaber als Arbeitsvermittler zu bedienen, dann durch die entsprechende Neigung der Arbeiterinnen, die es vielfach vorziehen, sich zu der nahegelegenen Arbeitsstube zu begeben, wo sie schnell abgefertigt werden, statt für den weiten Weg nach dem Geschäft erst Toilette zu machen und dort kostbare Stunden durch Warten zu verlieren. Und doch harrt ihrer hier ein höherer Verdienst als dort.

Kehren wir zurück in das Comptoir unseres Unternehmers. Wir haben die Kanäle kennen gelernt, in die sich der von ihm ausgegebene Arbeitsstoff verzweigt, bis er wieder zu dem Centrum zurückkehrt. Hier wird die Ware verpackt und versandt. Nur wenige Artikel der Konfektion bedürfen vorher des Bügelns, das eventuell durch eine oder mehrere im Geschäft angestellte Plätterinnen oder in Plättanstalten erfolgt.

Doch die beschriebene Art der Herstellung genügt dem Unternehmer schon lange nicht mehr. Einmal kommt es häufig vor, dafs grofse Bestellungen sehr eilig gewünscht werden, oder sich, besonders vor den Festen, häufen. Für solche Fälle half man sich zuerst dadurch, dafs man selbst eine Nähstube einrichtete. Es wurden da 5—6 Näherinnen unter einer Directrice hingesetzt, welche alle eiligen Bestellungen auszuführen hatten. Allein es zeigte sich bald, dafs die einseitig kaufmännische Ausbildung der Unternehmer nicht einmal ausreichte, um einen so kleinen, technisch geringfügigen Betrieb zu leiten. Einmal trat die Schwierigkeit hervor, dafs die Nähstube auch in Zeiten gemächlicherer oder stillstehender Arbeit beschäftigt werden mufste, dann waren die Ausgaben für Miete im Centrum Berlins naturgemäfs weit teurer als für die mehr an der Peripherie gelegenen Arbeitsstuben, endlich mufste hier die Aufsicht durch eine bezahlte Kraft ausgeübt werden, während sie dort durch die mitarbeitenden Inhaber besorgt wird. Die Folge war, dafs die meisten Engrosgeschäfte ihre Arbeitsstuben wieder abschafften. Den Ersatz fanden sie im Versand der Arbeit nach auswärts. Ursprünglich ein Notbehelf, spielt er heute eine aufserordentliche Rolle und erscheint aus vielen Gründen fast unentbehrlich. Die Tendenz der Arbeit, sich zu decentralisieren, macht sich schon innerhalb Berlins bemerkbar. Die Wohnungen der Heimarbeiterinnen und die Arbeitsstuben befinden sich fast ausnahmslos nahe der Weichbildgrenze wegen der dort zu zahlenden billigeren Mietspreise, und ein grofser Teil hat sich nach den Vororten, besonders Gesundbrunnen und Rixdorf gezogen. Aber über die Vororte hinaus geht jetzt nach den meisten Städten der Mark, wie Spandau, Potsdam, Brandenburg, das Halbfabrikat, um dort fertig gestellt zu werden. Wird überhaupt Arbeit verschickt, so spielen die Frachtkosten eine ganz geringe Rolle, und so finden wir z. B. in Posen Arbeiter für das Berliner Wäschegeschäft. Ferner werden Strafanstalten für weibliche Gefangene, selbst eine im Elsafs gelegene, beschäftigt.

Wichtig ist auch die aufserhalb Berlins erfolgende Veredelung der Ware. Zu einem grofsen Teile der Frauen- und Kinderwäsche wird Stickerei verwandt. Dieselbe hat in Berlin nie eine Heimstätte gehabt, und es giebt nur verhältnismäfsig wenige Stickerinnen, hauptsächlich solche von Monogrammen, die aber der auswärtigen Konkurrenz nur schwer Stand halten können. Es ist vor allem das sächsische Voigtland und das Erzgebirge, woher die Stickereien bezogen werden. Ferner wird ein gröfserer Bruchteil derselben in den pommerschen Städten Stolp und Cöslin gefertigt. Specialität für diese Orte ist das Festonnieren, für Plauen das Monogrammsticken. Feinere Artikel gehen zum Besticken nach dem Elsafs und der Schweiz, ganz feine nach Madeira. Nach diesen Orten werden die besonders geschnittenen Teile geschickt, welche bestickt werden sollen; die Zusammensetzung geschieht dann erst in Berlin. Die Form der Vergebung der Arbeit ist naturgemäfs überall dieselbe: der Versand geschieht an Faktore, die dann die Verteilung an die Hausindustriellen übernehmen. Eigentümlich ist nur die Vermittelung nach Potsdam und Brandenburg; sie soll besonders geschildert werden.

Es ist bemerkenswert, dafs die Weifsnäherei nirgends auf dem Lande Eingang gefunden hat, sondern eine rein städtische Hausindustrie ist.

Der wievielte Teil der Arbeit solchergestalt nach auswärts geht, ist wiederum gar nicht zu ermessen. Manche Geschäfte verschicken fast die Hälfte ihres Materials, andere weit weniger. Jedenfalls sind es ganz enorme Quantitäten, die jährlich den Kreislauf von Berlin nach auswärts und zurück machen.

Zwei Gründe, die zu dieser Ausdehnung des Produktionsgebietes geführt haben, sind uns bekannt geworden: einmal die regelmäfsig entstehende Notwendigkeit, bei sich häufender Arbeit und eiligen, grofsen Bestellungen plötzlich eine grofse Zahl neuer Arbeitskräfte zu beschäftigen, sodann die anderwärts durch Übung und anererbte Gewohnheit höher ausgebildete technische Geschicklichkeit für Specialarbeiten, wie Sticken. Als Drittes und Wichtigstes kommt aber hinzu die bei jeder Hausindustrie zu findende Neigung, sich dorthin zu ziehen, wo die billigsten Arbeitslöhne gezahlt werden. Der Tiefstand in der Lebenshaltung einer Stickerfamilie des Erzgebirges oder in dem Lohne einer Strafgefangenen zu Hagenau sind durch keinen noch so starken Druck auf die Löhne in Berlin zu erreichen.

Der Grund dafür, dafs trotz dieser anderwärts vorhandenen, für den Unternehmer günstigen Lohnbedingungen die Industrie ihren Schwerpunkt doch in Berlin behalten hat, liegt in der hier nun einmal ausgebildeten gröſseren Erfahrung und guten Geschmacksrichtung, vor allem aber in der Eigenschaft Berlins als Sammelpunktes der fremden und einheimischen Käufer, als gröſsten Absatzmarktes. Eine völlige Zersplitterung der Industrie auf viele kleine Orte ist deswegen nicht möglich, und vorerst ist eine Verlegung des Sitzes der Industrie nicht zu besorgen.

Wir haben das Absatz- und das Produktionsgebiet unserer Industrie kennen gelernt. Es erübrigt noch die Frage nach dem Rohmaterial und seinen Bezugsquellen.

Noch vor 50 Jahren kannte man fast nur leinene Wäsche in den besseren wie in den einfachen Hausständen. Seitdem ist allmählich ein völliger Umschwung eingetreten: heute ist das leinene Hemd eine Ausnahme und die Baumwolle hat auf allen Linien gesiegt. Sie verbindet gröſsere Billigkeit mit Gefälligkeit des Aussehens, besonders infolge der neuerlich in Übung gekommenen Linonappretur, und mit gleicher oder doch annähernd gleicher Dauerhaftigkeit — Wäschestücke, die das Leben ihres Trägers überdauern sollen, entsprechen auch gar nicht mehr dem heutigen wechselnden Tagesgeschmack — und die Baumwollwäsche ist, besonders in flanellartigen Geweben, vielfach Nachfolgerin der einige Jahre sehr verbreiteten Wollwäsche geworden. Eine Massenproduktion „bunter Wäsche“ aus baumwollenem Flanell hat die früher zu Arbeiterhemden in groſsen Mengen verarbeiteten Hausmacherhalbleinen fast vom Markte verdrängt. An Stelle des weiſsleinenen Creas sind die Shirting- und Dowlasgewebe getreten. Selbst für Bettwäsche werden Baumwollstoffe verwendet und nur Tischwäsche wird noch so gut wie ausschlieſslich aus Leinen gewebt.

Die Baumwollgewebe werden fast ausschlieſslich aus dem Inlande bezogen, hauptsächlich werden süddeutsche und elsässische Stoffe verarbeitet. Die Unternehmer beklagen dies, da die englischen Gewebe, denen durch den hohen Zoll der Eingang verschlossen ist, weit billiger seien.

Der Bezug erfolgt direkt aus den Fabriken, höchstens auch durch Agentenvermittelung.

Blicken wir zurück, so können wir nun den gesamten Produktionsprozeſs in der Wäschekonfektion verfolgen. Wir erkennen, daſs zur Inbetriebsetzung eines Engrosgeschäfts keineswegs ein groſses Anlagekapital erforderlich ist. Keinerlei maschinelle Anlage ist nothwendig, es bedarf nur der genügenden Räumlichkeiten für Comptoir, Lager und Zuschneiderei, welche in manchen Geschäften auſserordentlich beschränkt sind. Mit wie wenig Kapital hier ein Anfang möglich ist, dafür diene das Beispiel eines Grossisten, dessen freimütiger Auskunft ich noch verschiedene andere Angaben verdanke. Derselbe hat sein Geschäft mit einem Kapital von 1000 M. begründet, selbstverständlich im denkbar kleinsten Maſsstabe.

Das Geschäftslokal bildete seine kleine Wohnung. Seine Schwester, die in einem Wäschegeschäfte gelernt hatte, fungierte als Directrice und Zuschneiderin. Arbeiten liefs er natürlich zunächst nur ganz wenige Sachen. Nachdem er sich einen kleinen Kundenkreis gewonnen, erhielt er noch 1000 M. von einem Bruder geborgt und fand auch anderweit Kredit, mit dessen Hülfe er sich rasch emporarbeitete. Wer gleich in gröfserem Mafsstabe ein Geschäft begründen will, bedarf eines Kapitals von etwa 20000 M.

Das geringe Kapitalerfordernis hat eine ungemein heftige Konkurrenz im Engrosgeschäft hervorgerufen, eine Konkurrenz, die in mehr als einer Hinsicht äufserst schädlich gewirkt hat. Denn da die Produktionskosten für alle Unternehmer für dieselbe Ware fast die gleichen sind, so liegt es nahe, dafs an der Qualität des Materials wie der Arbeit gespart wird. Hier wird ein schlechterer Stoff, ein schlechteres Garn genommen, dort wird ein schlechterer Lohn gezahlt, um einen kleinen Vorsprung vor dem Konkurrenten zu gewinnen. Das gefährlichste und das häufigst angewandte Mittel ist das Drücken auf den Lohn, welches ja bei keiner Betriebsform bequemer und lockender für den Unternehmer ist als bei dem Verlagsystem. Denn kein Arbeiter hat eine geringere Kenntnis des Arbeitsmarktes und einen geringeren Zusammenhang mit seinen Mitarbeitern, als der Heimarbeiter. Und darin sind die Zwischenmeister nicht etwa viel besser gestellt, denn kein Warenverkäufer kann dem einen Konsumenten weniger verhehlen, für welchen Preis er anderen verkauft, als der Zwischenmeister.

Der Heimarbeiterin diktiert der Unternehmer den Arbeitslohn, und sie ist gegen seine Festsetzungen fast wehrlos, denn es ist für sie ein grofses Wagnis, von dem einen Unternehmer, der sie wenigstens sicher mit Arbeit versorgt, abzugehen und eine neue Beschäftigung zu suchen.

Dem Zwischenmeister fordert der Unternehmer sein Buch ab und findet darin, wieviel ihm die Konkurrenten bezahlen. Ist es weniger, als er selbst bezahlt, so ist es ihm ein leichtes, für sich denselben Preis durchzusetzen; ist es der gleiche Satz, so sucht er ihn durch Versprechung grofser Aufträge zu einer Herabsetzung zu überreden und bittet ihn, den Konkurrenten davon nichts mitzuteilen, was aber über kurz oder lang doch geschieht. Dafs hierbei nicht immer mit den lautersten Mitteln vorgegangen wird, liegt zu vermuten nahe. So wurde mir ein Fall erzählt, wo der Grossist einen Zwischenmeister zn einem billigeren Dutzendsatze zu bereden suchte mit dem Hinweise, bei der X, einer anderen Nähstubeninhaberin, bezahle er diesen. Zufällig erfuhr die letztere davon und ging empört zu ihrem Kollegen, um ihm mitzuteilen, die Angabe des Grossisten sei unwahr, und um ihn zu bewegen, dafs er sich beschwere und die Arbeit nicht zu jenem billigeren Preise übernehme. Der Zwischenmeister ging denn auch ebenso erbittert zum Grossisten, um sich mit diesem auseinanderzusetzen; das Ergebnis war, dafs er die Arbeit doch zu dem billigeren Preise lieferte! Der Fall ist gleichzeitig bezeichnend für die Abhängigkeit des Zwischenmeisters vom Unternehmer, welche ersterem fast vollständig die Rolle eines Arbeiters giebt.

Eine andere Praktik besteht darin, dafs der Grossist in der flauen Geschäftszeit annonciert, dafs er Arbeit zu vergeben habe. Den sich meldenden beschäftigungslosen Heimarbeiterinnen und Zwischenmeistern bietet er wenige Dutzend zu einem aufserordentlich geringen Lohne an, worauf sie, um nur überhaupt Arbeit zu finden, eingehen. Kommt dann wieder die Saison heran, so versteift er sich nun auf den einmal bewilligten Lohnsatz.

Die dem Zwischenmeister gezahlten schlechteren Preise bewirken naturgemäfs, dafs er wiederum den Lohn seiner Arbeiterinnen zu drücken sucht. Dies gelingt ihm weniger bei den in seiner Nähstube zu ohnehin äufserst niedrigen Wochenlöhnen Beschäftigten, als bei seinen Heimarbeiterinnen. Er sucht aber auch an allem anderen zu sparen, z. B. am Garn auf Kosten der Qualität der Ware, an Wohnungsmiete, Licht, Heizung auf Kosten der Gesundheit seiner Arbeiterinnen.

Aus diesem Geschäftsgebahren erklären sich die hier und da laut werdenden harten Urteile über die Berliner Ware, wie das von Lehr aus Leipzig berichtete[1]: Sie sei aufserordentlich billig, vielfach schlecht. Bei den niedrigen Löhnen und unhaltbarem Stoff sei in Berlin solide Arbeit der Ware unmöglich. Eine Leipziger Firma, die gute Löhne zahle, halte in ihrem Geschäft Berliner Ware, um ihren Käufern den Unterschied klar zu machen!

Es wäre übrigens fehlgegriffen, dies Urteil zu sehr zu verallgemeinern. Es sind nicht alle Berliner Geschäfte, welche den geschilderten Geschäftsprincipien huldigen. Leider aber sind es zumeist diejenigen, welche die allerbilligsten Sorten, die sogen. Arbeiterwäsche herstellen. Von diesen wird die Ware zu Preisen abgesetzt, die jeder Beschreibung spotten. In der anliegenden Tabelle (siehe Tab. I) gebe ich die Zahlen wieder, welche mir von einem Grossisten zur Verfügung gestellt sind, die aber, wie er versichert, den von der Konkurrenz erreichten niedrigsten Sätzen noch nicht nahe kommen. Wieviel bei solchen Preisen für den Nählohn übrig bleiben kann, ist aus dieser Tabelle ersichtlich und wird noch ausführlicher erörtert werden. Kein Preis aber ist so niedrig, als dafs nicht der Konkurrent sich sagte: ich mufs noch billiger verkaufen;

[1] Schriften des Vereins für Socialpolitik Bd. 48, S. 83.

und demgemäſs alles daran setzt, den Stücklohnsatz seiner Arbeiterinnen und Arbeitsstuben noch um 1 oder 2 Pfg. zu kürzen. Die Folge ist, daſs jetzt keiner etwas verdient, denn auch der Unternehmergewinn wird vielfach aufs äuſserste eingeschränkt. Der Ruin solcher Geschäfte ist denn auch keine seltene Erscheinung und nicht nur bedingt durch die niederen Preise.

Mit wie wenig Kapital der Grossist anfangen kann, war schon bemerkt, wie weit er es aber damit bringt, steht auf einem anderen Blatte. Denn er ist durchaus auf einen ausgedehnten Kredit angewiesen, während er selbst gezwungen ist, einen noch ausgedehnteren zu erteilen. Ein Engrosgeschäft arbeitet z. B. in Berlin allein mit 400—500 Kunden, welche alle, wie dies üblich, einen dreimonatlichen Kredit genieſsen. Unter dieser Menge kleiner Detaillisten und Posamentiere ist es aber fast alltäglich, daſs irgend einer zahlungsunfähig wird. Häufen sich durch einen Zufall oder durch unvorsichtige Kreditgewährung derartige Zahlungsstockungen, so kann ein verhältnismäſsig kleiner Verlust auch die Zahlungsunfähigkeit des Grossisten bewirken. Selten allerdings kommt es dann zum Konkurse. Er einigt sich entweder privatim mit seinen Gläubigern oder auch durch gerichtlichen Zwangsvergleich. Oft macht er den Gläubigern den Vorschlag, seinen Warenbestand auf ihre Rechnung zu verkaufen, und so entstehen jene Schwindelausverkäufe oder Auktionen, denen man so häufig an irgend einem Eckhause begegnet, in dessen Schaufenstern einzelne Stücke in marktschreierischer Art zu Schleuderpreisen angepriesen werden. Hierdurch wie durch die Partiewarengeschäfte, welche fehlerhafte Stücke, sogen. Ramschware, dem Grossisten billig abkaufen, den Fehler vertuschen und dann die Ware zu Spottpreisen ankündigen und verkaufen, erwächst dem reellen Engrosgeschäft ein groſser Schade, indem die Abnehmer, hinweisend auf jene Schaufensterpreise, unter denen sie als Detaillisten am unmittelbarsten leiden, nun auch die Einkaufspreise für ihre Ware herabzudrücken suchen. Geschädigt sind aber alle: die reellen Grossisten und Detaillisten, die Arbeiter und das Publikum, denn letzteres erhält eine Ware, die mit dem geringsten Preis immer noch zu teuer bezahlt ist, und den Vorteil hat einzig und allein jener Grossist, der nach Einigung mit seinen Gläubigern sich von neuem Kredit verschafft und sein Geschäft nun gewiſs nicht mit solideren Grundsätzen fortführt.

Wird aber auch die Ware im normalen Wege abgesetzt, die Löhne und der Unternehmergewinn sind die gleich niedrigen, das Publikum erhält doch eine schlechte Ware, und wenn einer etwas gewinnt, so ist es höchstens der Detaillist.

Nicht für sämtliche Engrosgeschäfte ist das entworfene Bild zutreffend. Bei den gröſsten derselben, welche ein starkes

Exportgeschäft pflegen, ist der Unternehmergewinn, trotzdem sie grofse Spesen haben, nicht nur befriedigend, sondern sogar ein beträchtlich hoher. Bessere Löhne dagegen werden nur von den wenigen Geschäften gezahlt, welche bessere Qualitäten herstellen. Denn für feine Arbeit bleibt ständig das Angebot hinter der Nachfrage zurück, und der Preis der besseren Ware verträgt auch eine höhere Belastung durch Lohn.

Die Lohnfrage als solche soll aber an dieser Stelle nur gestreift werden um des Einflusses willen, welchen die Höhe des Lohnes auf die Solidität des Fabrikates hat. Dieser ist selbst für den Laien unverkennbar. Erblickt man jene Kinderunterhöschen, welche das Dutzend zu 3,30 M. verkauft werden, so erkennt man am Zuschnitt, an den Nähten, an der rohen Art, in der die Languetten gestickt sind, deutlich, in welcher fiebernden Hast alles gefertigt ist. Das Geheimnis jener Lohnsätze liegt in der unterwertigen Ausführung der Arbeit. Traurig ist aber, dafs ein gut Teil der Konkurrenzfähigkeit des Berliner Engroswäschegeschäfts in der Niedrigkeit der Löhne und damit in der geringen Güte des Fabrikats begründet liegt.

Kap. II. Das Detailgeschäft.

In der Beschreibung eines wirtschaftlichen Produktionszweiges pflegt eine solche des Detailvertriebs der Produkte nicht inbegriffen zu sein, weil er für die eigentliche Produktion meist von untergeordneter Bedeutung ist. In der Hausindustrie hat der Unternehmer oder Verleger zwar stets auch die Rolle des Verkäufers, aber er ist meist Verkäufer im grofsen. Eine Ausnahme machen u. a. die Bekleidungsgewerbe, in denen ein Grofsverkauf überhaupt erst neueren Datums ist. Hier ist in vielen Fällen der Detaillist Verleger geblieben.

Nicht sämtliche der über 350 Wäschedetailgeschäfte, welche der Adrefskalender von 1895 aufzählt, lassen ihre Ware selbst arbeiten, es sind vielmehr verschiedene Gruppen derselben zu sondern. Es giebt:

1. solche, die fast ausschliefslich eigenes Produkt verkaufen, vor allem die besseren Leinen- und Ausstattungsgeschäfte,

2. solche, die teils selbst produzieren, teils wiederverkaufen, wie die Modebazare und viele der mittleren und kleinen Geschäfte,

3. solche, die in der Hauptsache Wiederverkäufer sind, meist kleine Geschäfte, die nebenbei Posamentier- oder Modewaren verkaufen. Hierher gehört u. a. eine Anzahl kleiner sogen. Posamentiergeschäfte, die der Adrefskalender gar nicht als Wäschegeschäfte anführt.

Wieviele Geschäfte der einen oder anderen Gruppe zuzurechnen sind, läfst sich nicht angeben, sicher ist, dafs die Mehrzahl der letzten und nur eine sehr geringe Zahl der ersten Gruppe angehören. Für uns kann die letzte Gruppe ganz aufser Betracht bleiben, da ihre Geschäfte nicht Produzenten, sondern nur Konsumenten der Engrosgeschäfte und Fabriken darstellen. Allerdings pflegen manche von ihnen eine oder zwei Näherinnen zu beschäftigen, teils für Ausbesserungen, teils für eilige Aufträge, allein diese stellen einen verschwindend kleinen Teil ihrer Waren her.

Wir haben dagegen festzustellen, welches die wirtschaftlichen Eigentümlichkeiten der beiden ersten Gruppen sind, die sie einerseits vom Engrosgeschäft, andererseits von einander scheiden.

Wir wenden uns zunächst den grofsen Ausstattungsgeschäften zu. Sie sind die Nachfolger jener älteren Hausindustrie, welche vor Entstehung des Engrosgeschäfts die allein herrschende war. Es sind zum Teil alte Firmen mit gefesteten Traditionen, seit langer Zeit in Händen einer Familie; schon in diesem Punkte verschieden von den Engrosgeschäften, deren Inhaber, im Gegensatz zu ihnen, Emporkömmlinge sind.

Der Ausgangspunkt dieser Geschäfte war der Leinenstückhandel. Noch Anfang der 60er Jahre war der Verkauf fertiger Wäsche verschwindend gegen den von Stücken Leinen oder Baumwollstoffen. Aber je mehr sich die Konsumenten daran gewöhnten, fertige Wäsche zu bestellen oder zu kaufen, desto mehr schrumpfte der Stückhandel zusammen.

Heute sind drei Arten des Verkaufs im Detailgeschäft zu unterscheiden. Erstens: der Verkauf einzelner Wäschestücke an feste oder an Laufkundschaft nur vom Laden aus. Zweitens: der Verkauf ganzer Ausstattungen auf Bestellung im Ladengeschäft. Drittens: der Versand an Kunden in der Provinz, welche durch Reisende behufs Entgegennahme von Aufträgen auf einzelne Stücke oder Ausstattungen aufgesucht werden. Letztere Art haben sich nur einige Geschäfte zur Specialität gemacht. Sie erfordert grofse Spesen, müssen doch für jeden der 2 oder 3 Reisenden 6000—10000 Mk. jährlich aufgewandt werden. Nur der gute Ruf, den die Berliner feine Wäsche in der Provinz geniefst, macht es daher möglich, dafs jene Geschäfte auf ihre Kosten kommen.

Die übrigen Geschäfte sind verschieden, je nachdem mehr Gewicht auf den Stückverkauf oder den ganzer Ausstattungen gelegt wird. Meist ist das letztere der Fall, und man kann darum diese Geschäfte mit dem gemeinsamen Namen Ausstattungsgeschäfte bezeichnen. Wie sich das schon aus dem eben Gesagten von selbst ergiebt, arbeiten sie sämtlich nur für die Bedürfnisse der höheren und mittleren Stände, aber innerhalb derselben bildet sich jedes Geschäft seinen eigenen

Kundenkreis, auf dessen Bedürfnisse, Geschmack und Zahlungsfähigkeit es sich einrichtet.

Jede Ausstattung ist etwas Individuelles und wird auf Bestellung und, soweit nötig, nach Mafs gearbeitet, und der Unterschied vom Engrosgeschäft ist darum ein ähnlicher, wie der der Schneiderei des Mafsgeschäfts vom Konfektionsgeschäft. Allerdings ist die Mafsarbeit für die Wäscheindustrie nicht von derselben Bedeutung wie für die Schneiderei.

Betrachten wir nun den Betrieb eines solchen Geschäftes näher. Der Detailverkauf bringt es natürlich mit sich, dafs ein offener Laden vorhanden ist. Die jungen Mädchen, die hier verkaufen, sind aber meist nicht nur Verkäuferinnen, sondern schneiden in der freien Zeit zu oder nehmen Mafs. Da der Apparat zum Zuschneiden ein äufserst einfacher ist, nämlich eine grofse Schere, so kann auch bequem auf den breiten Verkaufstischen geschnitten werden. Meist wird allerdings ein besonderer Raum für die Zuschneiderinnen vorhanden sein; männliche Zuschneider fehlen ganz, und auch die weiblichen haben viel weniger starke Lagen zu durchschneiden als in den Engrosgeschäften. Eine Ausnahme macht hiervon ein grofses Detailgeschäft, in welchem die Masse der Erzeugnisse so grofs ist, dafs die technische Herstellung ganz der in den Engrosgeschäften entspricht, wo demgemäfs auch männliche Zuschneider arbeiten. Der Entwurf der Façons erfolgt durch die Directricen Er bedeutet eine eigene Kunst, die schwer zu erlernen ist, wenn nicht Geschmack und Geschick von Natur vorhanden sind. Theoretische Ausbildung wird darum von den Fachleuten nicht sehr geschätzt. Trotzdem aber Berlin in der Wäscheindustrie eine der ersten Stellen einnimmt, ist es in der Erfindung der Muster abhängig vom Auslande. Die allerersten Berliner Geschäfte beziehen nämlich alljährlich ihre Modelle aus Paris oder auch aus Wien und Brüssel und lassen diese hier nacharbeiten. Fragt man, was der Grund sei, so ist die Antwort: den Pariser und Wiener Geschmack können wir nicht erreichen. In der That ist dies allein der Grund, denn um eine nach Perioden wechselnde Mode, für die aus einem vielleicht zufälligen Grunde Paris oder Wien den Ton angäben, handelt es sich bei feiner Leibwäsche viel weniger, als um das Finden neuer Formen nach Eingebung des persönlichen Geschmacks.

Die Thatsache unserer Abhängigkeit von fremdem Geschmack ist aber zu bedauern, auch vom rein materiellen Standpunkt; denn das Erfindungsgenie der Pariser oder Wiener „Künstlerin“ mufs teuer erkauft werden; und werden auch nur wenige Modelle gekauft, so erhöhen sie doch den Preis aller ihnen nachgemachten Erzeugnisse. Die hohen Verdienste aber jener Erfinderinnen könnten unseren Directricen zu Gute kommen, wenn sie eben — Erfinderinnen wären! Immerhin sind es nur wenige Geschäfte, welche sich den Luxus fremder Modelle erlauben, die anderen ahmen wieder deren Nachahmungen nach.

Einen weiteren wichtigen Unterschied vom Engrosgeschäft bildet die Mafsarbeit. Sie ist auch im Detailgeschäft nicht durchgängig üblich, da ja viel vom Lager verkauft wird, wobei ein paar Normalgröfsen wie im Engrosgeschäft mafsgebend sind.

Bei Bestellung von Ausstattungen wird jedoch stets Mafs genommen. Es geschieht das durch eine oder mehrere Directricen, welche den Bestellern ins Haus geschickt werden, und die hiernach das Zuschnittmuster entwerfen. Nach diesen Mustern, die aus Papier oder Pappe ausgeschnitten werden, arbeitet dann die Zuschneidedirectrice mit ihren Arbeiterinnen. Die eigentümliche Verbindung von Zuschneiden und Verkaufen war schon erwähnt. Sie wird erreicht dadurch, dafs die jungen Mädchen in ihrer halbjährigen Lehrzeit beides erlernen, und, je nachdem sie sich besser eignen, später vorwiegend zum einen oder anderen verwendet werden. Das hat u. a. den Vorteil für den Unternehmer, dafs die Zuschneiderinnen als Handlungspersonal gelten, also unter keinen Umständen der Gewerbeordnung unterstehen.

Die Näherei erfolgt fast ausschliefslich aufser dem Hause. Einzelne Geschäfte unterhalten eine Nähstube für eilige Bestellungen und feinere Arbeit. Gröfsere Nähstuben, d. h. solche von etwa 10—20 Arbeiterinnen, hatten 1894 nur 6 Detailgeschäfte, die gröfste hatte einen Zuschneider und 25 Arbeiterinnen, worunter auch Zuschneiderinnen. In einer solchen von 50 Arbeiterinnen werden hauptsächlich Schürzen hergestellt, eine eigene Arbeit, die sich zu einem besonderen Zweig der Konfektionsindustrie ausgebildet hat. Andere Detailgeschäfte halten nur 2—5 Näherinnen für Ausbesserungen.

Im übrigen richtet sich die Art der Vergebung der Arbeit wieder nach der Güte der Erzeugnisse. Jedes Ausstattungsgeschäft hat als Stamm eine ziemlich feste Kundschaft, deren Bedürfnissen es sich anpafst. Je wohlhabender und vornehmer der Kundenkreis, desto geringer ist die Quantität, desto höher die Qualität der Erzeugnisse und umgekehrt. Die ganz feine Wäsche nun wird, soweit sie in Berlin genäht wird, nur an einzelne Heimarbeiterinnen vergeben, und es herrscht an hierfür geeigneten Arbeitskräften von jeher ein grofser Mangel. Die Arbeiterinnen stammen meist aus besseren Kreisen. Denn es gehört zu dieser Arbeit eine feine und leichte Hand, verbunden mit gröfster Reinlichkeit und Sauberkeit. Die reichlich verwendeten Spitzen und Stickereien müssen zart behandelt werden, damit, wie es der Geschäftsmann ausdrückt, „ein Hauch über dem Ganzen liegt“. Die Löhne sind infolgedessen auch verhältnismäfsig hohe.

Für geringere Qualitäten werden, wie im Engrosgeschäft, Arbeitsstuben beschäftigt, und es sind zum Teil dieselben, welche für beiderlei Geschäfte arbeiten. In der Hauptsache aber handelt es sich im Detailgeschäft um besonders tüchtige Heimarbeiterinnen, oft frühere Directricen, die sich einige wenige Hülfskräfte angelernt haben, welche sie bequem beaufsichtigen und denen sie die leichtere Arbeit übergeben können, während sie die schwierigere sich selbst vorbehalten.

Diejenigen Arbeitsstuben, welche vorwiegend für Detailgeschäfte arbeiten, leiden vor allem unter der Unregelmäfsigkeit der Beschäftigung, und zwar mehr als die einzelnen Heimarbeiterinnen. Denn die letzteren, welche, wie erwähnt, meist feinere Arbeit liefern, mufs der Unternehmer sich zu halten suchen und er giebt darum, wenn weniger zu thun ist, zunächst den Arbeitsstuben weniger Arbeit. Diese müssen infolgedessen, da sie fast ohne jegliches Kapital arbeiten, sofort einen Teil ihrer Arbeitskräfte entlassen oder die Beschäftigung der ihnen pflichtigen Heimarbeiterinnen —, welche nicht die Eigenschaften von Qualitätsarbeiterinnen haben —, einstellen. Diese Arbeiterinnen sind daher in übler Lage und regelmäfsig längere Zeit im Jahre arbeitslos.

An der Unregelmäfsigkeit der Beschäftigung ist hauptsächlich schuld ein Umstand, der sich mit der fortschreitenden Entwickelung der Industrie immer mehr geltend gemacht hat: die kurzen Fristen der Bestellungen. Es gilt das besonders von den Ausstattungen. Solche, für die man vor 20 Jahren vielleicht noch eine Frist von 3 Monaten setzte, werden jetzt in 3 Wochen fertig verlangt und geliefert.

Der Inhaber eines Geschäftes, welches für die vornehmste Kundschaft arbeitet, schob die Schuld hieran mir gegenüber auf die „schlechter gewordenen Sitten“. Früher habe die Verlobungszeit im allgemeinen viel länger gedauert, und, obgleich ein grofser Teil der Aussteuer für die Tochter bereits vor der Verlobung im Hause fertig gestellt gewesen sei, wäre sofort die Ergänzung vom Geschäft bestellt und durch dies in aller Gemächlichkeit gefertigt worden. Jetzt pflege die Hochzeit so sehr wie möglich beschleunigt zu werden und nicht einmal immer werde die Ausstattung, obgleich sie vollständig vom Geschäft bezogen würde, gleich bestellt, aus Furcht, die Verlobung könne zurückgehen. — Gewifs ist es richtig, dafs in dieser Weise das Publikum einen grofsen Teil der Schuld trägt, aber die ganz kurzen Lieferungsfristen sind doch nur möglich geworden, indem sich die Konkurrenzgeschäfte unterboten. Auch bei Submissionen gröfserer Aufträge durch Institute, z. B. Krankenhäuser, Hotels, wird zu sehr auf kurze Lieferungsfristen gesehen.

Ein Gegengewicht gegen die so hervorgerufene Unregelmäfsigkeit der Beschäftigung könnte das Arbeiten auf Vorrat sein. In der That ist dies auch notwendig für den Stückverkauf, der bei einzelnen Geschäften immerhin eine ziemlich grofse Rolle spielt. Allein die Laufkundschaft stellt sich auch gerade zu bestimmten Zeiten am meisten ein, zu den Festen: Weihnachten, Pfingsten und Ostern. Und der immer mehr platzgreifende Wechsel der Mode bewirkt, dafs für diese Gelegenheiten nicht gleichmäfsig das ganze Jahr hindurch, sondern erst kurz vorher gearbeitet wird. Ferner ist die Reisezeit, in welcher sich viele zahlungsfähige Fremde in Berlin aufhalten, eine Hauptverkaufsgelegenheit, während auf sie, etwa im November, die schlechteste Zeit des Jahres folgt. Dementsprechend sind die voraufgehenden Monate: Juli, August, September, für die Arbeiter die stillste Zeit. Allerdings ist die Wäschekonfektion nicht entfernt in dem Grade Saisonindustrie, wie die übrigen Berliner Konfektionsindustrien. Einmal liegen fast in jedem Geschäft die stillen und lebhaften Perioden anders, und damit ist wenigstens für die Arbeitsstuben, die für mehrere Geschäfte arbeiten, ein gewisser Ausgleich gegeben. Dann aber kann doch eine ganze Menge auf Vorrat gearbeitet werden, und diese Arbeit vergiebt das Geschäft in der stillen Zeit, um damit seine guten Arbeiter zu halten.

Zu den im Detailgeschäft hergestellten Wäschestücken werden verhältnismäfsig noch mehr Stickereien gebraucht, als zu denen der Engrosgeschäfte, denn je feiner die Qualität, desto mehr finden sie Verwendung. Der gröfste Teil dieser Arbeiten wird nicht in Berlin, sondern auswärts gemacht, und es kommen hier dieselben Herstellungsorte in Betracht. Sehr viel geht neuerdings nach Madeira, wo deutsche Kurgäste die ersten Faktore waren und die ganze Bevölkerung, Männer, Frauen und Kinder, stickt, deren Löhne auf ein solches Niveau gedrückt sind, dafs während die Madeirastickerei früher nur für die feinsten Luxusstücke verwandt werden konnte, sie jetzt fast billiger ist als die inländische und darum der in Stolp gepflegten Hausindustrie grofsen Abbruch gethan hat. Das einzige Hindernis, welches den Versand nach Madeira etwas beschränkt, ist, dafs der Hin- und Hertransport und die Arbeitszeit zusammen fast die Zeit eines Jahres beanspruchen, da immer nur wenige Schiffe Madeira anlaufen. Der doppelte Zoll schreckt infolge der niedrigen Preise nicht zurück.

Aber auch das Nähen geschieht vielfach aufserhalb. So läfst eine Reihe von Geschäften grofse Mengen in Potsdam arbeiten. Als Eigentümlichkeit des Detailgeschäfts mufs dagegen erwähnt werden, dafs die allerersten Geschäfte in elsafslothringischen Klöstern die Erbschaft der Pariser angetreten haben. In Paris wurde nämlich und wird noch heute für die dort hauptsächlich hergestellten Artikel der allerfeinsten Art Handarbeit verlangt, welche sich namentlich in den armen Gegenden der Vogesen und ferner in Anstalten und Klöstern sehr billig findet. Bei uns verwendet man nun schon seit langem die Nähmaschine auch für gute Arbeit, immerhin wird für wenige Luxusartikel die Handarbeit noch bevorzugt, und sie stellt sich, da jene Klöster eine bescheidene Bezahlung erhalten, kaum teurer als Maschinenarbeit.

Ganz kurz nur brauchen wir die zweite der von uns bezeichneten Gruppen der Detailgeschäfte zu betrachten. Äufserlich bieten sie ein weit weniger einheitliches Bild, als die im vorigen Absatze behandelten Ausstattungsgeschäfte. Da sind zunächst die grofsen Konfektions- und Modebazare, welche in den letzten Jahren auch die Wäschekonfektion in ihren Bereich gezogen haben, einer ähnlichen Entwickelung folgend, wie auch einige Wäschegeschäfte, welche einen oder ganze Zweige der Damenkonfektion an sich gerissen haben. Der Umfang dieser grofsen Unternehmungen, aber auch ihre Geschäftsprinzipien, gestatten nicht, dafs sie sich mit der Herstellung ihrer sämtlichen Wäscheerzeugnisse selbst abgeben; die Geschäftsprincipien darum nicht, weil oberster Leitsatz die Billigkeit der Ware ist und schon darum der Bezug von den Engrosgeschäften nicht entbehrt werden kann. Es hängt ferner damit zusammen, dafs der Zuschnitt hier nicht immer im Geschäfte erfolgt. Im übrigen genügt aber eine so geringe Fach- und Sachkenntnis dazu, um Arbeitgeber für Wäscheartikel zu sein, dafs ein ansehnlicher Teil durch eigene Arbeitskräfte hergestellt wird. Insoweit dies der Fall, ist der Betrieb ein ganz ähnlicher wie bei den eigentlichen Wäschegeschäften, nur dafs mehr Arbeitsstuben als Heimarbeiterinnen beschäftigt werden, und vom Inhaber der Arbeitsstube verlangt wird, dafs er auch zuschneidet. Einesteils ist das für die Geschäfte eine Ersparnis, denn für das Zuschneiden als solches beansprucht der Zwischenmeister nichts, er sucht höchstens für die Arbeit im ganzen etwas mehr herauszuschlagen, andererseits aber ist es unvorteilhaft, weil bei der mangelnden Aufsicht eine Vergeudung des Materials unvermeidlich ist, und auch Unehrlichkeiten nicht ausgeschlossen erscheinen. Doch ist mir von dem Vorkommen solcher nichts berichtet worden.

Aus ganz anderen Gründen hatten sich die meisten der mittleren und kleineren Wäschedetailgeschäfte mehr und mehr von der Eigenproduktion abgewandt. Sie haben vorwiegend die Bedürfnisse der grofsen Masse der Konsumenten zu befriedigen. Diese aber ist darauf angewiesen, einen möglichst geringen Teil ihres jeweiligen Einkommens auf Kleidung zu verwenden und hierdurch gezwungen, verhältnismäfsig weit mehr dafür auszugeben, als es die höheren Stände thun. Denn es kann keinem Zweifel unterliegen, dafs z. B. ein Hemd für 2 ℳ — aus einem reellen Geschäfte — mehr als doppelt so lange hält, als ein solches für 1 ℳ, und doch ist es den wenigsten Arbeitern möglich, die gröfsere gut verzinsliche der kleineren schlecht verzinslichen Kapitalsanlage vorzuziehen, da sie eben nicht gleichzeitig über gröfsere Summen verfügen können. Nicht nur in der Produktion, auch im Konsum giebt der Kapitalbesitz einen Vorsprung.

Mit den Erzeugnissen der Engrosgeschäfte können aber die der kleinen Detailgeschäfte an Billigkeit nicht konkurrieren. Denn jene können nur dadurch so billige Preise erreichen, dafs sie auch die Arbeit in Masse vergeben. Die Arbeitsstuben, welche für sie arbeiten, würden unregelmäfsige Einzelbestellungen zum selben Preise nicht herstellen. Umsoweniger, als der Zwischenmeister vom kleinen Detaillisten weit unabhängiger ist als vom Grossisten. So decken die kleineren Geschäfte den gröfsten Teil ihres Bedarfs vom Engrosgeschäft. Daneben allerdings bleibt dann noch eigene Arbeit bestehen, meist ausgehend von der Familienthätigkeit. Die Frau ist oft eine frühere Näherin und verwertet nun weiter ihre Arbeitskraft und Kenntnis mit Hülfe von einem oder mehreren Nähmädchen. Einige gute Bekannte, die für gröfsere Geschäfte arbeiten, beschäftigen sich in stilleren Zeiten auch mit Arbeit für die kleinen. Einzelne von diesen Geschäften lassen auch wohl in Arbeitsstuben einiges nähen. Das Zuschneiden eignet sich der Inhaber des Geschäfts bei einiger Geschicklichkeit schnell an; wenn nicht, so bleibt er darin auf die Arbeitsstuben selbst, auch auf einzelne geschickte Näherinnen angewiesen. Auch diese Geschäfte sind sehr unregelmäfsige Arbeitgeber. Sie verkaufen am meisten nach Pfingsten bis zum Juni, dann wieder vom Oktober ab bis Weihnachten. In den übrigen Monaten ist das Geschäft mäfsig, am geringsten im März bis etwa Pfingsten. In Arbeit gegeben wird am meisten in der Zeit vor den guten Monaten.

Die vorhandenen Arbeitskräfte werden bis aufs äufserste ausgenützt, um ein billiges Erzeugnis zu erzielen. Das Ganze nennt sich auf dem Firmenschild über dem kleinen Laden oder gar Keller volltönend „Wäschefabrik“.

Die verschiedenen Gröfsenabstufungen dieser Geschäfte näher zu betrachten, bietet kein Interesse, da das Bild bei allen ziemlich das gleiche ist, und nur hier etwas mehr, dort etwas weniger „fabriziert“ wird.

Kap. III. Die Lohnnäherinnen.

Es ist ein verlorener Posten, den wir in diesem Kapitel der Vollständigkeit halber erwähnen müssen, der Überrest einer abgestorbenen Betriebsform. Denn die ganz wenigen selbständigen Weifsnäherinnen, welche es auch heute noch giebt, sind ihrer Zahl und Bedeutung nach ziemlich belanglos. Sie arbeiten noch für Familien, in denen ein konservativer

Zug herrscht, und welche sich es nicht nehmen lassen, ihre Wäsche und die Ausstattungen der Töchter selbst herzustellen, hierbei aber schon wegen des Zuschnitts fremder Hülfe bedürfen. Aber die Lohnnäherin pflegt jetzt nicht mehr wie früher ins Haus zu kommen, sondern bei sich zu arbeiten. Obgleich es meist besonders tüchtige, auch des Zuschneidens und Maſsnehmens kundige Näherinnen sind, die so für Privatkunden arbeiten, und obgleich diese die Arbeit natürlich besser bezahlen müssen als die Geschäfte, ist der Verdienst vor allem wegen der Unregelmäſsigkeit der Beschäftigung ein kärglicher.

Manche dieser Näherinnen arbeiten gleichzeitig für ein kleines Geschäft; es sind meist schon ältere Frauen und Mädchen, die der Gewohnheit ihres früheren Berufes mit seiner Selbständigkeit treu geblieben sind.

Um die Lage dieser Frauen zu schildern, mögen wenige Beispiele genügen.

Frau R. ist Frau eines Stuccaturarbeiters, der, wenn er beschäftigt ist, 18—21 ℳ verdient; sie hat 4 Kinder. Die älteste vierzehnjährige Tochter und der Mann, wenn er arbeitslos ist, helfen ihr beim Nähen mit einer zweiten Nähmaschine. Sie fertigt alle Arten Damenwäsche, Oberhemden und Bettwäsche. Drei Monate im Jahre, Januar, Februar und Oktober, hat sie gar keine oder fast keine Arbeit, im Juni, Juli und August dagegen häuft sich dieselbe. In dieser Zeit arbeitet sie von morgens 4 Uhr bis abends ½9, nur mit 1½ Stunden Mittagspause, und kann dann 50 ℳ in der Woche verdienen. In den stillen Monaten beträgt der Wochenverdienst etwa 15 ℳ, der Verdienst des ganzen Jahres etwa 900 ℳ. Die Betreffende ist eine sehr tüchtige Näherin, da sie an einem Tage mit ihren Hülfskräften z. B. 1 Dutzend Oberhemden fertigstellen kann. Daher ist der erreichte Verdienst als ein hoher zu bezeichnen. Mit welchen Opfern er in der Saison erkauft wird, das sprechen die angegebenen Zahlen am deutlichsten aus.

Bei 2 anderen Näherinnen betrug der durchschnittliche Wochenverdienst 9—10 ℳ, bei einer Ausbesserin 4—5 ℳ.

Im übrigen gilt von den Lohnnäherinnen ähnliches wie von den Heimarbeiterinnen.

B. Die Wäschefabrikation.

Kap. IV. 1. Sitz und Umfang der Produktion.

„Wäschefabrikation“ sei im Gegensatz zur „Wäschekonfektion“ die Herstellung von Kragen, Manschetten und ähnlichen Gegenständen genannt, obgleich dieselbe nicht nur fabrikmäfsig, sondern zum Teil auch mit Hülfe der Hausindustrie erfolgt. In jedem Falle aber ist die Fabrik ein Durchgangsstadium im Produktionsprozefs dieser Artikel und darum sein unterscheidendes Merkmal. Wo daher im folgenden schlechtweg von „Fabrikation“ die Rede ist, da ist die Herstellung von steifleinener Wäsche, wo von „Konfektion“, da ist die aller übrigen Wäscheartikel gemeint.

Die Fabriken befinden sich nicht, wie die Engrosgeschäfte, im Centrum, sondern aus begreiflichen Gründen in den äufseren Stadtteilen Berlins, namentlich im Norden und Osten. Zur Veranschaulichung der Zahl der Fabriken und ihrer Arbeiter diene folgende Tabelle, welcher für die Jahre 1887—1894 unveröffentlichtes Zahlenmaterial der drei Berliner Gewerbeinspektionen zu Grund liegt[1].

Jahr	Zahl der Fabriken	Zahl der Arbeiter			Davon Jugendliche (14—16 Jahre)		
		männlich	weiblich	zusammen	männlich	weiblich	zusammen
1874	32			1355			
1887	43	278	3911	4189			
1888	43	279	4123	4402			
1889	43	303	4222	4525			
1890	41	311	4495	4806			
1891	42	324	4349	4673			
1892	45	350	4642	4992			
1893	43	359	4871	5230	8	263	271
1894	41	370	5097	5467	10	218	228

Die mitgeteilten Zahlen lassen ein aufserordentliches Anwachsen der Zahl der Fabriken und noch mehr der Arbeiter von 1874—1887 erkennen. Während der Jahre 1887—1894 bleibt die Zahl der Fabriken ziemlich konstant, wärend das weitere Wachstum der Arbeiterzahl die zunehmende Vergröfserung der Betriebe anzeigt. Es kommen von Arbeitern auf eine Fabrik:

1874: 42,3	1889: 105,2	1892: 111,0
1887: 97,4	1890: 122,1	1893: 121,6
1888: 102,4	1891: 111,3	1894: 133,3

Die durchschnittliche Gröfse der Fabriken hat also nicht nur seit 1874 sondern auch seit 1887 stark zugenommen. Die Zunahme ist am gröfsten von 1889 zu 1890, wo die Industrie eine kurze Zeit grofsen Aufschwungs erlebte, und von 1892

[1] v. Stülpnagel, die Hausindustrie in Berlin, Schr. d. V. f. Sozialpol. Bd. 42, giebt die Zahl der Fabriken (für 1886?) auf 53 mit 4306 Arbeitern an. Offenbar sind hier die gröfseren Arbeitsstuben und die Stuben der Wäschekonfektionsgeschäfte mitgezählt, welche ich bei der Berechnung ausgeschieden habe. — Die Listen der Gewerbeinspektion können auf absolute Genauigkeit natürlich keinen Anspruch machen. Einzelne Fabriken teilen ganz schablonenmäfsig für mehrere Jahre hintereinander die gleichen Zahlen mit.

zu 1893 und 1894, einer Zeit des Niedergangs. Beiden Konjunkturen hat sich der gröfsere Betrieb gewachsener gezeigt als der kleine.

Auf eine starke und stetige Zunahme der Produktion weist das ständige Anwachsen der männlichen Arbeiter, welche fast ausschliefslich aus den Zuschneidern bestehen. Ihre Zahl ist weit mafsgebender für die Produktionsmenge als die der weiblichen Fabrikarbeiter. Denn das Zuschneiden erfolgt fast allein in den Fabriken, während ein grofser Teil der weiblichen Arbeit, vor allem des Nähens, hausindustriell erfolgt.

Nach der Gröfse gliedern sich die Fabriken folgendermafsen. Es hatten 1894

5	Fabriken	zwischen	10	und	20	Arbeiter
3	„	„	21	„	30	„
3	„	„	31	„	40	„
6	„	„	41	„	50	„
5	„	„	51	„	60	„
4	„	„	61	„	70	„
2	„	„	81	„	90	„
1	„	„	91	„	100	„
4	„	„	101	„	150	„
1	„	„	151	„	200	„
2	„	„	201	„	250	„
2	„	„	351	„	400	„
3	„	„	451	„	500	„
1	„		974			„

Über 100 Arbeiter hatten also 13 Fabriken, welche den weitaus gröfsten Teil der Arbeiter beschäftigten. Es ist interessant, das Wachstum dieser 13 gröfseren Fabriken mit den allgemeinen Zahlen zu vergleichen. Sie beschäftigten zusammen

1887: 3103	1891: 3328
1888: 3287	1892: 3767
1889: 3420	1893: 3956
1890: 3675	1894: 4200 Arbeiter.

Danach ist die Zahl der in diesen Fabriken beschäftigten Arbeiter von 1887 bis 1894 um 1097 oder um 35,3 % gestiegen, während die Zahl der in sämtlichen übrigen Fabriken Beschäftigten nur von 1086 auf 1267 oder um 16,6 % gewachsen ist. Die Gesamtzahl ist um 30,5 % gestiegen.

Den gröfsten Anteil am Wachstum der 13 gröfseren Fabriken haben nicht die allergröfsten, sondern diejenigen mit 100—400 Arbeitern. So hat die Arbeiterzahl in der gröfsten Fabrik seit 1890 sogar etwas abgenommen.

Deutlich zeigt sich in diesen Zahlen die Tendenz zu immer wachsender Gröfse des Betriebs, nur dafs sich diese Tendenz bei den gröfsten Fabriken abschwächt.

Das Aufsteigen der kleinen Fabriken in die Reihe der gröfseren erhellt noch mehr, wenn man erfährt, dafs von jenen 13 Fabriken, die 1894 über 100 Arbeiter hatten, 1887 noch 4 weniger als 100 Arbeiter beschäftigten.

In all diesen Zahlen sind die von den Fabriken beschäftigten Heimarbeiter nicht einbegriffen. Ihre Zahl genau anzugeben, ist leider unmöglich. Nach den Schätzungen eines Sachkundigen mag sie ungefähr 6500 betragen, doch scheint mir das etwas zu hoch gegriffen. Ob ihre Zahl im Laufe der Jahre gewachsen und in welchem Verhältnis dies geschehen, läfst sich noch weniger angeben, da, wie schon erwähnt, die Berufsstatistik für diese Kategorien versagt. Doch ist es im höchsten Grade wahrscheinlich, dafs die Zahl der von den Fabriken beschäftigten Heimarbeiterinnen mindestens im selben, wenn nicht in noch höherem Mafse gewachsen ist, als die der Fabrikarbeiter.

Man darf die Gröfse des Betriebs nicht allein nach der Zahl der Fabrikarbeiter messen. Es giebt Fabriken, die den gröfseren Teil, andere, die nur einen geringen Bruchteil ihrer Näharbeit an die Heimarbeiterinnen geben.

Die Gröfse der Fabrik zeigt sich am deutlichsten an den Räumlichkeiten, die sie einnimmt. Vom fünfstöckigen enormen Gebäude bis herab auf kleine und enge Mietswohnungen, die den Namen Fabrikraum kaum verdienen, finden sich alle Schattierungen vertreten. Das Vorwiegen von Mietsräumen erklärt sich daraus, dafs selbst gröfsere Fabriken in Folge der noch zu besprechenden technischen Eigenschaften der Fabrikation nur einer geringen Dampfkraft bedürfen und darum sich ohne Dampfanlage mit dem Abmieten von Dampfkraft, wie es in Berliner Mietsfabriken üblich ist, begnügen können. Es besafsen 1894 18 Fabriken eine eigene Dampfanlage, ebensoviele hatten die Dampfkraft gemietet, 2 arbeiteten mit Gasmotoren und 4 wandten keinerlei mechanische Kraft an.

Die Wäschefabrikation nimmt an Bedeutung eine der ersten Stellen in der Berliner Industrie ein, trotzdem sie so jung ist, dafs vielen Fabriken noch ihre Begründer vorstehen; und das rührt vielleicht daher, dafs, wenigstens die gröfseren, fast alle auf durchaus solider Grundlage ruhen.

Gegenstand der Fabrikation sind ursprünglich nur Herrenkragen und -Manschetten, wozu sich allmählich auch gestärkte Wäsche, also Oberhemden und Einsätze, Chemisettes, Serviteurs und die entsprechende Damenwäsche gesellt haben. Nicht sämtliche dieser Artikel werden in allen Fabriken, wohl aber werden sie jetzt ausschliefslich durch die „Fabrikation“ hergestellt — mit Ausnahme der Oberhemden. Diese werden in ihren besseren Sorten, namentlich, soweit sie nach Mafs gearbeitet werden, durch die Detailgeschäfte gefertigt, zum Teil unter Benutzung fabrikmäfsig hergestellter Einsätze.

Verbinden wir die Betrachtung des Produktionsprozesses und der technischen Einrichtung der Fabriken mit einem Rundgang durch eine derselben, welche etwa als typisch gelten kann. Wir betreten zunächst die Zuschneiderei. Auf breiten Tischen ist der Leinen- und Baumwollstoff in Schichten von bestimmter Dichtigkeit — z. B. 96 Lagen übereinander — ausgelegt. Davor steht der Zuschneider. Er legt die kupferne Schablone auf den Stoff, hält diese mit der linken Hand fest und schneidet mit der rechten, ein eigentümlich geformtes Messer vertikal zur Schablone haltend, die Lagen seitwärts durch. Am schwierigsten sind die Ecken und demgemäfs solche Artikel, die viele scharfen Ecken haben, wie gewisse Kragensorten. Grofser Übung bedarf es auch, um das Messer stets rechtwinklig zur Stofflage zu halten, damit die unterste Schicht in derselben Gröfse wie die oberste geschnitten wird. Vor allem aber ist eine grofse physische Kraft erforderlich, da fortwährend ein starker Druck ausgeübt werden mufs, und die Armmuskeln daher sehr angestrengt werden. Es sind auch meist kräftig erscheinende Männer, die man bei dieser Arbeit erblickt. Die Fabrik, in der wir uns befinden, hat vor ein paar Jahren eine Neuerung eingeführt durch Aufstellung von Zuschneidemaschinen, welche der Besitzer der Fabrik selbst konstruiert hat. Am Ende eines langen beweglichen Hebels befindet sich ein kreisförmiges Messer, welches durch die Dampfanlage mittelst einer Transmission in rotierende Bewegung versetzt wird. Der bedienende Arbeiter führt mit der Hand das Hebelende mit dem Messer auf der Zeuglage längs des nach der Schablone aufgezeichneten Strichs.

Zwei Arbeiter an der Maschine sollen die Arbeit von vier Handzuschneidern ersparen. Die Hauptschwierigkeit lag bisher darin, dafs das runde Messer die Ecken nicht gerade schneiden kann, sodafs hier stets mit der Hand nachgeholfen werden mufste. Ihr soll durch eine neue Erfindung jenes Herrn abgeholfen werden, welche zur Zeit beim Patentamt angemeldet ist.

In anderen Fabriken hat die Zuschneidemaschine noch wenig Eingang gefunden, da man die Handarbeit für glatter und besser hält. Die Arbeit des Maschinenzuschneiders ist kaum weniger anstrengend als die des Handzuschneiders, denn er mufs ziemliche Kraft anwenden, um den Hebel zu dirigieren, und die zuckenden Bewegungen desselben in Folge des Umschwingens des Messers teilen sich seinem Körper mit.

Von der Zuschneiderei gelangen wir in den Nähsaal, von dem uns das Gerassel der Nähmaschinen entgegentönt. Es sei hier eingeschaltet, dafs der gröfsere Teil der Näharbeiten nicht in den Fabriken, sondern hausindustriell erfolgt, dafs daher der Umfang der Näherei nirgends dem der übrigen Fabrikationsräume entspricht.

Die meisten der aufgestellten Nähmaschinen sind solche nach dem System Wheeler & Wilson, eine geringere Anzahl solche nach dem System Singer. Sie dienen für verschiedene Arbeiten.

Der rohe „Zuschnitt" kommt zunächst in die Hand der Vorrichterin. Diese legt die Ränder um, und nun kann die Näherin an der Wheeler & Wilson-Maschine die Vornähte machen, mit denen die Einlagen von innen an einander befestigt werden. Dann gehen die Kragen oder anderen Gegenstände zur Stepperin an der Singermaschine, welche die den ganzen Kragen zusammenhaltende und nach aufsen sichtbare Steppnaht fertigt. Die Singermaschine ist hier darum am Platze, weil die sämtlichen Lagen des Wäschestücks zu durchstechen sind, wobei die gebogenen Nadeln der Wheeler & Wilson-Maschine leicht brechen würden, und dann, weil die Singer-Naht ein weit eleganteres Aussehen giebt.

Das Vorrichten geschieht nicht immer durch eigens dafür bestellte Arbeiterinnen, es sind vielmehr oft Lehrmädchen, die später das Nähen erlernen, oder aber — und das ist sehr häufig — die Maschinennäherin richtet selbst vor, wodurch bei ihr eine wohlthätige Abwechslung zwischen Maschinenarbeit und Handarbeit bewirkt wird. Dieses Vorteils gehen die Stepperinnen verlustig, da sie bereits die vorgenähten Stücke erhalten. An Stelle des Vorrichtens tritt bei rundgeränderten Sachen wie Manschetten u. s. w. das Kleben. Da nämlich bei Rundungen ein Umbiegen des Randes mit der Hand allein nichts nützen würde, so wird hier der umgebogene Rand mit Klebstoff bestrichen und mit einem Bügeleisen angeplättet. Von den Kleberinnen gilt dasselbe, wie von den Vorrichterinnen, es sind meist jugendliche Arbeiterinnen.

Unsere Fabrik zeichnet sich vor den meisten anderen auch in der Näherei durch einen technischen Vorzug aus. Sie hat nämlich für die Nähmaschinen den Dampfbetrieb eingeführt. Es sind aufser ihr nur 1 oder 2 Fabriken, die das gleiche gethan haben, in den übrigen wird die Maschine durch den Fufs der Näherin in Bewegung gesetzt. Der Grund der Nichteinführung des Dampfbetriebes, obwohl die Anwendung technische Schwierigkeiten nicht bietet, ist, dafs dieser nur sehr geringe technische Vorzüge aufweist. Es handelt sich bei Wäschestücken um keine sehr langen Nähte, vor jeder Ecke mufs die Maschine rasch zum Stehen gebracht werden. Das bedeutet eine geringe Ausnutzungsmöglichkeit der durch den Dampfbetrieb an und für sich erreichbaren gröfseren Schnelligkeit. Immerhin wird eine kleine Mehrleistung durch die Dampfmaschine erreicht. Ein fernerer Vorzug ist ein regelmäfsiger Stich und endlich der, dafs die Arbeiterin ihre ganze Aufmerksamkeit ungeteilt auf die Hand verwenden kann und das schwierige Zusammenarbeiten von Hand und Fufs nicht erst zu erlernen braucht. Diese Vorteile erscheinen aber den meisten Fabrikanten nicht grofs genug, um die kostspieligen Aufwendungen für die notwendigen Änderungen an den Maschinen und den übrigens geringen Mehrverbrauch an Dampf zu machen. Wo es dennoch geschehen ist, da hat wohl auch die Rücksicht auf die segensreichen Folgen der Einführung für die Gesundheit aber auch die Leistungsfähigkeit der Arbeiterin eine Rolle gespielt.

Fast in allen Fabriken wird dagegen die Dampfkraft für eine specielle Gattung der Nähmaschinen verwandt, nämlich die Knopflochmaschinen. An diese sinnreichen Maschinen gelangen die in der Näherei bis auf die Knopflöcher fertig gestellten Stücke. Hier wird das ganze Knopfloch automatisch genäht und eingeschnitten. Bei ihnen ist die durch den Dampf verursachte Mehrleistung eine erheblichere. Sie ist etwa auf das Doppelte der Leistung einer Tretmaschine zu schätzen.

In anderer Beziehung hat allerdings die Maschinentechnik hier noch einen geringeren Sieg erfochten, als in der gewöhnlichen Näherei. Denn die Maschinenknopflöcher sind weder ebenso haltbar noch so elegant wie die Handknopflöcher, und darum ist für alle solidere Ware die Handarbeit noch unentbehrlich.

Sind die Knopflöcher „eingestemmt“, so wird wieder von anderen Arbeiterinnen den Kragen und Manschetten ein Stempel aufgedrückt, enthaltend die Bezeichnung der Marke und die Firma der Fabrik oder auch die des bestellenden Geschäfts. Der Stempel mufs mit einer sorgfältig ausgewählten chemischen Flüssigkeit und vorsichtig angebracht werden, da sonst leicht der Stoff ganz verdorben werden kann.

Nun ist das Fabrikat im Rohzustande fertig, es beginnt aber noch ein sehr wichtiger, wenn nicht der wichtigste Prozefs der Fabrikation, das Waschen und Plätten.

Wir begeben uns zunächst in die Wäscherei, die ihre eigenen Räumlichkeiten besitzt. Hatte bisher der Dampf nur eine untergeordnete Rolle gespielt, so kommt er hier erst zu seinem Rechte. Die grofsen Wasch- und Wringmaschinen werden in fast allen Fabriken durch Dampf betrieben, etwa seit Mitte der 70er Jahre. Nur in den kleinsten Fabriken werden die Maschinen noch mit der Hand bewegt. Die älteren Maschinen sind deutscher Konstruktion, in Form grofser Kübel, in welchen die Wäsche durch im Wasser rotierende Quirle hin- und hergeworfen wird; die neueren, nach amerikanischem System, haben die Form einer durchlöcherten Trommel, in welcher sich die Wäsche befindet, und die in wechselnder Rotationsbewegung gehalten wird.

Mit der Wäscherei verbunden ist die Stärkerei. Auch hier finden wir Stärkemaschinen mit Dampfbetrieb.

Zur Bedienung der Wasch- und Stärkemaschinen sind in gröfseren Fabriken 7—8 Personen erforderlich. Daneben wird aber auch mit der Hand gestärkt. Die gestärkte Wäsche geht nun wieder durch Wringmaschinen und wird sodann mit Ausnahme der zu plättenden Teile in heifser Luft getrocknet.

Wir wandern in ein anderes Stockwerk, um in die Plättsäle zu gelangen. Die Technik, die hier herrscht, ist wieder eine ganz andere. Bewegende Kraft ist die Hand, Werkzeug das Bügeleisen. Aber in unserer Fabrik, wie jetzt in allen gröfseren ist damit eine technische Neuerung verbunden, die Erhitzung durch Gas. Über den Plätttischen, an welchen die Plätterinnen stehen, ist ein Gasrohr angebracht, von welchem ein Gummischlauch nach jedem Plätteisen geführt ist. Er mündet hier zusammen mit einem zweiten Schlauch, welcher durch einen Exhaustor aufgesaugte Luft einführt, von der 2 Teile mit 1 Teile Gas gemengt werden, um im Innern des Bügeleisens die Stichflamme zu entzünden. Die Gasplätterei wurde probeweise schon 1889, allgemein seit 1890 eingeführt. Das ältere System der Bolzenplätterei herrscht noch in den meisten kleineren Fabriken. Hier stehen in einem Nebenraume ein oder mehrere grofse Herde, auf welchen die Bolzen erhitzt werden. Jede Arbeiterin hat 2 Bolzen; ist der eine kalt geworden, so bringt sie ihn dem am Herde befindlichen Bolzenmacher oder der Bolzenfrau, und dieser bezw. diese reichen ihr den anderen. Nicht nur dies Hin- und Herlaufen wird durch die Gasplätterei erspart, sondern auch die bei dem Bolzensystem oft vorkommende Beschmutzung der Eisen wird vermieden, und die Arbeitskraft des Bolzenmachers erspart. Die Gasheizung ist in Folge der billigen Berliner Gaspreise kaum teurer als die Kohlenheizung beim Bolzensystem. In einer grofsen Fabrik wird pro Stunde für etwa einen Pfennig Gas verbraucht. Die Nachteile der Gasplätterei liegen nicht auf technischem, sondern auf sanitärem Gebiete. Es ist vor allem die Gefahr der Luftverschlechterung durch unvollständige Verbrennung oder durch Ausströmen von unverbranntem Gas. Um sie zu mindern, sind Ventilationsvorrichtungen notwendig, die zwar in den meisten Fabriken angebracht, aber nicht überall ausreichend sind. Aus diesem Grunde hat eine sehr grofse Fabrik ein etwas verändertes System eingeführt: an den Wänden der Plättsäle befinden sich hier schmale Gasherde, je einer gegenüber von jedem Plätttisch. Wie bei dem Bolzensystem hat jede Plätterin „zwei Eisen im Feuer“, d. h. ein Eisen ruht auf dem Herde, mit dem anderen arbeitet sie, so lange es warm ist, um es dann mit dem auf dem Herde zu vertauschen. Direkt über dem Gasherde befinden sich Ventilatoren, welche die vom Herde aufströmende Luft aufsaugen und ins Freie führen. So sehr dies System auch vom hygienischen Standpunkte anzuerkennen ist, so wenig wird es doch auf Nachahmung rechnen können, denn es hat die technischen Nachteile der Bolzenplätterei ohne die Ersparnis des zweiten Eisens bei dem Schlauchsystem.

Die Arbeit des Bügelns nun ist durchaus keine einfache. Es wurde schon mehrfach betont, dafs für das Aussehen, die Eleganz des Fabrikats alles abhängt von einem guten Bügeln. Selbst fehlerhafte Arbeit mufs die Plätterin unsichtbar machen können. Sie mufs vor allem darauf Acht geben, dafs der Kragen, die Manschette u. s. w. die vorschriftsmäfsige Länge erhält, und zu diesem Zwecke hier etwas ausdehnen, dort etwas verkürzen. Sie mufs jedes Fältchen und jedes Stäubchen auf dem Stoffe sorgfältig vermeiden, sie mufs vor allem einen starken Druck anwenden, um dem Fabrikat den nötigen Glanz zu verleihen. Es gehört darum eine grofse Muskelkraft, und, da die Plätterin nur im Stehen arbeiten kann, Ausdauer und Gesundheit zur Ausübung dieser Arbeit.

Hat die Plätterin den letzten Schliff gegeben, so ist das Fabrikat vollendet. Es bleibt nur noch die Verpackung übrig. Die hierfür nötigen Kartons werden in manchen Fabriken durch eigene Kartonniererinnen hergestellt; die Kragen und Manschetten werden dutzendweise durch Gummischnürchen verbunden eingepackt. Auf die übrigen Einzelheiten einzugehen, verlohnt nicht der Mühe. Die Kartons gehen in die Pack- oder Lagerräume. In den ersteren werden die grofsen Kisten für den Versand gepackt, in letzteren harrt die Ware eines noch ungewissen Schicksals. Naturgemäfs wird in stillen Zeiten stets mehr auf Vorrat gearbeitet, als in lebhaften, in welchen sich die Lagerräume fast vollständig leeren.

Werfen wir noch einen Blick auf die Erzeugung der bewegenden Kraft, so finden wir in unserer Fabrik keine eigene Dampfmaschine. Der Dampf ist vielmehr vom Besitzer des Fabrikgrundstücks gemietet. Trotzdem auch die Näherei mit Dampf betrieben wird, bedarf die Fabrik doch nur einer Kraft von etwa 15 Pferdekräften.

Wir haben mit diesem Bilde etwa den Typus der gröfseren und mittleren Betriebe fixiert und daneben schon auf einzelne Abweichungen technischer Art hingewiesen, welche aber in ökonomischer Hinsicht nicht von wesentlicher Bedeutung sind. Wir haben aber einen wesentlichen Unterschied noch aufser Acht gelassen, welcher eine kleine Gruppe von 5—6 Fabriken von den geschilderten trennt: bei diesen fällt die Näherei in der Fabrik fast vollständig fort, sie haben eine oder zwei Näherinnen, die zur Aushülfe mit eiligen Sachen oder Reparaturen beschäftigt werden. Die gesamte übrige Näharbeit wird an Heimarbeiterinnen vergeben. Die hierher gehörigen Fabriken sind natürlich kleineren Umfangs als die anderen, in dem Quantum der hergestellten Waren dagegen ihnen oft gleich.

Wir kommen damit zur Betrachtung der Hausindustrie. Im ganzen gerechnet ist es wohl weit mehr als die Hälfte der in der Kragen- und Manschettenfabrikation üblichen Näharbeit, welche aufserhalb der Fabrik hergestellt wird. Die Zahl der für die „Wäschefabrikation“ thätigen hausindustriellen Arbeitskräfte wurde auf ca. 6000 geschätzt. Auch hier giebt es Arbeitsstuben, deren Verfassung eine ganz ähnliche ist, wie in der Wäschekonfektion, aber sie sind nicht so zahlreich wie dort. Der Grund ist, dafs die Fabrikanten gerne an solche Näherinnen die Arbeit vergeben, welche früher in ihren Fabriken gearbeitet haben, weil diese vertraut sind mit der Eigenart der betreffenden Fabrik.

Verleger sind ausschliefslich die Fabrikanten mit Ausnahme der Arbeitsstubeninhaber, welche auch als Zwischenmeister auftreten. Die äufseren Formen der Vergebung und Ablieferung der Arbeit entsprechen ganz denen in den Engrosgeschäften, der Ablieferungsraum befindet sich meist in unmittelbarer Nähe der Zuschneiderei, um den Verkehr möglichst zu erleichtern. Täglich wird neue Arbeit gegeben, wöchentlich abgerechnet und gelohnt. Auch das Garn müssen die Näherinnen meist von der Fabrik beziehen, welche den Verkauf oft einer Directrice übertragen hat.

Aufserhalb der Fabrik wird im allgemeinen geringere Ware genäht als in derselben, denn es fällt die Beaufsichtigung während der Arbeit, wenn auch nicht die Kontrolle bei Abnahme der Arbeit fort.

Ein sehr wichtiger Zweig der häuslichen Näherei ist dagegen die Knopflocharbeit mit der Hand, wie mit der Maschine. Hier ist es die bessere Arbeit, welche aufserhalb der Fabrik vorgenommen wird, denn, wie schon erwähnt, müssen die guten Knopflöcher mit der Hand genäht werden.

In den Arbeitsstuben werden entweder die allerschlechtesten Sorten Kragen und Manschetten genäht oder solche Artikel, welche erst neuerdings der Fabrikation zugeführt wurden, und für welche die Fabriken zum Teil noch nicht den nötigen Raum haben, z. B. Hemdeneinsätze und Chemisettes. Von den Knopflochnähstuben mag zunächst abgesehen werden. Die Stoffe werden an die Arbeitsstuben zuweilen roh geliefert. Es tritt dann an den Inhaber die Notwendigkeit des Zuschneidens heran. Darum sind die Inhaber meistens Männer. Die Nähstuben geben wiederum Arbeit an Heimarbeiterinnen aus, einmal die Knopflocharbeit und dann gewisse andere Teilarbeiten. In einer Arbeitsstube z. B., in welcher Chemisettes, Serviteurs und Hemdeneinsätze genäht werden, schneidet der Inhaber zu, er und seine Frau, welche mitnäht, beaufsichtigen die Arbeit, welche in der Werkstatt durch 23 Arbeiterinnen ausgeführt wird. Hier werden die Mittelstücke der Chemisettes etc. genäht, d. h. die später zu stärkenden Teile, auf welche es bei der Bearbeitung am meisten ankommt. Daneben werden 30 Heimarbeiterinnen mit dem Nähen der Knopflöcher und dem sogenannten Zusammensetzen beschäftigt, d. h. dem Annähen der äufseren Teile (Prise, Sattel, Einfassung) an die fertigen Rümpfe. Die letztbeschriebene Arbeitsstube ist, wie der Inhaber, welcher sich „Fabrikant“ nennt, angiebt, die gröfste ihrer Art in Berlin und arbeitet für die ersten Firmen. Die Art der Arbeitsteilung zwischen Nähstuben- und Hausarbeit ist aber typisch.

Auf der Herstellung einer Specialarbeit beruhen die Knopflochnähstuben. In ihnen werden nicht etwa jene feinen Handknopflöcher gefertigt; dies geschieht vielmehr ausschliefslich durch Heimarbeiterinnen; sondern sie verdanken ihre Entstehung der Erfindung der Knopflochmaschine. Diese Maschinen sind ziemlich teuer, die früher allein gebräuchliche zweinadlige Maschine kostete etwa 300 ℳ, die neuerdings erfundene noch leistungsfähigere Automatenmaschine ca. 400 ℳ. Eine solche Maschine anzuschaffen, daran konnten nur die allerwenigsten Heimarbeiterinnen denken. Und die es thaten, mufsten suchen, ihr Kapital möglichst zu verzinsen, also mittels des Abzahlungsgeschäfts gleich mehrere Maschinen anzuschaffen und Arbeiterinnen daranzusetzen.

Der Fabrikant sah es natürlich gern, wenn ihm die Möglichkeit blieb, weiter die Knopflocharbeit zu vergeben, und sich selbst die Anschaffung der Maschinen zu ersparen. Die gröfste Knopflochnähstube hat fast ganz den Charakter einer solchen verloren und gilt vollkommen als Fabrik. Es sind dort ca. 40 Arbeiterinnen beschäftigt und die Maschinen gehen mit Dampfbetrieb. Sie ist auch von einem Kaufmann mit einigem Kapital begründet worden. Dagegen sind alle anderen, welche mir bekannt geworden sind, auf die oben geschilderte Art und Weise entstanden, also durch frühere Näherinnen ins Leben gerufen, zum Teil mit Hülfe ihrer Männer. Dies nicht nur, weil Unternehmungsgeist und Ausdauer dazu gehören, sich vom einfachen Hausindustriellen zum Meister aufzuschwingen, und diese Eigenschaften dem Manne nun einmal eigentümlicher sind, sondern auch, weil die Arbeit an der Knopflochmaschine eine körperlich sehr anstrengende ist, und daher die Mitarbeit des Ehemannes sich oft als von grofsem Nutzen für den Ertrag der Arbeit erweist. Doch giebt es auch energische und fleifsige Heimarbeiterinnen, welche allein eine oder zwei Maschinen erworben haben und diese mit Hülfe aus der Familie oder der einer Arbeiterin in Betrieb setzen. Die Arbeit mit Maschinen nach dem älteren System macht noch das Einstemmen und Verriegeln der Knopflöcher notwendig, d. h. das Einschneiden des Lochs und Vernähen des Stoffs hinter den beiden Enden des Knopflochs zur gröfseren Haltbarkeit. Beide Arbeiten müssen mit der Hand gemacht werden und werden daher von denjenigen Fabriken, Arbeitsstuben oder Heimarbeiterinnen, welche mit zweinadligen Maschinen arbeiten, an hausindustrielle Verrieglerinnen vergeben. Diese Arbeiten werden überflüssig bei der neuen Automatenmaschine, welche auch das Einstemmen und Verriegeln der Knopflöcher selbstthätig bewirkt.

Erwähnt war endlich schon die Notwendigkeit, bessere Knopflöcher ganz mit der Hand nähen zu lassen. Diese Thätigkeit fällt fast nur einzelnen Heimarbeiterinnen zu, und ist natürlich gegen die frühere Zeit, wo die Maschinen noch unbekannt waren, sehr eingeschränkt worden.

Die Sonderstellung der Knopflochnäherei bringt es mit sich, dafs das Fabrikat 3—4 Stufen im Produktionsprozefs durchlaufen mufs. Z. B. kommt es häufig vor, dafs Kragen, welche der Fabrikant bei einer Nähstube in Arbeit gegeben hat, von dieser zur Knopflochnäherin wandern, welche wieder ihre Arbeiterin damit beschäftigt. Oder der Kragen geht von der Fabrik in die Knopflochnähstube, wird hier von der zweinadligen Maschine bearbeitet und dann von der Heimarbeiterin verriegelt.

Es mufs also an derselben Ware eine grofse Zahl, wenn auch noch so kleiner Unternehmergewinne gemacht werden, und der für die eigentlichen Arbeitslöhne bleibende Rest schrumpft zusammen.

Stickereien und ähnlicher Arbeiten bedarf die Fabrikation nicht, da solche Oberhemden etc., welche mit Stickerei verziert werden, durch die Detailgeschäfte bearbeitet werden.

Wie die Konfektion, so verwendet auch die Fabrikation in ausgedehntem Mafse auswärtige Arbeitskräfte. Es sind einmal Strafanstalten mit weiblichen Insassen, und sodann die Hausindustriellen des sächsischen Voigtlandes. Die Veranlassung zur Einführung der sächsischen Arbeit ist in der Einleitung besprochen worden. Es war, abgesehen von den Vorteilen, welche der Hausindustrie als solcher durch die Versicherungs- und Arbeiterschutzgesetzgebung zufielen, die Wirkung der Konkurrenz, welche billigere Löhne und schlechtere Arbeit bevorzugte; denn es wird sich herausstellen, dafs auch hier die gröfsere Billigkeit der Löhne keine relative, sondern nur eine absolute ist, welche mehr als ausgeglichen wird durch die geringere Qualität der Arbeit. Aber unter den schwierigen Verhältnissen, mit denen die Wäschefabrikation besonders als Exportindustrie zu kämpfen hatte, war ein teilweises Heruntergehen in der Qualität fast unvermeidlich. So ist es dabei geblieben, dafs die geringsten Sorten Kragen und Manschetten für die Berliner Fabriken in Aue, Auerbach, Plauen und anderen voigtländischen Orten gearbeitet werden. Das Material geht an Faktore, welche die Arbeit verteilen und fertig zurücksenden. In Strafanstalten pflegt das Arbeiten derart gehandhabt zu werden, dafs eine Directrice hingeschickt wird, welche den Arbeitsprozefs leitet und die neu eintretenden Kräfte anlernt. Die Vor- und Nachteile der Gefängnisarbeit sind noch zu besprechen.

Ein wie grofser Teil des Fabrikats auswärts genäht wird, konnte nicht festgestellt werden. In manchen Fabriken, die schlechtere Qualitäten herstellen, geht ein ganz bedeutender Teil der Arbeit aus Berlin, in anderen verschwindend wenig.

Der Produktionsprozefs, den wir geschildert, zeigte mannigfache Verschiedenheiten, die ihren Grund haben einmal in den Gröfsenunterschieden der Fabrikbetriebe, dann in der verschiedenen Qualität ihrer Erzeugnisse. Beide Merkmale decken sich nicht völlig. Allerdings werden meist in den kleinsten Fabriken die schlechtesten Qualitäten hergestellt, nicht aber gilt durchweg das Gegenteil. Vielmehr wird in den grofsen Fabriken hauptsächlich die Exportware produziert, deren Qualität zum Teil gering ist.

Der Grofsbetrieb hat in der Wäschefabrikation weniger technische als organisatorische Vorzüge. Trotzdem haben sie genügt, eine Entwickelung herbeizuführen, wie sie die Zahlen am Anfange des Kapitels dargethan haben. Das Mittel aber, mit dem viele kleine Fabriken den Vorsprung der grofsen einzuholen suchen, ist ein immer stärkeres Herabsetzen der Qualität ihrer Erzeugnisse durch Anwendung schlechten Stoffs, schlechten Garns und schlechter Arbeit. Allerdings sind es auch gröfsere Fabriken, die nur eine schlechte Ware herstellen, die für den Export insbesondere nach Südamerika bestimmt ist. Die dortigen Abnehmer beanspruchen nämlich möglichst billige Kragen, die nur einmal getragen und dann weggeworfen werden, weil nicht die Möglichkeit besteht, sie ordentlich waschen und bügeln zu lassen.

Die Mehrzahl der Fabriken beschränkt sich ausschliefslich auf die Herstellung von Kragen und Manschetten, die gröfseren stellen aufserdem Oberhemden, Chemisettes etc. her, einige widmen sich auch der Kravattenfabrikation.

Um eine Anschauung von der Menge der Produktion zu geben, diene die Angabe, dafs in der gröfsten Wäschefabrik täglich an Kragen allein etwa 1000 Dutzend fertiggestellt werden, Manschetten etwa ebensoviele. Dazu kommt eine ausgedehnte Oberhemden- und Chemisettefabrikation, so dafs der Wert des täglichen Produkts etwa 8000—10000 ℳ beträgt. Auf eine Fabrik von mittlerem Umfange kann man eine tägliche Produktion von 500 Dutzend Kragen und Manschetten rechnen. Der Wert des jährlichen Produkts sämtlicher Fabriken wird auf mindestens 15 Mill. Mark geschätzt.

Man sieht, die Quantitäten sind enorm und legen uns die Frage nahe: Wo finden sie ihren Absatzmarkt? Sie soll im folgenden Kapitel beantwortet werden.

Kap. V. 2. Absatzmarkt und Konkurrenz.

Die Zahlen über die Einfuhr von Wäscheerzeugnissen in das deutsche Zollgebiet haben wir schon oben S. 10 mitgeteilt. Zwar sondern sie nicht Kragen, Manschetten etc. von den übrigen Wäscheerzeugnissen, sind aber an sich so geringfügig, dafs selbst, wenn sie ausschliefslich Kragen und Manschetten beträfen, deren Einfuhr doch gar nicht in Betracht käme.

Betreffs der Ausfuhrzahlen, die im folgenden gegeben werden, ist es unzweifelhaft, dafs an ihnen die „Fabrikation" den gröfsten Anteil hat. Denn ihre Fabrikate werden in weit bedeutenderen Massen hergestellt, haben im Auslande einen weit gröfseren Ruf und sind in der Herstellung weit mehr auf eine kleine Zahl von Fabrikationscentren beschränkt als andere Wäscheerzeugnisse. Der Hauptsitz aber für die Fabrikation, nicht nur in Deutschland, ist wohl unstreitig Berlin. Jedenfalls stellen die Zahlen der deutschen Ausfuhr gröfstenteils solche von Berliner Fabrikaten dar. Sie geben daher ein recht ungenaues aber doch der wirklichen Berliner Ausfuhr annähernd proportionales Bild.

Es betrug die Ausfuhr an leinener und baumwollener Leibwäsche aus dem deutschen Zollgebiet:

(siehe Tabelle II am Schlusse dieses Buches.)

Die Anteile der einzelnen Länder am Export ergeben sich aus der gleichen Tabelle.

Im grofsen und ganzen stehen denn auch die Angaben über den Absatz der Berliner Fabrikate mit den angegebenen Zahlen im Einklange.

Die Entwickelung der 80er und 90er Jahre ist im grofsen und ganzen die, dafs die europäischen Märkte mehr und mehr dem deutschen Fabrikat verschlossen werden, während neue überseeische Märkte sich aufthun.[1] Zu den sich abschliefsenden Ländern gehören auch die Vereinigten Staaten. Nach ihnen hatte sich seit Mitte der 80er Jahre eine recht lebhafte Ausfuhr entwickelt, welche 1890 durch die Annahme der Mc Kinley-Bill einen jähen Schlag erhielt. Denn, war die Ausfuhr schon vorher dadurch erschwert, dafs Nordamerika eigene grofse Fabriken, besonders in der durch ihre Wäscherei bekannten Stadt Troy, besitzt, welchen die unseren nur dadurch überlegen sind, dafs jene mit Plättmaschinen arbeiten, das Handbügeln aber noch ein eleganteres Aussehen giebt, so kommen nun exorbitant hohe Zölle hinzu, um sie zunächst fast unmöglich zu machen. Nur wenige Fabriken behielten noch eine geringe Kundschaft bei, und es trat erst ein kleiner Umschwung ein, nachdem durch den Wilson-Gorman-Tarif vom

[1] Vgl. für das folgende die Ältestenberichte von 1886—1894.

28. August 1894 eine allerdings nur geringe Zollermäſsigung stattgefunden hat.

Vollständig den deutschen Fabrikaten verschlossen hat sich Ruſsland. Schon 1882 führte es einen Zoll ein, der geeignet war, die Ausfuhr dorthin erheblich zu beschränken; 1887 folgte eine weitere Erhöhung, die bereits so gut wie prohibitiv wirkte, so daſs die späteren Erhöhungen das Übel kaum noch gröſser machen konnten. Die Hoffnungen, welche die Fabrikanten an die Beilegung des Zollkriegs und den Handelsvertrag setzten, scheinen sich nicht zu verwirklichen, denn einmal sind die Zollsätze noch immer hoch, dann aber hat inzwischen in Ruſsland die einheimische Industrie sich lebhaft entwickelt und ist aus ihrer Stellung nicht mehr zu verdrängen.

Ähnlich ist es mit Österreich-Ungarn gegangen. Seit 1880 klagen die Ältestenberichte über die zunehmende Erschwerung der Ausfuhr nach Österreich, und sie ist jetzt fast ausgeschlossen, ohne daſs durch den Handelsvertrag von 1894 eine Besserung eingetreten wäre.

Italien war zwar nie ein so bedeutender Abnehmer wie die vorerwähnten Länder, ist aber durch sein Schutzzollsystem aus der Reihe der Abnehmer fast gänzlich ausgeschieden.

Frankreich und England können schon als selbsterzeugende Länder hier nicht in Betracht kommen.

So sind heute in Europa als bedeutende Absatzmärkte geblieben nur Holland und die Schweiz, Länder, deren Bedarf allerdings bisher immer noch gestiegen ist.

Als freilich unvollkommener Ersatz für die groſsen Verluste an europäischen Abnehmern sind die mittel- und südamerikanischen Staaten eingetreten; doch sind die unruhigen politischen Verhältnisse einem regelmäſsigen Handel mit diesen Staaten nicht günstig. Von ihnen nimmt den ersten Platz Brasilien ein, es folgen Argentinien, die Laplatastaaten, Chile und die centralamerikanischen Staaten.

Wenn wir an letzter Stelle erst den inländischen Markt erwähnen, so geschieht das nicht etwa, weil die Wäschefabrikation nur Exportindustrie wäre, vielmehr ist und bleibt der inländische Markt die Wurzel ihrer Kraft, sondern weil es sich im letzten Jahrzehnt nicht mehr um Eroberung, sondern nur noch um Behauptung dieses Marktes handelte.

Die einzige Konkurrenz, welche für Deutschland in Betracht kommt, ist für Kragen und Manschetten die sächsische, für Oberhemden und Einsätze die Bielefelder Industrie.

Die voigtländische Industrie war in Deutschland die erste, welche Kragen und Manschetten fertigte, aber ihr Fabrikat zeichnete sich von jeher durch geringe Güte aus. Sie hat aus diesem Grunde, obwohl besonders in der Hausindustrie die Löhne enorm billige sind, der Berliner nie viel geschadet.

Es ist das als Beweis dafür anzusehen, dafs die dortigen scheinbar so billigen Löhne thatsächlich teurer sind, da ihnen eine schlechtere Arbeit entspricht, und dafs man von Berlin aus nicht etwa darum die sächsische Hausindustrie in Anspruch nahm, weil man in Sachsen günstigere Produktionsbedingungen fand, sondern weil man an der Güte des Fabrikats Ersparnisse machen wollte.

Einer der Hauptvorzüge der Berliner Fabrikation liegt in der Tüchtigkeit des dortigen Arbeiterstammes. Man hat daher wiederholt Versuche gemacht, Berliner Arbeiter nach anderen Städten, z. B. Köln, Bielefeld u. s. w. zu verpflanzen, aber mit geringem Erfolge, da sie meist wieder zurückgekehrt sind. In einem Stücke ist die Bielefelder Fabrikation der Berliner weit überlegen, nämlich in der Herstellung von Hemdeneinsätzen.

So bezieht das Berliner Detailgeschäft für seine Oberhemden alle feineren Einsätze aus Bielefeld und nur die glatten aus den Berliner Fabriken.

Von der auswärtigen Konkurrenz, welche sich auf dem Weltmarkt fühlbar macht, sei zunächst erwähnt die französische. Sie bezieht sich namentlich auf Oberhemden, ist aber im letzten Jahrzehnt vielfach wirksam bekämpft worden.

Gefährlicher ist England, das durch sein billiges Rohmaterial in bedeutendem Vorsprunge gegen Berlin ist, und oft wird von den Berliner Fabrikanten geklagt, dafs, wo die englische Ware Eingang fände, eine Konkurrenz für die deutsche schwer möglich sei.

Der jüngste Nebenbuhler schliefslich ist Österreich. Zwar hat Wien, ein Hauptplatz für die Wäschekonfektion, in der dort erst seit kurzem entstandenen Kragen- und Manschettenfabrikation nicht entfernt die Bedeutung von Berlin, aber dieser Industriezweig hat, begünstigt durch den Schutzzoll, auch in Böhmen und Mähren Eingang gefunden und liefert, dank den enorm billigen Arbeitslöhnen, ein zwar geringes, aber exportfähiges Fabrikat, welches der deutschen Ausfuhr schon sehr viel Boden abgegraben hat und die gröfste Gefahr für ihre Zukunft bildet.

Endlich sei noch erwähnt, dafs nicht nur in den Ländern, welche sich durch Zollschranken völlig abgesperrt haben, sondern auch in solchen, wo die Berliner Ware trotz hoher Zölle noch einen guten Markt findet, sich eine einheimische Fabrikation zu regen beginnt. So ist es bezeichnend dafür, wie der Wind weht, dafs ein Berliner bedeutender Fabrikant erst in Wien und dann in Buenos-Ayres eine Fabrik mit Berliner Arbeitern begründet hat.

Im vorstehenden ist ein Teil der Schwierigkeiten angedeutet, mit welchen die Berliner Wäschefabrikation seit dem Jahre 1880, welches den Gipfelpunkt ihres Aufblühens bedeutet, zu kämpfen gehabt hat. Der fortwährende Kampf um den Absatzmarkt hat seine guten und seine schlechten Folgen gehabt. Die Fabriken suchten sich auf zweierlei Weise konkurrenzfähiger zu machen: einmal durch Einführung jedes möglichen technischen Fortschritts, sodann durch Herunterdrücken der Warenqualität. Dem ersteren Princip sind mehr die gröfseren, dem letzteren mehr die kleineren Fabriken gefolgt. Diese suchten zu sparen an Material, Arbeitslöhnen und Kapital. In den Jahren 1881 bis 1887 verzeichnen die Ältestenberichte ein ständiges Sinken der Löhne zunächst in der Hausindustrie, dann auch in den Fabriken. In denselben Jahren suchen die Fabrikanten möglichst viel Arbeit auf die Hausindustrie in Berlin und anderorts abzuwälzen. Etwa seit 1883 beginnt man in Sachsen arbeiten zu lassen, und es erfüllt sich die Befürchtung des Berliner Gewerberats v. Stülpnagel: „Wenn der von einem Fabrikanten gemachte Anfang, die hausindustriellen Arbeiten zur Darstellung von Wäscheartikeln auch durch Männer im sächsischen Erzgebirge ausführen zu lassen Nachahmer findet, so wird die Zahl der hausindustriellen Arbeiter in Berlin allmählich kleiner werden." Nur war, als diese Zeilen veröffentlicht wurden, bereits mehr als ein „Anfang" jener Entwickelung vorhanden.

Trotz all dieser Notbehelfe mufste aber eine Einschränkung der Produktion eintreten. Deren Bestehen läfst sich erkennen aus den Exportziffern für irisches Leinen, das für die Fabrikation ausschliefslich verwandt wird, nach Deutschland. Die Ausfuhr betrug nach der Belfaster Statistik[1] 1876: 6166000 Yards im Werte von 297901 Lst., dagegen 1885: 3363300 Yards im Werte von 158093 Lst.

Zwar erfolgt Ende der 80er Jahre eine Besserung, sodafs 1890 die Fabrikarbeiter eine Lohnerhöhung durchsetzten, aber im selben Jahre folgte auch der Rückschlag, der bis zum Beginn des Jahres 1895 angehalten hat.

Seine erste Ursache war die Mc Kinley-Bill und eine Reihe anderer Störungen auf dem Absatzmarkte, welche bewirkten, dafs im letzten Drittel des Jahres gröfsere Arbeiterentlassungen stattfanden[2]. Die erste Konsequenz, welche die Fabrikanten zogen, war wieder das zweischneidige Mittel der Herabsetzung der Qualität. „Einstweilen suchen sich die Importeure von Massenartikeln, besonders der Wäschebranche, vielfach durch Bezug schlechterer Qualitäten zu helfen, um die alten Preise aufrecht zu erhalten. Es ist das ein bedenklicher Übergangszustand, der zur Produktion guter Ware im Lande (Vereinigte Staaten) selbst oder zu erneutem Import bei höheren Verkaufspreisen überleiten wird[3]."

[1] Vgl. Ältestenbericht 1885. S. 33.
[2] Ältestenbericht 1890. S. 130.
[3] Ältestenbericht 1891. S. 69.

Thatsächlich ist im grofsen und ganzen die erste Voraussage in Erfüllung gegangen, aber auch die zweite insofern, als diejenige Fabrik, welche heute noch einen nennenswerten Export nach Nordamerika besitzt, bessere Qualitäten herstellt.

Seit Ende des Jahres 1895 macht sich der allgemeine geschäftliche Aufschwung auch in der Wäschefabrikation geltend. Die Fabriken arbeiten mit voller Kraft und können kaum die Aufträge bewältigen.

Kap. VI. 3. Die Bezugsquellen des Rohmaterials.

Richten wir zum Schlufs des Abschnitts über die Wäschefabrikation unser Augenmerk noch auf die Bezugsquellen und den Ankauf des Rohmaterials, so erhalten wir ein von der Wäschekonfektion verschiedenes Bild.

In dieser haben die Baumwollgewebe fast ganz das Leinen verdrängt, in der Fabrikation ist das nicht geschehen. Denn für die Aufsenflächen der Kragen, Manschetten und besseren Einsätze ist das weifsere und feinere Gewebe des Leinens unentbehrlich. Allerdings, wo es zu ersetzen ist, hat auch hier die Baumwolle Eingang gefunden. So werden die äufseren Lagen des Kragens, der Manschetten und Einsätze aus Leinen, die Einlagen aus Baumwollstoff gearbeitet. Bei Oberhemden ist nur der Einsatz leinen, die übrigen Bestandteile sind baumwollene.

Für die leinenen Teile ist aber nicht jede Leinwand verwendbar, da das Fabrikat sich durch blendende Weifse auszeichnen soll. Es kann aus diesem Grunde, wenigstens für Kragen und Manschetten, deutsches Leinen fast gar nicht verwendet werden, sondern nur irisches. Der Vorzug dieses Leinens liegt in der aufserordentlich schönen Bleiche, welche auf natürlichen Vorzügen des feuchten irischen Klimas beruht und daher durch keine künstlichen Mittel zu ersetzen ist. Man hat zwar seitens der deutschen Leinenfabrikanten jahrelang die kostspieligsten Versuche gemacht, die in Irland angewandte künstliche Bleiche studiert und nachgeahmt, aber jenen natürlichen Vorzug hat man nicht erreichen können. Erst neuerdings hat man in Bielefeld angefangen, eine Art Ersatz zu schaffen, indem man bestes dortiges Leinen zur Bleiche nach Belfast sendet. Nur diese in Irland veredelte deutsche Leinwand wird heute aufser der irischen zu Kragen und Manschetten verarbeitet, sie soll etwa 10 % des verbrauchten Leinens darstellen. Mau fürchtet aber, dafs auch dieser Ausweg bald versperrt werden wird, indem die irischen Bleichereien, welche ganz unter dem Einflusse der englischen Spinner und Weber stehen, mit der Absicht umgehen sollen, deutsches

Leinen nicht mehr zu bleichen, um das Monopol des englischen aufrecht zu erhalten.

Um so härter wird die Wäschefabrikation von dem auf englischem Leinen ruhenden hohen Eingangszolle betroffen, welcher jetzt pro 100 kg 120 ℳ beträgt, nachdem er 1879 von 60 ℳ auf 100 ℳ erhöht und 1885 auf die jetzige Höhe gebracht worden ist. Die alljährlich im Ältestenbericht zu findenden Klagen und häufige Petitionen der Fabrikanten um Ermäſsigung oder Aufhebung des Zolles haben zu keinem Erfolge geführt. Daſs der Zoll eine schwere Last für die Wäschefabrikation bedeutet, ergiebt sich aus folgenden Zahlen, die ich der Schätzung des Vorsitzenden der Gesellschaft Berliner Wäschefabrikanten verdanke. Es werden in Berlin jährlich etwa 25000 Stück irisches Leinen zu 80 ℳ, also im Werte von etwa 2 Mill. ℳ eingeführt. Das Stück zu 7 1/2 kg gerechnet, kämen 9 ℳ Zoll darauf, also im ganzen wären es ca. 225000 ℳ, welche die Berliner Fabrikanten jährlich an Zoll zu entrichten hätten, ohne daſs die deutschen Leinewebereien den geringsten Vorteil dadurch haben, da ihr Fabrikat für diesen Industriezweig unbrauchbar ist.

Danach dürfte in der That eine Zollherabsetzung auf diejenigen Leinengewebe, welche hauptsächlich für die Kragen- und Manschettenfabrikation Verwendung finden, gerechtfertigt erscheinen.

Für Oberhemden, Chemisettes u. dgl. wird auch deutsches Leinen verwendet. Im übrigen werden fast ausschlieſslich Baumwollgewebe gebraucht, welche aus dem Elsaſs und Süddeutschland zur Zufriedenheit der Fabrikanten bezogen werden. Als Garn wird ebenfalls süddeutsches, für feinere Sachen aber auch englisches genommen.

An inländischem Material wird schätzungsweise jährlich für etwa 4 Mill. ℳ gebraucht.

Nicht nur über die Leinenzölle, sondern auch über die Weizenzölle haben sich die Fabrikanten zu beklagen gehabt, da diese die Stärkepreise erhöhten. Als Vertreter einer Exportindustrie, welche selbst eines Schutzzolles nicht bedürfen würde, sind die Wäschefabrikanten daher durchaus freihändlerisch gesinnt. In der That hat die Wäschefabrikation nur die Nachteile, nicht die Vorteile des Schutzzollsystems genossen und würde gern den Zoll auf ausländische Wäscheerzeugnisse opfern, wenn sie von dem Zoll auf irisches Leinen befreit würde.

II. Teil.

Die Arbeitsbedingungen und die sociale Lage der Arbeiter.

A. Die Hausindustrie.

Kap. VII. 1. Arbeitsstuben und Zwischenmeister.

Wenn wir im vorliegenden Abschnitte nicht die „Wäschekonfektion“ und die „Wäschefabrikation“ von einander sondern, so geschieht dies aus dem Grunde, weil, soweit in beiden Zweigen Hausindustrie herrscht, die Arbeitsverhältnisse die gleichen oder doch ähnliche sind, soweit aber in dem letzterwähnten Fabrikbetrieb besteht, die Scheidung von selbst geboten ist.

Nach der Überschrift des Abschnittes soll die sociale Lage der Arbeiter eine Besprechung finden. Der Begriff „Arbeiter“ ist hier im weitesten Sinne zu nehmen; es sollen einerseits die Werkführer und Directricen der Fabriken, andererseits die Inhaber der Arbeitsstuben darunter fallen. Es geschieht diese Begriffsunterordnung bei den letzteren nicht ohne inneren Grund. Denn nicht nur gehen die Zwischenmeister meist aus den eigentlichen Arbeitern hervor, sondern sie stehen auch in fast demselben Abhängigkeitsverhältnis zum Arbeitgeber, wie die Heimarbeiter, obwohl sie formell selbständige Unternehmer sind. In der That sind es aber auch in der Mehrzahl der Fälle die gleichen Personen, die einmal als Zwischenmeister, ein andermal als Hausindustrielle auftreten. Es giebt eine Menge Heimarbeiterinnen, die, wenn viel zu thun ist und ihr Verleger ihnen als tüchtigen Arbeiterinnen recht viel Arbeit geben will, sich eine, zwei aber auch mehr Arbeiterinnen nehmen und diese in schlechten Zeiten wieder entlassen. Natürlich gehört dazu, dafs die betreffende Heimarbeiterin im Besitze mehrerer Nähmaschinen ist. Aber dafs sie sich durch diesen Besitz veranlafst sehen sollte, nun fortdauernd das ganze Jahr Arbeiterinnen zu halten, wäre eine verfehlte Annahme. Darum pafst auf ihren Betrieb kaum das Wort „Arbeitsstube“, welches auf eine ständige Einrichtung hindeutet. Allein es giebt auch Hausindustrielle, die in der That regelmäfsig fremde Arbeitskräfte halten, wenn auch nicht stets in gleicher Anzahl; das sind vorwiegend die Inhaber von gröfseren Arbeitsstuben.

Die verschiedenen Arten von Nähstuben haben wir bereits kennen gelernt. Es sind die für das Engros- und Detailgeschäft arbeitenden Nähstuben, diejenigen für Oberhemden, Kragen und Manschetten und endlich die Knopflochnähstuben. Nehmen wir die unter den letzteren erwähnte „Dampfknopflochfabrik“ aus, so begegnen uns bei allen ähnliche Verhältnisse.

Zunächst, wer sind die Inhaber? In den meisten Fällen frühere Näherinnen, selbständige Heimarbeiterinnen, aber auch Fabriknäherinnen; manchmal frühere Directricen Es sind entweder besonders tüchtige und fleifsige Arbeiterinnen gewesen, die sich einige Groschen gespart haben, oder auch solche aus den besseren Ständen; z. B. stand einer Arbeitsstube die Frau eines Postsekretärs vor.

Das zur Begründung erforderliche Kapital ist nicht grofs, denn die wenigsten fangen gleich mit einer Werkstatt an. Es werden vielmehr zunächst von den Ersparnissen eine oder zwei Maschinen auf Abzahlung entnommen und in dem nach dem Begriff der Bewohner immer noch genügend grofsen Wohnzimmer oder der Küche aufgestellt, und ein paar junge Mädchen, vielleicht Bekannte aus der Nachbarschaft, angelernt. Die Lehrzeit, in der kein Lohn gezahlt, selten übrigens ein Lehrgeld verlangt wird, dauert zwar nur 4—6 Wochen, aber einiges vermögen die Lehrmädchen sehr rasch zu leisten, und der Wochenlohn, mit dem sie nach der Lehrzeit angenommen werden, ist ein äufserst geringer. Die Inhaberin arbeitet, wie sie es, um Ersparnisse zu machen, ja schon früher thun mufste, Tag und Nacht und erhält auch, wenn sie tüchtig ist, genügend Arbeit, sodafs sie die Maschinen bequem abzahlen kann und daneben noch etwas erübrigt.

Unterdessen, vielleicht durch einen Zufall, Arbeitslosigkeit oder Krankheit dazu geführt, beginnt der Mann — meist sind die Inhaberinnen verheirathet — sich mit der Sache zu befassen. Er geht in das Geschäft, für welches seine Frau arbeitet, und sieht der Directrice das Zuschneiden ab. Oder er setzt sich selbst mit an eine Maschine, insbesondere eine schwere Knopflochmaschine, lernt bei seiner Frau und wird bald Meister, der die Arbeiterinnen beaufsichtigen kann. Es wird nun allmählich eine Maschine nach der anderen angeschafft, nachdem man in eine gröfsere Wohnung gezogen, in welcher ein Zimmer ganz der Näharbeit gewidmet wird; die Nähstube ist fertig. Die Ausdehnung wird begrenzt durch die Räumlichkeit, durch die mit der Zahl der Maschinen wachsenden Ausgaben für Reparaturen und Neuanschaffungen, durch die Schwierigkeit, mit sehr vielen Arbeitgebern zu verkehren, und endlich durch die Notwendigkeit strenger Beaufsichtigung der Arbeiterinnen, des berüchtigten „Schweifstreibens“. So ist es wohl eine sehr kleine Anzahl von Nähstuben, welche mehr, und die grofse Mehrzahl, welche weniger als 10 Arbeiterinnen beschäftigen. Die weitere Ausdehnung erfolgt nicht durch Einstellung neuer Arbeiterinnen, sondern durch Beschäftigung von Heimarbeiterinnen. Kommt eine stille Zeit, so werden zunächst diese aufser Brot gesetzt, aber bei längerer Dauer auch eigene Arbeiterinnen entlassen.

Sehr oft sind es neben dem Manne noch andere Familienmitglieder, z. B. erwachsene oder heranwachsende Töchter, welche bei der Arbeit helfen. Die übrigen Kinder werden dadurch zu Hülfe gezogen, dafs sie die Arbeit in den Geschäften oder Fabriken abholen oder abliefern. In Ermangelung hierzu geeigneter eigener werden auch fremde Kinder, aber auch alte erwerbsunfähige Leute zu diesen Laufdiensten gegen ein wöchentliches Entgelt von 1—2 ℳ angenommen.

Der Inhaber oder die Inhaberin der Nähstube, wir wollen beide der Kürze halber Zwischenmeister nennen, wird von seinen Arbeitgebern natürlich nach dem Stück bezahlt. Da es nicht die beste Arbeit ist, welche er erhält, so sind die Sätze gewöhnlich geringer, als die vom Verleger den besseren Heimarbeiterinnen bezahlten. Er erhält den Stoff meist zugeschnitten, oft aber auch roh und liefert ihn ungeplättet, Kragen und Manschetten manchmal auch ohne Knopflöcher zurück.

Die Preise, welche die Zwischenmeister erhalten, sind seit Jahren in fortwährendem Sinken begriffen.[1] Das gilt besonders von den für die Engrosgeschäfte arbeitenden Stuben. Mehrfach wurde mir versichert, dafs etwa seit 1880 die Stücklohnsätze um die Hälfte gesunken seien. Selbst solche, die auch für Detailgeschäfte arbeiten, klagen über den erheblichsten Rückgang; z. B. werden einem Zwischenmeister für ein Dutzend Oberhemden, für das er vor 15 Jahren 9 ℳ erhielt, heute 7,50 ℳ bezahlt. Aber es werden jetzt noch weit billigere Sorten gearbeitet, die man damals noch gar nicht kannte, bis zum Preise von 4,50 ℳ herunter. Je geringer aber die Sorte,

---

[1] Grandke a. a. O. S. 256 führt an einem Beispiele aus, dafs die Löhne von 1844 bis 1893 um mehr als das Fünffache gestiegen seien. Allein diese Steigerung, die nicht bestritten werden soll, fällt in die Zeit der Einführung der Nähmaschine und des Aufschwungs der Industrie, etwa bis 1880. Auch ist die Steigerung nur bei den Löhnen der Detailgeschäfte so grofs, während sie bei den von Grandke selbst mitgeteilten Löhnen der Engrosgeschäfte bedeutend geringer ist.

desto geringer auch der Verdienst. Bei groben Nachthemden versicherte mir derselbe Zwischenmeister, heute gar nichts mehr zu verdienen, sondern sie nur darum noch zu arbeiten, um seine Arbeiterinnen festzuhalten für den Fall eines gröfseren Auftrags in einem lohnenderen Artikel. In welcher Weise im Engrosgeschäft die Lohnherabsetzungen vor sich gehen, wurde schon geschildert. Es herrscht darum unter den Zwischenmeistern eine grofse Erbitterung gegen ihre Arbeitgeber, der sie sich aber hüten Ausdruck zu geben aus Furcht, die Arbeit zu verlieren, so dafs es selten zu einem energischen Widerstande gegen Herabsetzungen kommt.

Auch für die von den Fabrikanten beschäftigten Zwischenmeister sind die Löhne sehr herabgegangen. Einer Nähstube, welche bessere Ware bearbeitet, wurde für ein Dutzend Stehkragen der gleichen Sorte 1883 1 ℳ, 1895 45 ₰, für ein Dutzend Manschetten 1883 1 ℳ, 1895 40 ₰ bezahlt! Eine andere Zwischenmeisterin erhielt 1878 für das Dutzend Chemisettes 2,25 ℳ, jetzt gar nur 0,75 ℳ! Hier ist allerdings zu berücksichtigen, dafs 1878 noch mehr mit der Hand genäht wurde wie heute, also die Herstellungskosten etwas gröfser waren. Trotzdem ist der Preisfall ein unverhältnismäfsig grofser und erklärt sich daraus, dafs 1878 Chemisettes nur für Detailgeschäfte gearbeitet wurden, seitdem aber die „Fabrikation“ sich dieses Artikels bemächtigt hat, und ihn besonders in der ersten Zeit vorwiegend hausindustriell herstellen liefs. Es war nun die zwischen den Fabrikanten entbrannte Konkurrenz, welche den Lohn mehr und mehr herabdrückte.

Weniger fühlbar ist der Lohnrückgang bisher in den Knopflochnähstuben. Denn die Einführung der Automatenmaschine datiert erst seit kurzer Zeit, sodafs die Arbeit auf diesen Maschinen noch ziemlich gut bezahlt wird. Um so tiefer allerdings sind die Preise für die Arbeit auf der zweinadligen Maschine gesunken, welche noch für bessere Qualitäten in Betracht kommt, da das Vernähen, Einstemmen und Verriegeln mit der Hand geschehen mufs.

Aus den angeführten Zahlen geht bereits zur Genüge hervor, dafs die Lage der Zwischenmeister keine glänzende sein kann. Das Nächstliegende für den Zwischenmeister war und ist natürlich, sich für den ihm erwachsenen Ausfall schadlos zu halten durch Kürzung der von ihm zu zahlenden Arbeitslöhne. Allein diese haben in den meisten Fällen bereits einen solchen Tiefstand erreicht, dafs ein weiterer Druck kaum noch möglich ist, und so sind die meisten Zwischenmeister in der That nicht sehr weit davon entfernt, zwischen zwei Mühlsteinen zerrieben zu werden.

Fast alle erklärten mir, dafs die Löhne ihrer Arbeiterinnen nicht gefallen seien, nur eine Meisterin gestand es zu, erklärte aber das Fallen des eigenen Verdienstes für verhältnismäfsig weit stärker.

Die Arbeiterinnen stehen entweder in Wochenlohn oder in Stücklohn. Aufser für Knopflochnäherinnen, die meist nach dem Stück bezahlt werden, herrscht die erstere Lohnform vor. Die Wochenlöhne betragen für eine Anfängerin 5—7 ℳ wöchentlich und steigern sich bei den geübten Arbeiterinnen bis zu 13 ℳ, welcher Satz, von Ausnahmefällen abgesehen, das Maximum zu bedeuten scheint. Der Durchschnittslohn dieser Arbeiterinnen beträgt 9—10 ℳ Der durchschnittliche Verdienst der im Stücklohn arbeitenden Näherinnen ist ungefähr derselbe.

Eine Zwichenmeisterin erhielt für 1 Grofs Knopflöcher der Automatenmaschine 35—45 ₰ und bezahlte ihren Arbeiterinnen pro Grofs 24 ₰. Geringer ist der Zwischengewinn bei den Knopflöchern der zweinadligen Maschine. Hier erhält die Maschinennäherin 25 ₰, die Handnäherin für Vernähen und Einriegeln 36 ₰, die Zwischenmeisterin 75 ₰. Von dem Gewinn von 14 ₰ gehen 5 ₰ ab für Garn, bleiben 9 ₰ pro Grofs. Die Zwischenmeisterin liefert täglich 46 Grofs ab. Rechnet man pro Grofs durchschnittlich 10 ₰ Verdienst, so ergiebt sich ein Wochenverdienst von 27,60 ℳ, von dem die nicht unerheblichen Generalkosten abzurechnen und dem der Verdienst ihrer Tochter, die in der Arbeitsstube als Näherin mitarbeitet, hinzuzurechnen ist.

Der Inhaber einer kleineren Nähstube erhält für das Grofs 35 ₰ und bezahlt seinen 2 Arbeiterinnen, mit denen er zusammen arbeitet, während seine Frau nur aushülfsweise thätig ist, 20 ₰ pro Grofs. Er selbst stellt täglich etwa 10 Grofs, jede seiner Arbeiterinnen 8—9 Grofs her. Diese verdienen nach ihrer eigenen Angabe die eine 9—10, die andere 10—11 ℳ wöchentlich und bezahlen etwa 20—30 ₰ für Nadeln. Des Zwischenmeisters wöchentliche Ausgabe für Garn beträgt etwa 11 ℳ, es bleibt ihm ein Verdienst von 50 ℳ. Dies alles, wohlgemerkt, in flotten Zeiten, es kommen aber auch Wochen vor, in denen fast nichts verdient wird.

Geringer als der Verdienst der Meister von Knopflochstuben ist der von Meistern gewöhnlicher Arbeitsstuben. Ein solcher berechnete z. B. seinen Verdienst auf 10 ₰ pro Dutzend Chemisettes, deren er 30 täglich liefert, was einem Wochenverdienst von ca. 18 ℳ entspräche. Hiervon gehen aber noch seine Ausgaben für Schnur, Garn, Nadeln und Öl mit ca. 1,20 ℳ ab, sodafs 16,80 ℳ bleiben.

Je geringer das eigentliche Arbeitseinkommen des Zwischenmeisters, desto mehr mufs er versuchen, an Kleinigkeiten zu verdienen. So sagte mir ein Meister selbst, dafs er am Garn möglichst zu verdienen trachte, d. h. also, dafs er die schlechtesten Sorten nehme. Vielfach sind die Meister gleichzeitig Stubenvermieter und endlich ist in manchen Fällen der Ertrag der

Arbeitsstube Nebenverdienst der Frau, und der Mann geht seinem besonderen Berufe nach.

Es kann natürlich nicht daran gedacht werden, einen Durchschnittsverdienst der Zwischenmeister festzustellen. Denn deren Einkommen ist, wie schon aus den mitgeteilten Zahlen hervorgeht, je nach Gröfse der Arbeitsstube, Gegenstand der Arbeit, Hülfe aus der Familie u. s. w. ganz verschieden.

Auch war es schwierig, von den Zwischenmeistern genauere Angaben zu erlangen, weil diese den Fragen nach ihren Verhältnissen vielfach mit Mifstrauen begegneten. Der Eindruck blieb, dafs die Meister oder Meisterinnen zu dem, was sie erworben, es hauptsächlich in früheren und besseren Zeiten gebracht haben und dafs sie heute zum Teil ohne Gewinn, zeitweise sogar mit Verlust arbeiten, in vielen Fällen jedenfalls einen Verdienst haben, der nicht viel höher ist, als der ihrer Arbeiter und kaum hinreicht, das aufgewandte Kapital an Maschinen u. s. w. zu verzinsen, geschweige denn zu amortisieren. Dies um so weniger, als die Zwischenmeister selbst eine so aufserordentliche Arbeitsleistung verrichten, dafs ein grofser Teil ihres Verdienstes als Arbeitslohn zu betrachten wäre.

Sie arbeiten oft bis tief in die Nacht hinein und beginnen wieder bei Tagesgrauen. Die Frau besorgt nebenher noch die Wirtschaft und die Kinder, doch kann von sorgfältiger Überwachung der letzteren oder haushälterischer Wirtschaft kaum die Rede sein, da das Interesse der ganzen Familie auf die Arbeit konzentriert ist.

Der Zwischenmeister, der so an sich selbst die härteste Arbeit gewohnt ist, und dessen ganze wirtschaftliche Existenz auf der Differenz des Lohnes seiner Arbeiterinnen und desjenigen, welchen er selbst vom Verleger erhält, beruht, ist geneigt, auf seine Arbeiterinnen einen sehr harten Druck auszuüben. Den gesetzlichen Beschränkungen der Arbeitszeit für Frauen ist er nicht, oder doch nur ausnahmsweise, unterworfen, denn sein Betrieb gilt nicht als Fabrik im Sinne der Gewerbeordnung. Nur gröfsere Arbeitsstuben werden zuweilen als „Fabriken“ behandelt. In ganz Berlin waren es, wie ich durch Einsicht in die Listen der Königlichen Gewerbeinspektion feststellen konnte, 1894 14, von denen einige aber für das nächste Jahr bereits ausgeschieden waren, weil nicht „Fabriken“. Während der Jahre 1887—1894 standen 15 verschiedene Nähstuben unter Aufsicht. Ob eine Nähstube als Fabrik im Sinne der Gewerbeordnung anzusehen sei, ist für die Beurteilung sehr schwierig. So klagte mir die Inhaberin einer gröfseren Stube, bisher habe ihr Betrieb stets als Werkstatt gegolten, „unter dem jetzigen Lieutenant“ — dem Polizeilieutenant des Reviers — aber werde er als Fabrik behandelt. An diesem Mifsstande ist nicht etwa die Verwaltungsbehörde schuld, sondern die mangelnde Bestimmung des Begriffs „Fabrik“ im Gesetze[1].

Die allgemein übliche offizielle Arbeitszeit in den Nähstuben ist von 7 bis 7 Uhr im Sommer, von 8 bis 8 Uhr im Winter bei 1½ Stunden Pause. Frühstücks- und Vesperpausen sind entweder gar nicht bestimmt oder werden nicht eingehalten. In einer von mir besuchten Knopflochnähstube wird von 7 bis 7 Uhr ohne Pausen durchgearbeitet. Die Arbeiterinnen trinken nur um 12 Uhr Kaffee und nehmen erst zu Hause die Hauptmahlzeit ein. In der flotten Zeit kommen aber noch Überstunden vor. Es war eine verheiratete Arbeiterin, welche mir berichtete, wie sie derart ihrer Häuslichkeit — Kinder besitzt sie nicht — entzogen wird. Der Inhaber ihrer Nähstube arbeitet persönlich von 7 Uhr morgens bis 9 oder 10 Uhr abends, zuweilen, vor den Festen, auch Sonntags. Seine Frau, die nebenbei die Wirtschaft und 4 kleine Kinder zu besorgen hat, arbeitet ebenfalls oft über die Arbeitszeit der Arbeiterinnen hinaus.

Überstunden werden den Arbeiterinnen manchmal gar nicht bezahlt, oder mit 20 ₰ pro Stunde. In manchen Nähstuben, namentlich Knopflochnähstuben, wird oft bis tief in die Nacht hinein gearbeitet. Sonntags werden die Arbeiterinnen nicht beschäftigt, dagegen ruhen die Meister auch an diesem Tage nicht ganz. Eine Meisterin, welche an Wochentagen von 6 Uhr früh bis 12 Uhr nachts zu arbeiten pflegt, näht Sonntags noch gegen 4 Stunden.

Dafs Arbeit von den Arbeiterinnen noch nach Hause genommen wird, kommt vor, ist aber nicht so gang und gäbe wie in den Fabriken, einmal, weil die Arbeitszeit in der Werkstatt länger ist, und dann, weil die wenigsten Werkstattarbeiterinnen noch zu Hause eine Maschine haben. Immerhin kommt es auch vor, dafs der Sonntag noch auf diese Weise ausgenutzt wird.

Betrachten wir die Arbeitsräume der Zwischenmeister, so ist meist ein Zimmer, bei einer gröfseren Arbeiteranzahl sind auch zwei als Arbeitsraum hergerichtet. Es wird nicht vorausgesetzt werden, dafs diese Räume die Gebote der Hygiene erfüllen. Die geringen Erwartungen in dieser Beziehung erweisen sich oft aber noch als zu hoch. Vor allem fehlt es meist an genügendem Licht, da nicht alle Maschinen am Fenster stehen können; die Luft kann in den meist sehr engen, von 9—10 Personen besetzten Zimmern eine gute nicht sein. In einem einfenstrigen, schmalen, nach einem nicht sehr hellen Hofe hinausgehenden Zimmer fand ich 6 Arbeiterinnen zu-

---

[1] Über die Grundsätze der Behörde darüber, welche Betriebe als Fabriken zu behandeln seien, vgl. den Artikel des Reg. Rat Dr. Sprenger in Heft 1 der Zeitschrift der Centralstelle für Arbeiterwohlfahrtseinr. 1895.

sammengepfercht. Oft befinden sich die „Werkstätten“ in Kellerräumen, welche, was Luft und Licht anbelangt, noch ungünstiger sind.

Die Arbeit selbst ist Maschinen- oder Handnähen. Mechanische Kraft wird zum Betriebe der Maschinen, auch der Knopflochmaschinen, ausnahmslos nicht verwandt, es ist daher die Arbeit besonders an letzteren eine sehr anstrengende. Trotz all dieser Nachteile haben die Nähstuben für viele Arbeiterinnen etwas Anziehendes. Es mufs vor allem bemerkt werden, dafs es im Durchschnitt weniger tüchtige Arbeiterinnen sind, welche die Nähstuben aufsuchen; aber auch andere Gründe bestimmen wenigstens die in der „Fabrikation“ thätigen Arbeiterinnen, nicht in die Fabriken zu gehen. Einmal ist es nicht immer nur Untüchtigkeit, sondern auch Bequemlichkeit oder Reizbarkeit, welche der Arbeiterin die in der Fabrik bestehende strenge Kontrolle bei Abnahme der Arbeit als höchst lästig erscheinen läfst. Denn achten die Zwischenmeister auch noch so sehr auf schnelles und ununterbrochenes Arbeiten, so nehmen sie es doch mit der Güte der Arbeit nicht so genau. Auch sonst handhaben sie die Disciplin nicht so streng, so lange nur durch die Verfehlungen nach ihrer Ansicht kein Schade für die Arbeit entsteht. Kommt die Arbeiterin zu spät, so lassen sie sich kein Strafgeld bezahlen, sondern die Arbeiterin bleibt um so viel länger und holt das Versäumte nach. Sie sind auch nachsichtiger, wenn während der Arbeit gesprochen wird. Hörte ich doch, während ich mich mit einer Meisterin unterhielt, aus dem nebenbefindlichen Arbeitszimmer munteren Gesang. Wie schädlich Singen oder Sprechen für die an der Maschine tretende Arbeiterin ist, bedenken natürlich die wenigsten Meister und Arbeiterinnen. Endlich fand ich doch bei vielen Meisterinnen eine durchaus nicht „schweifstreiberische“ Gesinnung gegenüber ihren Arbeiterinnen. Sie bekümmern sich vielmehr oft um deren private Angelegenheiten und stehen ihnen, deren Freuden und Leiden sie kennen, und deren niedrige Löhne sie zwar nicht erhöhen, aber doch bedauern, menschlich näher als der Chef oder die Directrice der Fabrik. Manche Zwischenmeister halten darauf, unter ihren Arbeiterinnen nur anständige Mädchen zu haben und keinen schlechten Ton einreifsen zu lassen. Zu ihnen kommen mit Vorliebe Töchter von kleinen Beamten und Handwerkern, welche sich nicht in das Krethi und Plethi der Fabrikarbeiterinnen mengen wollen. So erzählte mir ein Meister, er achte stets darauf, dafs seine Arbeiterinnen ordentlich angezogen gingen, und dafs sie mit einem Hut kämen. Die Wäschekonfektionsnäherinnen gehen vielfach in die Arbeitsstuben, um dort zu lernen und sich für ein späteres selbständiges Arbeiten zu üben.

Allein vor einem zu starken Übergang von Werkstattarbeiterinnen zur selbständigen Heimarbeit bewahren sich die Zwischenmeister endlich durch ein Mittel, mit welchem wir einen der dunkelsten Punkte der Arbeitsstuben, das Lehrlingswesen, berühren.

In den Arbeitsstuben, besonders den gröfseren, herrscht eine ausgebildete Arbeitsteilung. Die meisten beschränken sich schon an sich auf die Herstellung eines Artikels oder doch nur weniger. Die Arbeit an diesen wird aber wieder in Teilfunktionen zerlegt, z. B. in Nähstuben, die Chemisettes herstellen, nähen die Arbeiterinnen nur den Rumpf, das übrige machen die Heimarbeiterinnen. Die grundlegendste Teilung ist die in Handarbeit und Maschinenarbeit. Dem Lehrmädchen nun wird nichts als die Teilfunktion beigebracht, damit es sich in dieser rasch übe und vervollkommne. Dadurch profitiert der Zwischenmeister sehr viel, da das Lehrmädchen noch während der Lehrzeit schon etwas beträchtliches leisten kann.

Die Dauer der Lehrzeit und Höhe des Lehrgeldes sind aufserordentlich verschieden und selbst bei dem einzelnen Zwischenmeister nicht gleich. Die ungünstigsten Bedingungen für die Lehrlinge fand ich in einer kleinen Nähstube für feine Damenwäsche, wo ein Lehrmädchen ein Vierteljahr gegen ein Lehrgeld von 15 ℳ und ohne jeden Verdienst lernt. Das Lehrgeld beträgt dort sonst 10—12 ℳ. Umgekehrt zahlt eine von einem Engrosgeschäft beschäftigte Näherin, welche nur gelegentlich Arbeiterinnen hält und Lehrlinge annimmt, den letzteren wöchentlich 3 ℳ. In einer Knopflochnähstube arbeiten die Lehrlinge ohne Lehrgeld und nur 8 Tage unentgeltlich. Das Normale ist eine Lehrzeit von 4—8 Wochen und ein Lehrgeld von 6—10 ℳ. Wird kein solches verlangt, so bezahlen die Lehrlinge wenigstens Nadeln und Garn. Eine „Lehrlingszucht“ scheint nicht überall betrieben zu werden, denn ich habe mehrere Nähstuben gefunden, die gar keine oder nur ein Lehrmädchen hielten. Andererseits giebt es aber auch solche Zwischenmeister, für die das Anlernen aus den geschilderten Gründen eine Hauptquelle des Verdienstes ist.

Nach beendeter Lehrzeit versteht der Lehrling nur seine Teilarbeit und ist darauf angewiesen, von seinem Meister weiter beschäftigt zu werden, da er anderwärts von neuem eine Lehrzeit durchmachen müfste. Von jenem aber erhält die Arbeiterin auch jetzt nichts anderes, als was sie in der Lehrzeit sich angeeignet hat. Daher gelingt es nur den Tüchtigeren, in einer Fabrik unterzukommen, und nur den Tüchtigsten, selbständige Heimarbeiterin zu werden, was sie meist erst nach einer anderweitigen Lehrzeit und Beschäftigung erreichen. Auch in den ersten Jahren nach der Lehrzeit, in denen Löhne von 5—7 ℳ gezahlt werden, und in diesen vielleicht noch mehr, da die Arbeiterin nach einem Jahre oft schon sehr geübt ist, hat der Zwischenmeister einen beträchtlichen Vorteil, und es sind daher in den Nähstuben eine grofse Menge jugendlicher Arbeiter zu finden, z. B. auch viele, die in den Fabriken gelernt haben. Obgleich sie in den gröfseren Nähstuben, welche als Fabriken behandelt werden, weniger stark vertreten sind, zählt doch eine solche unter 23 Arbeiterinnen 5 jugendliche und 1 Lehrmädchen. Die Meisterin einer anderen erklärte, nachdem ihr Betrieb zur Fabrik gestempelt sei, keine jugendlichen Arbeiterinnen mehr halten zu können, um nicht wöchentlich einen Schutzmann bei sich sehen zu müssen. Hierdurch würden die jugendlichen Arbeiterinnen ganz verdorben, indem sie auf ihre besonderen Pausen pochten. Die Folge sei nun, dafs die jugendlichen Arbeiterinnen in die nicht kontrollierten kleinen Arbeitsstuben gingen, wo sie die Nacht durcharbeiteten und in schlechte Gesellschaft gerieten. In der That ist diese Folge, aber auch nur diese, beklagenswert, und es wird auf den Übelstand noch zurückzukommen sein.

Auf die Lebenshaltung der Werkstattarbeiterinnen einzugehen, bleibt einem besonderen Abschnitte vorbehalten. Es sei hier nur erwähnt, dafs ein Wohnen der Arbeiterinnen bei dem Zwischenmeister zwar vorkommt, aber nur eine Ausnahmserscheinung ist, und mehr ein zufälliges Zusammentreffen der Person des Arbeitgebers und des Schlafstellenvermieters, als eine beabsichtigte Einrichtung darstellt. Auch die Beköstigung ist regelmäfsig Sache der Arbeiterin, welche selten, wie das in den Fabriken häufig geschieht, zur Mittagspause im Arbeitsraum bleibt.

Als eine schwere Last wird von den Zwischenmeistern die Versicherungspflicht angesehen, und sie geben dieser einen Teil der Schuld an dem Zurückgehen ihres Verdienstes.

Wie segensreich aber insbesondere die Krankenversicherung wirkt, leuchtet ein, wenn man sich nicht nur die gesundheitlichen Nachteile der Nähmaschinenarbeit überhaupt, sondern die besonders ungünstigen Bedingungen der Arbeitsstuben insbesondere vergegenwärtigt. Es ist leider nicht festzustellen, aber es wäre nicht die schlechteste Folge des Krankenversicherungsgesetzes, wenn nach seiner Einführung die Zahl der Zwischenmeister abgenommen hätte.

Kap. VIII. 2. Die Heimarbeiterinnen.

Es ist immer ein mifsliches Ding, die Arbeitsbedingungen von Hausindustriellen zu untersuchen. Denn es liegt im Wesen der Hausindustrie, dafs ihre Arbeiter in vieler Hinsicht die Arbeitsbedingungen nach eigenem Ermessen festsetzen können.

Diese Selbständigkeit ist allerdings nicht so zu verstehen, als ob der Hausindustrielle bei Abschlufs des Arbeitsvertrages dem Unternehmer gegenüber freier dastünde, als der Fabrik- oder Werkstattarbeiter — das gerade Gegenteil ist der Fall —, sondern sie liegt darin, dafs er viel oder wenig, rasch oder langsam, allein oder mit Hülfe, in beliebigen Räumen und zu beliebiger Zeit arbeiten kann. All diese Umstände sind denn in der That stets recht verschieden, wenn auch die Verschiedenheit weniger durch den freien Willen des Hausindustriellen, als durch äufsere Einwirkungen bedingt ist, welche beim weiblichen Hausindustriellen wieder noch erheblich gröfser sind als beim männlichen. Es sei nur hingewiesen auf den Einflufs, welchen die Gröfse der Familie, Beruf und Einkommen des Mannes, die Hülfe durch Familienmitglieder, die Gröfse und Lage der Wohnung etc. haben. Es ist sonach viel schwieriger, einen Typus der Heimarbeiterin als einen solchen der Fabrik- oder Werkstattarbeiterin festzustellen. Zu einem wirklich genauen Gesamtbilde würde eine Untersuchung gehören, die jeden einzelnen oder doch die grofse Mehrheit der Fälle in Rechnung zieht, und die daher, zumal bei einer ausgedehnten grofsstädtischen Industrie, nur mit Hülfe, öffentlicher Organe vorgenommen werden könnte. Eine private Erhebung, wie ich sie unternommen habe, kann demnach nur einen sehr schwachen Ersatz bieten. Es soll versucht werden, auf Grund derselben, sowie zahlreicher persönlicher Beobachtungen und Erkundigungen im folgenden ein einigermafsen zutreffendes Bild von der Lage der Heimarbeiterinnen in der Wäscheindustrie zu geben.

Schon bei Besprechung der industriellen Entwickelung war hervorgehoben, wie grofs die Verschiedenheit der Stücklöhne je nach der Art des Verlagsgeschäftes und der Qualität der Ware seien. Zwar gilt das sowohl von der Wäschekonfektion wie von der Fabrikation, es wird sich aber empfehlen, bei Untersuchung der Lohnverhältnisse wieder diese Industriezweige zu sondern. Für ein und denselben Artikel werden die denkbar verschiedensten Lohnsätze gezahlt, je nachdem Arbeitgeber ein Detailgeschäft bester oder schlechterer Art, ein Engrosgeschäft besserer, mittlerer oder gewöhnlichster Art ist. So schwanken die Sätze für ein Dutzend Frauenhemden zwischen 1,25 ℳ und 13 ℳ, für ein Dutzend Frauenbeinkleider (ohne Languettieren) zwischen 1 ℳ und 6 ℳ, für ein Dutzend Männerhemden zwischen 1,20 ℳ (aus buntem Flanell) und 8 ℳ (Nachthemden). Konstanter sind die Sätze für einen Artikel wie Oberhemden, der nach Mafs vorwiegend für das Detailgeschäft hergestellt wird, der übliche Lohn ist hier 12 ℳ pro Dutzend.[1] Die angeführten Zahlen, welche noch

[1] Die für die Fabriken hergestellten Oberhemden sind weit billiger.

beliebig vermehrt werden könnten, haben als solche sehr geringen Wert; denn es entspricht ihnen eine sehr verschiedene Arbeitszeit. Im grofsen und ganzen ist zu beobachten, dafs für bessere Artikel die Arbeitszeit verhältnismäfsig besser bezahlt wird, als für schlechtere, dafs aber die von einem Verleger gezahlten Lohnsätze so eingerichtet sind, dafs der Tagesverdienst bei Herstellung verschiedener Artikel ziemlich der gleiche ist. Z. B. liefert eine Näherin für ein Ausstattungsgeschäft Damenhemden und Oberhemden; von ersteren stellt sie am Tage 3—4 her, was einem Verdienst von 1,75–2,33 ℳ entsprechen würde, von letzteren 2, was einem solchen von 2 ℳ gleichkommt. Nicht immer ist die Übereinstimmung so grofs, dafür aber gleicht sich der Verdienst dadurch aus, dafs die Arbeiterin einmal mehr von dem einen, das anderemal mehr von dem anderen Artikel zu thun bekommt. Betreffs des Verhältnisses der Lohnsätze zum Preise der Waren vgl. die Tabelle I.

Seit dem Emporkommen der Wäscheindustrie in Berlin sind die Lohnsätze fast andauernd gesunken. Die Gründe hierfür sind schon erörtert worden, es seien hier nur einige Beispiele gegeben. Ein paar Herrenunterhosen, von denen das Dutzend Mitte der 70er Jahre mit 9 ℳ bezahlt wurde, werden heute für 5 ℳ geliefert, ein Dutzend Hemden wurde 1866 mit 7,80 ℳ, heute mit 6 ℳ bezahlt. Noch in den letzten Jahren hat das Sinken der Löhne fortgedauert: jene Arbeiterhemden, die heute für 1,20—1,30 ℳ pro Dutzend geliefert werden, wurden noch vor 5 Jahren mit 1,60 ℳ bezahlt. Nach den Versicherungen der älteren Heimarbeiterinnen wären die Lohnsätze allmählich und durch kein Aufsteigen unterbrochen gesunken. An dieser Auffassung mag einen Teil der Schuld die übliche Verhimmelung der „guten alten Zeit“ tragen, einen triftigen Gegenbeweis kann die Behauptung des Ältestenberichts von 1891,[1] die Arbeitslöhne seien trotz der ungünstigen Geschäftsverhältnisse „fraglos“ gestiegen, jedenfalls nicht bieten. Das Fallen der Lohnsätze an sich wird übrigens namentlich für die letzten Jahre von den Verlegern rückhaltlos anerkannt und nur für die beste Arbeit eine Ausnahme gemacht. So sagt der Ältestenbericht für 1894:[2] „Bei einem Rückblick bis zum Jahre 1893 über die in der Wäscheindustrie gezahlten Löhne mufs es auffallen, dafs dieselben zum gröfsten Teil sich abwärts bewegt haben. Bei nicht vielen besseren Artikeln freilich, zu deren Herstellung eine gewisse Intelligenz und Geschicklichkeit der betreffenden Arbeitskräfte Vorbedingung ist, haben die Löhne sich auf der alten Höhe gehalten. Indessen sahen sich die Fabrikanten (d. h. die Verleger!) durch den

---

[1] S. 225.
[2] S. 232.

Begehr der Verbraucher dazu gedrängt, Massenartikel von einer Billigkeit herzustellen, die nur durch Herabsetzung der Nählöhne, sowie durch Verwendung minder guter Stoffe und Zuthaten erreicht werden konnte. Um die Preise und den geringen Verdienst der Näherinnen wieder etwas aufzubessern, wäre es sehr wünschenswert, dafs bei den grofsen Submissionen in Wäscheartikeln nicht die niedrigste Offerte bevorzugt würde . ." etc.

Das Herabgehen der einzelnen Lohnsätze hat natürlich auch ein Herabgehen des Verdienstes bewirkt. Um die Höhe des Wochenverdienstes zu ermitteln, ist vor allem ein Umstand in Erwägung zu ziehen, die Unregelmäfsigkeit der Arbeit. Am gröfsten ist diese für die Arbeiterinnen der Detailgeschäfte, aber auch für die Engrosgeschäfte ist die Arbeitsgelegenheit eine schwankende. So pflegen die Monate Januar, Februar und Oktober die stillsten zu sein, in denen manchmal wochenlang für die Arbeiterinnen wenig oder gar nichts zu thun ist. Dafür häuft sich in anderen Monaten, besonders vor Pfingsten, die Arbeit oft so, dafs die Arbeitszeit aufserordentlich ausgedehnt werden mufs.

Der Wochenverdienst einer allein arbeitenden Heimarbeiterin im Durchschnitte des Jahres hängt daher von den verschiedensten Umständen ab: von der Art des Geschäfts, für welches sie arbeitet, von der Qualität der von ihr zu nähenden Artikel, von der günstigen oder ungünstigen Konjunktur des Jahres, von der Möglichkeit, die flotte Zeit durch angestrengte Arbeit auszunutzen, und von dem Grade der Kraft und Geschicklichkeit überhaupt.

Es seien einige konkrete Beispiele angegeben:

Eine junge und kräftige, unverheiratete Arbeiterin, welche für ein Detailgeschäft bessere Artikel näht, kommt in der stillen Zeit auf höchstens 5 ℳ, in der Saison auf 12 ℳ, im Durchschnitt des Jahres etwa auf 10 ℳ. Sie arbeitet auch in der Saison nicht länger als 11 Stunden täglich. Ebenso erreicht eine ältere Arbeiterin in derselben Lage mit 8 Stunden Arbeit einen Wochendurchschnitt von 9 ℳ. Eine dritte dagegen, ledig und etwa 30 Jahre alt, welche gleichfalls für ein Detailgeschäft Artikel zu ähnlichen Lohnsätzen näht, in der Saison aber 14 Stunden arbeitet, erreicht in stillen Zeiten den Satz von 9 ℳ, in der Saison den von 18 ℳ.

Andererseits verdient eine tüchtige, für ein Engrosgeschäft thätige, verheiratete aber kinderlose Näherin in 2 Monaten des Jahres fast nichts, in der übrigen Zeit bei 11stündiger Arbeit 10 ℳ, und eine fünfundvierzigjährige Frau, Mutter von 4 unerwachsenen Kindern, die 6 Monate des Jahres als stille Zeit bezeichnet, verdient in der Saison, in welcher sie „Tag und Nacht, solange die Kräfte reichen", arbeitet, nur 9 ℳ.

Reichlicher ist der Verdienst der für die besten Engrosgeschäfte und Ausstattungsgeschäfte thätigen Näherinnen. Zwei Schwestern, welche sich mit besonders feiner und schwieriger Arbeit befassen, verdienen monatlich 180—200 ℳ, in der Saison noch mehr. Allerdings ist die Zahl so gut bezahlter Arbeiterinnen verschwindend gegen die der Näherinnen für gewöhnliche und schlechtere Ware.

Durchschnittssätze anzugeben ist sehr schwer, die verheirateten Arbeiterinnen für schlechtere Arbeit werden 7—9 ℳ, die kinderlosen 10—12 ℳ und die besseren Näherinnen bis zu 20 ℳ im Durchschnitt verdienen.

Die anliegende Tabelle (siehe Tabelle III am Schlusse des Buches) giebt ein Momentbild wieder, die Aufstellung eines Engrosgeschäfts über die am Wochenschlufs ausgezahlten Löhne. Die Niedrigkeit derselben ist verblüffend in Anbetracht dessen, dafs es sich um eine Woche mit flotter Arbeit handelt.

Die Verdienste erhöhen sich natürlich, wenn der Mutter eine oder mehrere Töchter helfend zur Seite stehen, wenn, wie es in einem Falle zu beobachten war, der Mann der Frau hilft, so dafs beide zusammen bei besserer Arbeit 1,50 bis 3 ℳ täglich verdienen, und endlich, wenn die Heimarbeiterin zeitweise Hülfsarbeiterinnen annimmt, also Zwischenmeisterin wird.

Über die Löhne, welche in früheren Jahren erreicht worden sind, habe ich nur wenige Angaben erhalten.

Eine ältere Näherin für ein Detailgeschäft hat Mitte der 70er Jahre noch einen Tagesverdienst von 2,50—2,70 ℳ bei zwölfstündiger Arbeitszeit gehabt. Die Löhne für die wichtigsten von ihr genähten Artikel sind seitdem durchschnittlich um ein Drittel gesunken, sodafs sie heute bei gleicher Arbeitszeit und Leistungsfähigkeit etwa 1,75 ℳ pro Tag oder 10,50 ℳ wöchentlich verdienen würde. Thatsächlich ist ihre Einnahme noch kleiner, da sie nicht mehr so lange arbeiten kann, als in ihren jungen Jahren.

Geringer noch als der Verdienst der bezeichneten Näherinnen ist der jener Heimarbeiterinnen, welche erst durch Vermittelung des Zwischenmeisters Arbeit erhalten. Eine solche Arbeiterin z. B. erhält Arbeit von einem Zwischenmeister für Engrosgeschäfte. Sie näht Kinderunterhosen für 1,30—1,50 ℳ das Dutzend, Nachtröcke und Nachthauben und verdient 7,50 bis 9 ℳ in der Woche bei etwa 13stündiger Arbeitszeit. Es kommen natürlich auch hier Ausnahmefälle vor, in denen Frauen, die besonders geschickt und fleifsig sind, mehr verdienen. So wurde mir erzählt, dafs eine solche Frau, die mit Hülfe ihrer vierzehnjährigen Tochter für einen Zwischenmeister näht, trotzdem sie eine grofse Wirtschaft hat, es bis zu 28 ℳ Wochenverdienst bringt. Die von ihrem Zwischenmeister beschäftigten Heimarbeiterinnen erhalten auf 2 ℳ etwa 15 ₰ weniger Lohn als dieser.

Gehen wir nunmehr zu den Löhnen der Heimarbeiterinnen für die Fabrikation über, so müssen wir unter ihnen 3 Gruppen unterscheiden:

1. solche, die Kragen und Manschetten nähen, fast ausschliefslich frühere Fabrikarbeiterinnen,

2. solche, die Gegenstände nähen, welche in der Fabrik, für die sie liefern, gar nicht oder sehr wenig gearbeitet werden, als Chemisettes, Serviteurs, Einsätze. Sie brauchen nicht in der Fabrik gelernt zu haben, und wir haben es hier meist mit kleinen Zwischenmeisterinnen oder von diesen abhängigen Heimarbeiterinnen zu thun;

3. Hand- und Maschinenknopflochnäherinnen, auch diese vielfach abhängig von Arbeitsstuben.

Die Arbeiterinnen der ersten Gruppe erhalten von einigen Fabrikanten dieselben, von anderen etwas geringere Lohnsätze, wie die Fabrikarbeiterinnen, doch wird ihnen, falls es nicht besonders tüchtige sind, geringere Arbeit gegeben, so dafs selbst da, wo die Sätze den in der Fabrik gezahlten entsprechen, die Heimarbeiterinnen doch einen schlechteren Verdienst haben. Bevorzugt werden solche Arbeiterinnen, die früher in derselben Fabrik gearbeitet haben und mit der Eigenart von deren Arbeit vertraut sind. Ihr Verdienst ist daher, falls ihre Arbeitszeit nicht durch Wirtschaft und Familiensorgen beschränkter ist, annähernd der gleiche, wie der der Fabrikarbeiterinnen. Wie dieser ist er verschieden nach dem Geschäftsprincip der Fabrik, je nachdem, ob gute Arbeit oder „Schundarbeit“ verlangt wird. Eine Fabrik, die dem letzteren Grundsatze huldigt, zahlt z. B. für Umlegekragen geringster Sorte 20 ₰ pro Dutzend, für Hohlsäume, die neuerdings für Damenwäsche aufgekommen sind und eine komplizierte Arbeit darstellen, 4 ₰ pro Meter. Es ist nicht zu verwundern, wenn eine hiermit beschäftigte Arbeiterin und ihre 17jährige Tochter, die vorrichtet und auch beim Nähen hilft, bei 17stündiger Arbeitszeit zusammen in der Saison 12—14 ℳ verdienen. Dieselben Arbeiterinnen sind aber 10—12 Wochen lang so gut wie arbeitslos! Eine sehr tüchtige ältere Näherin hingegen, welche für eine solide Fabrik arbeitet, erreicht bei nicht ganz 12stündiger Arbeitszeit 15 ℳ wöchentlich und ist das ganze Jahr hindurch beschäftigt. Diese beiden Fälle stellen etwa die Extreme dar. Im Durchschnitt verdienen Heimarbeiterinnen, die unverheiratet oder auch sonst in ihrer Zeit wenig beschränkt sind und für bessere Fabriken arbeiten, 10—14 ℳ. Geringer ist der Verdienst natürlich bei Frauen, die durch kleine Kinder in Anspruch genommen werden, oder, weil sie bei gutem Verdienst des Mannes weniger darauf angewiesen sind, nur 6—8 Stunden am Tage arbeiten. Sie verdienen höchstens 5 bis 6 ℳ wöchentlich.

Die Arbeiterinnen der zweiten Gruppe, soweit sie selbstständig sind, haben etwa denselben Verdienst; z. B. eine Oberhemdennäherin, die für eine kleinere Fabrik arbeitet, erhält für das Dutzend 2,75—5,75 ℳ und stellt je nach der Sorte — bei 6stündiger Arbeitszeit — täglich 3—6 Stück fertig. Sie berechnet ihren durchschnittlichen Wochenverdienst auf 5—6 ℳ, den in der Saison auf 9 ℳ. Eine andere erhält für das Dutzend Hemdeneinsätze 30—50 ₰ und kann in 12 Stunden Arbeitszeit 6 Dutzend herstellen. In den meisten Fällen aber wird diese Arbeit an Zwischenmeister und durch deren Vermittelung zum Teil an Heimarbeiterinnen gegeben. Diese haben sich gewöhnlich mit dem Zusammensetzen der Chemisettes, Oberhemden etc. zu befassen, während der Rumpf in der Nähstube des Zwischenmeisters gefertigt wird. Der Verdienst dieser Heimarbeiterinnen aus zweiter Hand ist ein geringerer als der der anderen. Jedoch der Unterschied ist nicht sehr grofs, weil der Fabrikant dem Zwischenmeister für Artikel, die er selbst in der Fabrik gar nicht herstellt, verhältnismäfsig bessere Lohnsätze zahlt als für Artikel, die er schlimmstenfalls auch selbst machen lassen kann.

Von Näherinnen, die für eine grofse Arbeitsstube Chemisettes zusammensetzen, das Dutzend für 55 ₰, stellt die eine, welche als Mädchen in der Fabrik 15 ℳ verdient hat, also eine tüchtige Arbeiterin sein mufs, jetzt, da sie verheiratet ist und für ein kleines Kind zu sorgen hat, bei etwa 9stündiger Arbeit 1—3 Dutzend her und verdient durchschnittlich in der Woche 5 ℳ. Eine andere hingegen, welche mir allerdings vom Zwischenmeister als besonders tüchtig bezeichnet war, eine kinderlose Frau, stellt von derselben Sorte Chemisettes bei nur $8^1/_2$ Stunden Arbeitszeit 5 Dutzend her und hat einen Wochenverdienst von 12—15 ℳ. Im Jahre 1893 hat sie ein Jahreseinkommen von 730 ℳ gehabt. Dem Normalfalle entspricht aber weit mehr das erste Beispiel. Z. B. kann eine dritte Frau, welche dieselbe Arbeit verrichtet, aber Chemisettes geringerer Qualität aus Schirting näht, bei zehnstündiger Arbeit nur 4 Dutzend à 35 ₰ fertigstellen, ihr Verdienst beträgt 6—7 ℳ, im Winter aber, wo es stille Zeit ist, weniger. Leider ist ein solcher Verdienst bei diesen Heimarbeiterinnen wohl die Regel. Es leuchtet ein, dafs er für eine unverheiratete, auf sich selbst angewiesene Arbeiterin vollkommen unzulänglich ist.

Etwas besser, auch wenn sie ihre Arbeit aus zweiter Hand empfangen, stehen die Knopflochnäherinnen da, wenigstens soweit sie mit der Maschine arbeiten. Für das Grofs Knopflöcher auf der Automatenmaschine wird bisher noch ein guter Lohn bezahlt, da noch nicht sehr viele diese neuen und teuren Maschinen angeschafft haben. So erhalten 2 Knopflochnäherinnen, die für eine Arbeitsstube nähen, 40 ₰ pro Grofs. Die eine verdient bei 8stündiger Arbeitszeit 15 ℳ und hatte, bevor sie ihr jüngstes Kind bekam, 20—23 ℳ verdient. Die andere berechnet ihren Verdienst auf 12—25 ℳ. Einer dritten hat derselbe Zwischenmeister für dieselben Knopflöcher bereits 2 ₰ pro Grofs abgehandelt. Sie alle können am Tage etwa 8—10 Grofs herstellen. Für die Verhältnisse der Näherinnen sind diese Löhne so hoch, dafs sich einzelne in der Lage sehen, sich durch Halten einer Arbeiterin zu entlasten. Eine solche Hülfsarbeiterin erhält z. B. von einer Heimarbeiterin 23 ₰ pro Grofs und verdient mit diesem Lohnsatz 8 ℳ wöchentlich. Hier geht also das Material vom Fabrikanten zur Nähstube, der Inhaber dieser giebt die bis auf die Knopflöcher fertiggenähten Kragen der Knopflochnäherin und diese giebt sie ihrer Hülfsarbeiterin zum Nähen. In diesem System giebt es aber eine Person, die einen nur sehr geringen Verdienst an den Knopflöchern hat, das ist der Inhaber der Nähstube. Er kann nicht viel weniger bezahlen, als es der Fabrikant thut, dieser aber bezahlt 50, 47, 45 auch 40 ₰ pro Grofs. Die vom Fabrikanten unmittelbar beschäftigten Heimarbeiterinnen haben daher kaum einen höheren Verdienst. Eine solche geübte Automatenknopflochnäherin erreicht in der Saison einen Verdienst von 18—20 ℳ und darüber, mit Einrechnung der flauen Zeiten mindestens 15 ℳ. Doch werden diese Arbeiterinnen meist ziemlich regelmäfsig beschäftigt, so dafs z. B. eine junge und kräftige Näherin, die andauernd Arbeit hat, im Jahresdurchschnitt 24 ℳ wöchentlich verdient. Zur Arbeit an den Automatenmaschinen gehört aber eine gewisse Körperkraft. Es begegnete mir daher der Fall, dafs eine Frau, der das andauernde Treten der Maschine zu schwer wurde, ihren Mann anlernte, und dafs nun die beiden Gatten schichtweise, der Mann von 4 Uhr früh bis ½9 Uhr abends mit nur kleinen Unterbrechungen, welche die Frau ausfüllt, die Frau im übrigen von ½9 bis ½1 Uhr nachts arbeiten. Sie verdienen dabei in der flotten Zeit 35—36 ℳ, im Jahresdurchschnitt, wie sie behaupten, nicht mehr als 14—15 ℳ wöchentlich. Von Knopflochnähstuben aus werden Heimarbeiterinnen an Automatenmaschinen, soviel mir bekannt geworden, nicht beschäftigt. Denn deren Inhaber haben selbst die für ihren Bedarf genügende Anzahl solcher Maschinen.

Nun ist aber durch die Automatenmaschine die ältere Konstruktion der Knopflochmaschine durchaus nicht ganz verdrängt worden, denn die von der ersteren gearbeiteten Knopflöcher stehen an Haltbarkeit und gutem Aussehen weit hinter denen der zweinadligen Maschine zurück. Obgleich daher die Arbeit der letzteren viel teurer ist, weil sie noch der Ergänzung durch Handarbeit bedarf, ist sie doch noch unentbehrlich. Die Arbeit mit der zweinadligen Maschine ist immerhin zurückgedrängt und scheint sich aufserhalb der Fabrik mehr und mehr auf die Arbeitsstuben zu beschränken. Alle

Heimarbeiterinnen, welche sich selbständig machen, schaffen sich jetzt die Automatenmaschine an und auch die, welche noch eine ältere Maschine besitzen, suchen aufserdem eine neue zu erwerben. Der Grund liegt in den noch ziemlich hohen Löhnen für Automatenarbeit einerseits, den sinkenden für zweinadlige andererseits.

Es ist mir nur gelungen, die Angaben einer einzigen Heimarbeiterin, welche an einer zweinadligen Maschine näht, zu erhalten. Dieselbe bekommt für das Grofs Knopflöcher 60—80 ₰, kann an einem Tage bis zu 5 Grofs fertig stellen und verdient in stillen Zeiten 9—12, in der Saison 12—15 ℳ. Der übliche Satz für das Grofs ist etwa 75 ₰. Hiervon hat aber die Näherin auch die nötige Handnäherei entweder selbst zu leisten, oder, wie dies üblich, an eine Knopflochverrieglerin weiter zu vergeben. Dies thun vor allem die Fabriken und Knopflochnähstuben.

In den Verrieglerinnen begegnen wir den ersten Handnäherinnen, und es sind bei ihnen die unseligen Folgen der Konkurrenz der Maschinen- mit der Handarbeit eingetreten, trotzdem die Arbeit der Automatenmaschine eine schlechtere ist als die ihre und sie nicht ganz ersetzen kann. Aber der Bedarf nach ihrer Arbeit ist gesunken, indem alle schlechteren Sorten — und leider haben diese quantitativ das Übergewicht — jetzt der Automatenarbeit zufallen. Die Maschinennäherinnen konnten sich dem veränderten Bedarf anpassen durch die kostspielige, aber doch lohnende Anschaffung der Knopflochmaschine. Die Verrieglerin aber, wie die meisten Heimarbeiterinnen, schon über die erste Jugend hinaus, konnte nicht noch anfangen, Maschinennähen zu lernen, und hatte so viel auch früher nicht erworben, um von ihren Ersparnissen eine Maschine anschaffen zu können. Sie sah sich nach dem Eindringen der Automatenmaschine mehr und mehr der Arbeitsgelegenheit beraubt und infolge des zu grofsen Angebots an Arbeitskräften gezwungen, einen immer geringeren Lohnsatz zu bewilligen. Für 15—16 ₰ mufs sie heute 1 Grofs Knopflöcher verriegeln. Eine solche Verrieglerin verdient z. B. 3 ℳ bis 3,60 ℳ wöchentlich in der Zeit, in der sie Arbeit hat! Eine andere, schon 60jährige Frau verriegelte mit ihrer Tochter Knopflöcher. An zwei Grofs mufsten Mutter und Tochter über einen halben Tag anhaltend nähen. Infolge der anstrengenden Arbeit wurde die Tochter brustleidend und starb. Seitdem hat sich die Mutter auf das Nähen von Schürzen gelegt, wobei sie bisher kaum mehr verdient. Es sei hier die Bemerkung angeknüpft, dafs das Verriegeln eine sehr anstrengende Arbeit ist. Eine Zwischenmeisterin versicherte mir, es sei anstrengender, für 50 ₰ zu verriegeln, als für 2 ℳ an der Knopflochmaschine zu nähen.

Wir haben endlich noch eine vierte Gruppe unter den

Knopflochnäherinnen zu betrachten, die Handnäherinnen. Ihnen geht es ähnlich wie den Verrieglerinnen, sie müssen zu wahren Spottlöhnen ihre Arbeitskraft anbieten, um nur Arbeit zu bekommen. Für 3 Dutzend Handknopflöcher bezahlt der Fabrikant 25—35 ₰. Etwas besser werden solche für Damenwäsche bezahlt. Für diese erhält z. B. eine Handnäherin vom Zwischenmeister 25 ₰ pro 2 Dutzend. Sie stellt 3—5 Dutzend am Tage fertig und verdient in stillen Zeiten 2—4 ℳ, in der Saison 5 ℳ wöchentlich. Diese Fälle zeigen, wie weit sich der Lohn herabdrücken läfst bei Arbeiterinnen, welche im Normalfalle, d. i. hier, wenn der Mann miterwirbt, auf diesen Lohn nicht als auf die einzige Erwerbsquelle angewiesen sind.

Auch für die von den Fabriken unmittelbar und mittelbar beschäftigten Heimarbeiterinnen sind die Löhne seit etwa 1880 beträchtlich gefallen. Die Ältestenberichte aus dem Anfang der 80er Jahre wissen alle von Lohnreduktionen, insbesondere in der Hausindustrie, zu berichten.[1] Ende der 80er Jahre trat ein kurzer Stillstand ein, seit 1891 aber, mit dem industriellen Niedergang, gingen auch die Löhne zurück. Wie grofs der Rückgang ist, zeigt folgendes Beispiel:

Ende der 60er Jahre kurz nach Begründung der Fabriken wurde für ein Dutzend guter Kragen 1,50 ℳ, für die geringste Sorte 75 ₰ gezahlt. Der durchschnittliche Verdienst einer Heimarbeiterin betrug über 20 ℳ. Jetzt schwanken die Sätze für Kragen zwischen 70 und 20 ₰. Bei dieser enormen Differenz ist allerdings zu berücksichtigen, dafs bei Begründung der Industrie die Arbeitskräfte erst herangezogen werden mufsten, dafs damals auch der Anteil der Handarbeit noch ein gröfserer war als heute. Trotzdem bleibt aber der Unterschied noch grofs genug. In noch stärkerem Grade sind die Löhne für die Knopflocharbeit gefallen. Auch die hohen Sätze für die Automatennäherei sind mit der wachsenden Verbreitung dieser Maschine in raschem Sinken begriffen. Noch Anfang 1894 war der übliche Satz 50 ₰ pro Grofs und fiel in einem Jahre auf 40 ₰ und 38 ₰!

Wie das Sinken des Lohnes im einzelnen vor sich gegangen, darüber sei auf die Besprechung der Fabriklöhne verwiesen. Ist auch der Lohn der Heimarbeiterinnen stets früher und rascher gesunken als der der Fabriknäherinnen, so ist die Bewegung im ganzen doch eine parallele.

Bei Besprechung der Lohnverhältnisse der Heimarbeiterinnen mufste bereits wiederholt auf die Arbeitszeit Bezug genommen werden. Denn da sie nicht, wie in den Fabriken, eine einheitliche ist, so hängt von ihrer Ausdehnung der Verdienst der Arbeiterinnen in hohem Grade ab. Nicht, dafs die Höhe des Verdienstes mit der Länge der Arbeitszeit parallel

[1] 1881 S. 166, 1882 S. 132, 1883 S. 130, 1884 S. 145, 1885 S. 33.

ginge. Gerade bei den tüchtigsten Arbeiterinnen mit dem besten Verdienst habe ich nicht die längsten Arbeitszeiten gefunden, sondern diese schienen meist nur da möglich zu sein, wo die Qualität der Arbeit eine geringe ist. Allein, einen sicheren Schlufs nach dieser Richtung zu ziehen, ist bei der verhältnismäfsig geringen Zahl von Fällen, die zu beboachten möglich war, nicht angängig. Es kommt hinzu, dafs viele Arbeiterinnen eine präcise Antwort auf die Frage nach ihrer Arbeitszeit gar nicht geben können, weil diese zu verschieden an den einzelnen Tagen ist und zu oft unberechenbare Unterbrechungen erleidet. Auch ist nicht zu vergessen, dafs die physische Anspannung einer Frau, die eine grofse Anzahl Kinder, vielleicht Schlafstellenmieter, Kostgänger und ihre Wirtschaft zu besorgen hat, auch bei kleiner Arbeitszeit ebenso grofs sein kann, als die einer von solchen Beschäftigungen freieren Arbeiterin bei längerer Arbeitszeit, so dafs ein unbedingter Schlufs von der Länge der Arbeitszeit auf Intensität und Qualität der Arbeit bei Heimarbeiterinnen gar nicht zu ziehen ist. Für die vorkommenden Arbeitszeiten mögen die schon angeführten Beispiele genügen, in welchen dieselben regelmäfsig mit Abzug der Pausen angegeben sind. Eine einheitliche Gewohnheit in der Bemessung der Zeit, in Anfang, Ende oder Pausen, ist, wie gesagt, nicht festzustellen. Die Nacht ist nur insofern eine Grenze, als nach Möglichkeit das Tageslicht ausgenutzt, im Sommer also sehr früh begonnen wird, und als nach 11 Uhr die Nachbarn und Überwohner gegen das Rasseln der Maschine zu protestieren pflegen. Dann aber kann das Vorrichten oder Nähen mit der Hand noch ungestört seinen Fortgang nehmen.

Bei Betrachtung der Arbeitszeit ist die Zeit, welche das Abliefern der Ware beansprucht, nicht aufser Acht zu lassen. Es ist das ein alter Beschwerdepunkt in allen Hausindustrien. Besonders gilt er für die vom Engrosgeschäft beschäftigten Frauen. Meist haben sie an und für sich schon einen sehr weiten Weg und bei ihrer kostbaren Zeit ist ein tägliches Warten von 1—2 Stunden, wie es häufig vorkommen soll, ein nicht zu ersetzender Verlust. Darum schicken viele ihre Kinder oder Laufburschen ins Geschäft, für andere ist es aber ein Grund, die Arbeit direkt für das Geschäft aufzugeben und sich an einen Zwischenmeister zu wenden. Oft könnte bei einigem guten Willen des Verlegers ein längeres Warten vermieden werden; oft allerdings wäre dazu die Einstellung von mehr Arbeitskräften erforderlich. Der Weg zum Abliefern ist für keine Heimarbeiterin angenehm, denn es ist damit die Kontrolle der Arbeit durch die abnehmende Directrice verbunden. Wieviel hierbei von deren Gunst oder Ungunst abhängt, war schon hervorgehoben. Werden die Nähte schlecht befunden, so werden sie zertrennt und zu nochmaligem Nähen vergeben. Ist durch schlechte Arbeit oder irgend einen Zufall der Stoff verdorben, so wird sein Wert der Arbeiterin vom Lohn abgezogen.

Endlich ist noch ein Umstand zu berücksichtigen, der die Verdienste, wie sie bisher angegeben sind, noch verkürzt. Die Näherin mufs von ihrem Lohne nicht nur die Kosten für die Instandhaltung ihrer Maschine, Beleuchtung und Heizung ihres Arbeitsraums tragen, sondern auch das nötige Nähgarn selbst beschaffen.

Der Grund dafür, dafs der Verleger den Näherinnen das Garn nicht ebenso wie den Stoff liefert, ist die Unmöglichkeit, etwaige Veruntreuungen desselben zu kontrollieren. Wo die Näherin das Garn kauft, ist ihr nicht vorgeschrieben; nur die besseren Fabriken und Detailgeschäfte verlangen, dafs es die Arbeiterin von ihnen entnimmt, um eine Gewähr dafür zu haben, dafs ihre Ware mit gutem Garn genäht ist, und die Directrice prüft bei Abnahme der Arbeit genau nach, ob auch die vorgeschriebene Garnsorte verwandt ist. Dafs die Näherinnen früher oft überteuert worden sind, wird noch weiter unten seine Erwähnung finden.

Die wöchentliche Ausgabe der Arbeiterinnen für Nadeln, Garn und Maschinenöl beträgt bei gewöhnlichen Näherinnen 1 ℳ bis 1,50 ℳ, bei Knopflochnäherinnen mit Automatenmaschine etwa 2 ℳ, mit der Hand 20 bis 25 ₰. Es macht dies einen recht beträchtlichen Teil ihres Lohnes aus.

Die Anschaffung der Nähmaschine ist die kostspieligste Ausgabe, die die Näherin im Interesse des Verlegers zu machen hat. Bei Barzahlung kostet die Maschine 80—90, bei Abzahlung 90—100 ℳ. Dazu kommen die im Laufe der Jahre notwendigen Ausgaben für Reparaturen. Weit teurer sind, wie schon erwähnt, die Knopflochmaschinen.

Bisher haben wir nichts in Betracht gezogen, als die einzelnen Arbeitsbedingungen; sehen wir uns nun die Menschen an, die unter ihnen nicht nur arbeiten, sondern auch leben[1].

Ein Teil der Heimarbeiterinnen geht fast ausnahmslos aus den Fabriknäherinnen hervor, die von den Fabriken verlegten Arbeiterinnen. Es sind dies meist solche, die durch ihre Verheiratung aus der Fabrik geschieden sind und in der ersten Zeit vielleicht gar nicht arbeiten, weil der Verdienst des Mannes für beide Gatten ausreicht. Wird aber die Ehe mit Kindern gesegnet, so kann der Nebenverdienst doch nicht entbehrt werden. In die Fabrik zu gehen, daran kann und will die Frau in den meisten Fällen nicht denken. Da findet sie willkommenen Ersatz in der Heimarbeit. Zuerst nur in einigen freien Stunden als Nebenbeschäftigung betrieben, wird

---

[1] Einen Überblick gewährt die Tabelle IV, welche das Ergebnis der schon mehrfach erwähnten schriftlichen Umfrage darstellt.

diese, je mehr Kinderzahl und Haushalt wachsen, ohne dafs des Mannes Einkommen zunimmt, immer mehr zu einer der Haupteinkommensquellen der Familie.

Die für die „Konfektion“ arbeitenden Heimarbeiterinnen gehen entweder aus den Nähstuben hervor, oder aber, und es ist das ein ansehnlicher Bruchteil, sie entstammen anderen Berufen, in denen sie nicht gut fortkommen, oder die sie als Frauen hausindustriell nicht ausüben konnten.

Einen grofsen Prozentsatz stellen hier die anderen mit der Nadel und Nähmaschine arbeitenden Gewerbe, wie Schneiderei, Damen- und Mäntelkonfektion. Insbesondere von und zu dieser Konfektion findet ein ständiger Zu- und Abflufs von Arbeitskräften statt. Derselbe würde noch gröfser sein, wenn nicht für Wäschenäherei die Wheeler & Wilson-Maschine bevorzugt würde, welche für andere Näherinnen weniger praktisch ist. Natürlich ist, dafs diese Arbeiterinnen, die nicht schon von Jugend auf ihre Arbeit gelernt und sich darin eingewöhnt haben, selten dasselbe erreichen können, wie geübte Wäschenäherinnen, insbesondere nicht in feinerer Arbeit. So strömen sie den Engrosgeschäften als Arbeiterinnen zu und übernehmen nur die gröbste Arbeit. Die geringe Leistungsfähigkeit dieser Arbeiterinnen ist zugleich Ursache und Wirkung der niederen Löhne.

Wo die Arbeit alleinige Erwerbsquelle ist, wie bei den unverheirateten und verwitweten Arbeiterinnen, da pflegt sie intensiver betrieben zu werden, also auch einen etwas höheren Verdienst abzuwerfen als bei der Frau eines selbst thätigen Arbeiters. Doch ist die ledige Arbeiterin wieder im Vorteil vor der kinderreichen Witwe, die Frau mit wenigen Kindern vor der mit vielen.

Die ledigen Heimarbeiterinnen sind nur selten alleinstehende Mädchen, denn sie müssen ihre Nähmaschine in ihrer eigenen Wohnung aufstellen, eine Schlafstelle genügt ihnen nicht. Sie wohnen daher meist bei ihren Eltern oder mit Schwestern zusammen und nehmen an deren Haushalt gegen ein bestimmtes Kostgeld und einen Beitrag zur Miete Teil. Die übliche Höhe des Kostgelds beträgt 5—6 ℳ wöchentlich, die des Wohnungsbeitrages 5—6 ℳ monatlich.

Im Jahre würde eine ledige Arbeiterin für Kost und Miete 320—380 ℳ ausgeben und bei einem Verdienst von 500 ℳ 120—180 ℳ erübrigen, womit sie ihre Ausgaben für Abzahlung und Instandhaltung der Maschine, für Kleidung und ihre sonstigen Bedürfnisse bestreiten müfste.

Viel ungünstiger gestellt sind die alleinstehenden Frauen, die eine eigene Wohnung haben. Obwohl sie meist an den Weichbildgrenzen oder in den Vororten wohnen, sind die Mietspreise doch ziemlich hoch. Unter 200 ℳ ist es kaum möglich, eine Stube mit Küche zu erhalten; den Luxus von zwei Stuben können sich diese Frauen natürlich nicht gönnen, auch nicht bei noch so grofser Kinderzahl, wenn sie nicht aus dem Zimmer- oder Schlafstellenvermieten sich eine Nebeneinkunft verschaffen. Aber auch hierfür genügen ein Zimmer und Küche, weil die Vermieterin dann mit ihren Kindern in der Küche schläft. Fehlt solcher Nebenverdienst oder fehlt es an Mietern, so sind diese Frauen leicht dem bittersten Elend ausgesetzt; denn mit einem Wochenverdienst von 8 ℳ ist es kaum möglich, die eigene Person, geschweige denn noch Kinder zu erhalten. Sind hier nicht erwachsene Kinder vorhanden, welche die Mutter unterstützen, so kann diese ohne fremde Hülfe nicht bestehen, sie verfällt der Wohlthätigkeit oder Armenpflege, wenn sie nicht zu dem traurigsten Mittel greift, welches der Frau mehr zum Leben gewährt als ehrliche Arbeit, der Prostitution.

Die Lebenshaltung der verheirateten Arbeiterin richtet sich natürlich weniger nach ihrem als nach dem Einkommen ihres Mannes und der Gröfse ihrer Familie. Die Männer gehören in der Regel dem besseren Arbeiter- oder Handwerkerstande an. Ist die Familie nicht allzu grofs, und hat der Mann sein gutes Einkommen, so kann hier in Folge des Zuschusses durch die Arbeit der Frau eine gewisse Behäbigkeit erreicht werden. Allein dieser guten stehen doch sehr grofse Schattenseiten gegenüber. Die Frau, welche den ganzen Tag an der Nähmaschine arbeitet, kann, wenn sie nur einen einigermafsen erheblichen Verdienst machen will, sich um die Erziehung ihrer Kinder, um haushälterische Wirtschaft, um das Ausgestalten ihres Heims zu einer behaglichen Stätte für den Mann kaum bekümmern.

Es ist das eine starke Übertreibung in der Beurteilung der weiblichen Hausindustrie, wenn man ihr im Gegensatze zur Fabrikarbeit nachrühmt, sie erhalte die Frau ihrer Familie. Gewifs kann nicht geleugnet werden, dafs, solange die Kinder ganz klein sind, die Heimarbeiterin sich ihnen mehr widmen kann, wie die Fabrikarbeiterin. Sind sie aber aus dem zartesten Alter heraus, so werden sie der Obhut ihrer wenig älteren Geschwister überlassen, und der arbeitenden Frau ist jede Störung durch ihre Kinder lästig. Nimmt sie es aber ernst mit ihren Mutterpflichten und widmet am Tage möglichst viele Zeit ihren Kindern, so untergräbt sie ihre Gesundheit, indem sie tief in die Nacht hinein arbeitet, um das Versäumte nachzuholen. Am erträglichsten sind die Verhältnisse da, wo eine alte Mutter von den Eheleuten aufgenommen ist, die nun die Kinder und die Wirtschaft besorgt. Ihren Mutter- und Hausfrauenpflichten wird die Arbeiterin dadurch allerdings gänzlich entzogen.

Ein Teil der Näharbeit, insbesondere feinere Arbeit für die Konfektion, wird, wie bereis erwähnt, durch Frauen und

Mädchen aus den oberen Ständen geliefert. Es sind Frauen und Töchter kleinerer Beamten, aber auch unversorgte Töchter aus den besten Familien, welche, die letztgenannten oft heimlich vor der Welt, sich auf diese Weise einen Nebenverdienst oder ein Taschengeld erwerben. Man hört oft die Klage, dafs durch solche Konkurrenz der Frauen aus den oberen Zehntausend die Arbeitsbedingungen auch für die der unteren Stände verschlechtert würden. Dabei wird aber, soweit wenigstens die Wäscheindustrie in Betracht kommt, der Anteil jener Frauen an der Arbeit doch wohl überschätzt. Endlich versichern die Unternehmer, dafs in den Arbeiterkreisen sich nicht oder selten die genügende Geschicklichkeit und Leichtigkeit der Hand finde, welche für die feinste Arbeit notwendig sei. Wie weit diese Behauptung etwa ein Ausdruck für die Thatsache ist, dafs die einfache Arbeiterin für feine Arbeit einen höheren Lohn als Ersatz für Lern- und Übungszeit beanspruchen mufs, als die „Salonarbeiterin", das sei dahingestellt.

Das Bild, das wir von dem Leben der Heimarbeiterinnen und seinen Bedingungen gewonnen haben, ist kein überaus freundliches, und die düsteren Seiten überwiegen darin bei weitem die hellen. Wie den besprochenen Mifsständen abzuhelfen, das wird in den letzten Abschnitten erörtert werden.

B. Die Fabrikarbeit.

Kap. IX. 1. Die Fabrikbeamten und Zuschneider.

Die Wäschefabriken gehören zu den wenigen Fabriken, in denen die Beaufsichtigung der Arbeit in der Hauptsache durch weibliche Kräfte erfolgt. Die Arbeit mit der Nähnadel ist von jeher eine Domäne weiblicher Arbeitskraft gewesen. Doch finden sich in den meisten Fabriken auch ein oder mehrere männliche Werkführer, welche die Oberaufsicht haben. Meist ist es dann ein solcher, der die Arbeit an die einzelnen Arbeiter verteilt und die fertiggestellten Stücke abnimmt und auf ihre ordnungsmäfsige Ausführung prüft. Die Directricen haben aufserdem oft den Beruf, die Lehrlinge einzulernen. Durch sie verkehrt der Chef mit den Arbeitern, sie haben die Arbeitsordnung zu handhaben, und all das giebt ihnen den Arbeitern gegenüber eine Machtstellung, die sie oft mifsbrauchen.

In den gröfseren Fabriken rechnet man auf 20 bis 25 Näherinnen bezw. Plätterinnen eine Directrice, und einen Werkführer auf über 100 Arbeiter.

Die Werkführer erhalten 120—200 ℳ Monatsgehalt oder 30—40 ℳ Wochenlohn, die Gehälter der Directricen schwanken zwischen 75—200 ℳ monatlich oder 20—50 ℳ wöchentlich, die Regel wären etwa 100 ℳ monatlich.

Meist sind die Directricen frühere Näherinnen oder Plätterinnen, die sich durch besondere Tüchtigkeit heraufgearbeitet haben. Die Nähdirectricen sind zuweilen gleichzeitig Zuschneiderinnen.

Wenn wir die Zuschneider im selben Abschnitt wie die Fabrikbeamten behandeln, so geschieht das, weil sie die Elite der Arbeiterschaft in den Wäschefabriken darstellen.

Sie sind die einzigen männlichen Arbeiter in der Fabrikation mit Ausnahme der Heizer, Waschmeister und der in den Fabriken ohne Gasplätterei noch vorhandenen Bolzenmacher.

Der Grund, dafs ihre Arbeit in der Fabrikation im Gegensatze zur Konfektion durch männliche Kräfte verrichtet wird, ist, dafs es sich hier um ganz andere Quantitäten handelt als dort, dafs zum Durchschneiden von 96 Lagen Stoff eine physische Kraft gehört, welche die Arbeiterin nicht besitzt oder doch nicht stundenlang ausüben kann.

Jene 96 Lagen entsprechen 2 Dutzend Kragen, deren jeder aus zwei Lagen Leinen und zwei Lagen Baumwollstoff besteht. So viel werden in den Fabriken, welche Exportware herstellen, geschnitten, in den Fabriken, die feinere Kragen herstellen, nur 48 Lagen.

Hemdenzuschneider durchschneiden 10, ja bis 15 Dutzend d. h. 240—360 Lagen von allerdings glatterem und leichterem Stoffe.

Die Zuschneidemaschine durchschneidet ebensoviel, nur geht die Arbeit schneller von statten.

Die Zuschneider werden in Zeit- oder Stücklohn bezahlt. In der ersten Zeit der Industrie war allgemein nur Zeitlohn und zwar in Form des Monatsgehalts üblich; nur die gröfste Fabrik bezahlte von vornherein nach Stücksätzen. Diese Form hat sich aber mehr und mehr eingebürgert und erscheint den meisten Fabrikanten vorteilhafter.

Im allgemeinen ist der Verdienst der Zuschneider zufriedenstellend. Ihre Zahl ist eine geringe, in ganz Berlin sind es wenig über 300, und ihre Arbeit ist als Handarbeit, zu der besondere Geschicklichkeit gehört, geschätzt.

Der durchschnittliche Wochenverdienst der in Stücklohn oder Wochenlohn arbeitenden Zuschneider beträgt 25—27 ℳ. Von 14 Zuschneidern, deren Lohnangaben mir vorliegen, hatte den geringsten Verdienst ein Achtzehnjähriger mit 21 ℳ Wochenlohn, den höchsten ein Fünfunddreifsigjähriger mit 30—36 ℳ in Stücklohn. Der Durchschnitt betrug 25,96 ℳ. Von den Jahreseinkommen hatte der letzterwähnte Arbeiter mit 1980 ℳ im Jahre 1894 das höchste; in diesem Jahre mufs er also durchschnittlich 39,60 ℳ wöchentlich verdient haben; das niedrigste hatte ein vierunddreifsigjähriger Arbeiter mit 22,50 ℳ Wochenlohn, der 1894 bei 45 Wochen Beschäftigung 924 ℳ verdient hat, sonst etwa 1000 ℳ zu verdienen angiebt. Von den als durchschnittliche bezeichneten Jahreseinkommen beträgt der Gesamtdurchschnitt 1306,85 ℳ. Die einzelnen Zahlen sind in der folgenden Tabelle zu finden. (Siehe Tab. V am Schlusse des Buches.)

In der gröfsten hiesigen Fabrik verdienten die Zuschneider im Durchschnitte des Jahres 1894 27 ℳ wöchentlich.

Einzelne tüchtige Zuschneider erreichen noch weit höhere Löhne als die angegebenen. So hörte ich einen allerdings herkulisch gebauten Zuschneider erzählen, dafs er Wochenverdienste bis zu 53 ℳ erreiche[1].

Demgegenüber stehen aber Löhne, die von wenigen einzelnen Fabriken, welche nicht ohne Grund als „Schmutzkonkurrenz“ bezeichnet werden, gezahlt werden, in Höhe von 10–15 ℳ wöchentlich! Allerdings an Arbeiter, die, wie sich zeigen wird, eine entsprechend schlechtere Arbeit liefern. Diese niedrigsten Löhne sind Wochenlöhne, die höchsten werden bei Stücklohn erreicht.

Die Stücklöhne sind aber sehr verschieden, je nachdem die Fabrik auf gute Arbeit hält oder nicht. Bei Wochenlohn wird das Dutzend Kragen vom Fabrikanten mit 10 ₰ kalkuliert. Bei Stücklohn wird in guten Fabriken für das Dutzend Klappkragen 9 ₰, für das Dutzend Stehkragen 6—7 ₰ gezahlt.

In jenen anderen Fabriken aber wird für das Dutzend der letzteren Sorte 3 und 4 ₰ gezahlt.

Natürlich ist die Arbeit hier nicht so sorgfältig wie in guten Fabriken. So berichtete jener Zuschneider, dafs er seinen aufserordentlichen Verdienst von 53 ℳ gerade in einer Fabrik gemacht habe, welche sehr schlechte Ware herstelle und das Dutzend mit 3 ₰ bezahle, während er in einer anderen, die dafür 6½ ₰ zahle, nur bis auf 48 ℳ gekommen sei. Aber den wenigsten ist es möglich, durch stärkeres Arbeiten so die Differenz zwischen den Stücklöhnen auszugleichen und in jedem Falle sucht man diesen Erfolg durch schlechtere Arbeit zu erreichen, was aber auch selten völlig gelingt.

Was die Löhne in den früheren Jahren angeht, so liegen hier die vom Statistischen Amte der Stadt Berlin eingezogenen Ermittelungen über die Lohnverhältnisse vor[2]. Obgleich dieselben, was die Wäscheindustrie angeht, aufser von der Ortskrankenkasse, nur von den Fabrikanten erfragt sind, scheinen sie im ganzen doch auf richtigen Angaben zu beruhen. Zum

---

[1] Der beste Zuschneider Berlins soll solche bis zu 70 ℳ erzielen.

[2] Berlin bei P. Stankiewicz.

Vergleiche sind sie jedoch wenig geeignet, da jedesmal eine verschiedene Zahl von Fabriken geantwortet hat.

Die Gesamtdurchschnitte betrugen danach für die Zuschneider

	Durchschn.	Minim.	Maxim.
1887:	24,52 M	12,— M	45,— M
1888:	26,10 „	18,— „	45,— „
1889:	27,16 „	13,50 „	44,— „
1891:	26,81 „	15,— „	45,— „
1894: nach eigener Ermittlung	25,96 „		

Um eine steigende oder sinkende Tendenz zu konstatieren, halte ich, wie gesagt, die Zahlen für zu unzuverlässig. Interessanter ist es, die vorkommenden Minima und Maxima zu betrachten. Ein Fabrikant hat mir folgende Zahlen mitgeteilt, die er aus seinen Büchern ermittelt hat. Danach erhielten die Zuschneider 1887 durchschnittlich 24 M, 1895 durchschnittlich 27 M. Es wäre also eine nicht unbeträchtliche Lohnsteigerung eingetreten.

Die Zunahme der Fabriken, in welchen die Zuschneider in Stücklohn bezahlt werden, und die zweifellos erfolgt ist, läfst sich aus den „Ermittelungen“ ebenfalls nicht genau ersehen. Nach ihnen standen die Zuschneider im Stücklohn: 1887 in 3 von 18, 1891 in 5 von 11 befragten Fabriken, in deren 4 allerdings auch gleichzeitig Zeitlohn gezahlt wurde.

Die Arbeitszeit der Zuschneider ist jetzt oft dieselbe, wie die der übrigen Arbeiter, früher war sie regelmäfsig kürzer. Es wurde mir aber von Arbeiterseite versichert, dafs jetzt in 9 Stunden nicht mehr als früher in 8 geleistet würde. Dafs die Zuschneider länger als die weiblichen Arbeiter beschäftigt würden, kommt nicht vor. Überstunden sind nicht allzu häufig und werden den in Stücklohn Arbeitenden nach dem gleichen Satze, den Wochenlöhnern mit 40—50 ₰ pro Stunde bezahlt. Die Schnelligkeit, mit der gearbeitet wird, ist sehr verschieden, je nach Geschicklichkeit, Lohnform und Qualität der Arbeit.

Wie mafsgebend der letzte Punkt ist, zeigt folgendes Beispiel:

In einer grofsen Fabrik liefert ein im Stücklohn arbeitender Zuschneider von guten Stehkragenzuschnitten 60 Dutzend täglich und verdient damit in der Woche 24 M. In einer anderen Fabrik aber liefert ein mit einem Wochenlohn von 24 M angestellter Zuschneider bei schlechterer Sorte 90 Dutzend Stehkragen täglich.

Die Zuschneider arbeiten unter einem, in gröfseren Fabriken zwei Vorarbeitern. Diese arbeiten hier nicht mit, sondern führen nur die Aufsicht, vergeben die Arbeit, kopieren und entwerfen Muster. In den kleinen Fabriken arbeitet der Vorarbeiter gewöhnlich mit und erhält nur einen etwas höheren Lohn als die übrigen Zuschneider.

Die Arbeit ist, wie schon mehrfach erwähnt, sehr anstrengend und gesundheitsschädlich, wenn, wie es oft geschieht, ein körperlich schwächerer Zuschneider sich mit vornübergebeugter Brust auf die Hand lehnt, um dieser beim Schneiden einen stärkeren Druck zu geben.

Das Lehrlingswesen ist bei den Zuschneidern recht schlecht bestellt. Die älteren Zuschneider sind sämtlich aus anderen Berufen gekommen; es sind namentlich frühere Buchbinder, die in ihrem Handwerke mit dem Messer umzugehen gelernt hatten, aber auch Schneider, Schlosser und andere Handwerker oder Arbeiter. Der Nachwuchs dagegen hat schon in den Fabriken gelernt, in welchen heute ausgedehnte Gelegenheit hierzu sich findet. Die Lehrzeit ist äufserst verschieden, sie schwankt zwischen 4 Wochen und 3 Jahren! Meistens beträgt sie ein Vierteljahr. Ein Lehrgeld ist nicht üblich, bei kürzerer Lehrzeit erhalten auch die Lehrlinge nichts. Wo jedoch eine lange Lehrzeit wie eine solche von 3 Jahren besteht, da erhalten die Lehrlinge von vornherein einen geringen Lohn von etwa 6 ℳ wöchentlich, der im letzten Jahre auf 10 ℳ steigt, die sogenannte „Entschädigung“.

Dafs diese letztere Art eine ungerechtfertigte Ausnutzung der Lehrlingskraft bedeutet, geht daraus hervor, dafs in anderen Fabriken Zuschneider, nachdem sie 1 Jahr gearbeitet haben, schon bis zu 20 ℳ verdienen, ist aber noch augenscheinlicher da, wo den Lehrlingen nicht eine gute und genaue Arbeit gelehrt wird.

Da für einen jungen Menschen die Arbeit viel zu schwer ist, als dafs er sie sehr lange hintereinander ausüben kann, so werden die Lehrlinge nebenbei noch als Laufburschen benutzt. Zu dem aber, was für ihren späteren Beruf nicht immer notwendig ist, doch ihnen in kleinen Fabriken sehr nützlich sein kann, dem Kopieren oder Entwerfen von Mustern, werden sie nicht angehalten.

Fachschulen giebt es zwar in den sogen. Schneiderakademien, wo auch das Wäschezuschneiden gelehrt wird, doch ist das Urteil über dieselben allgemein kein günstiges, und eine gute Fachschule bleibt ein Wunsch der tüchtigen Zuschneider. Denn ebenso schlimm wie die zu langen Lehrzeiten sind die zu kurzen.

Ein Zuschneider, der nur 4 Wochen gelernt hat, kann nur eine schlechte Arbeit leisten. In den Fabriken mit dreijähriger Lehrzeit erhalten die ausgelernten Zuschneider nun nicht etwa sofort den üblichen Lohn, sondern einen weit geringeren, wie 12—15 ℳ. Doch entspricht dieser Lohn ihrer

Leistungsfähigkeit, die oft nicht so grofs ist als von Zuschneidern, welche 1 Jahr gelernt haben.

Im grofsen und ganzen gehören aber die Zuschneider zu den best gestellten Arbeitern, wenigstens, so lange sie sich noch in den besten Mannesjahren befinden. Schwindet ihre körperliche Kraft, so versiegt die Quelle ihres Wohlergehens, und sie müssen ihren Beruf aufgeben.

Die gutgelohnten Zuschneider können ihre Familie ernähren, ohne dafs die Frau mitarbeitet. Wie sich die Verhältnisse im einzelnen gestalten, ist aus der obigen Tabelle ersichtlich. (Siehe Tab. V am Schlusse des Buches.)

Neben den Zuschneidern giebt es in den gröfseren Fabriken auch Zuschneiderinnen, nämlich für solche Artikel, die nicht in so grofsen Mengen geschnitten werden wie Kragen und Manschetten, z. B. Oberhemden. Sie arbeiten nicht mit dem Messer, sondern nur mit der Schere und stehen in Monatsgehalt oder Wochenlohn. Ihr Verdienst erreicht auch nicht annähernd den ihrer männlichen Kollegen. Als Monatsgehalt bekommen sie 50—75 *M*, als Wochenlohn 10—15 *M*. Nach den „Ermittelungen“ betrug der Durchschnittsverdienst der wöchentlich gelohnten 12,14 *M*, der monatlich Gelohnten 73,38 *M* im Monat oder 17,22 *M* in der Woche. Von den Monatsgehältern betrug das höchste 100 *M*, das geringste 36 *M*, von den Wochenlöhnen der geringste 5 *M*, der höchste 30 *M*.

Den männlichen Zuschneider aus seiner eigentlichen Domäne zu verdrängen, wird den weiblichen Arbeitskräften, so lange die Handarbeit sich hält und die Maschinenarbeit so schwer ist wie bisher, nicht gelingen, obgleich eine Fabrik bereits durch Zeitungsannonce weibliche Zuschneider für Messersystem gesucht haben soll.

Eine schwere Gefahr droht den Zuschneidern von einer technischen Verbesserung, der bisher noch nicht genügend praktischen Zuschneidemaschine. Durch eine allgemeinere Einführung der Maschine würde eine grofse Zahl von Arbeitern brotlos werden, da 2 Arbeiter an ihr dasselbe leisten sollen, wie 4 Handzuschneider. Es fragt sich, ob ein Sinken der Produktionskosten für 1 Dutzend Kragen um etwa 3—4 *ℌ*, welches damit einträte, genügen würde, um die Produktion derartig zu steigern, dafs sämtliche früheren Zuschneider an der Maschine Arbeit fänden. Um so mehr wird es eine Aufgabe der Zuschneider sein, in das Lehrlingswesen auch in Bezug auf die Zahl der Anzulernenden einige Ordnung zu bringen.

2. Die Arbeiterinnen. I. Die Arbeitsbedingungen.

Kap. X. 1. Lohn und Arbeitszeit.

Aus der Menge der bis auf die Zuschneider fast ausnahmslos weiblichen Fabrikarbeiter heben sich 2 Gruppen besonders hervor, die Näherinnen und die Plätterinnen. Die übrigen kann man der Einfachheit halber Wochenlohnarbeiterinnen nennen, weil ihnen die Form des Zeitlohns eigentümlich ist, während Näherinnen und Plätterinnen mit wenigen Ausnahmen in Stücklohn stehen.

Bei den Näherinnen werden die Stücklohnsätze gezahlt erstens für Nähen und Vorrichten zusammen, zweitens für Steppen.

Näherin und Vorrichterin sind jetzt meist eine Person; wenn nicht, so arbeiten sie Hand in Hand und teilen sich den Verdienst. Für Nähen und Vorrichten der Kragen betragen die üblichen Sätze für das Dutzend 35—70 ₰, je nach Form und Güte, für das Dutzend Paar Manschetten 50—85 ₰, für das Dutzend Oberhemden 3—5 ℳ. Die Näherinnen stellen im Durchschnitt 3—4 Dutzend Kragen am Tage fertig, wenn sie nähen und vorrichten. Die besser bezahlten Sorten nehmen etwas mehr Zeit in Anspruch, doch auch hier zeigt sich wieder die alte Erfahrung, daſs die bessere Arbeit auch verhältnismäſsig besser bezahlt wird. In e i n e r Fabrik gleicht sich das aber ziemlich aus, indem die Näherin bessere und schlechtere Sorten abwechselnd erhält, wobei allerdings oft Neid bei den vom Zufall oder — vom Werkführer schlechter bedachten Arbeiterinnen gegenüber den begünstigten entsteht. Zwischen verschiedenen Fabriken aber zeigen sich durchgehende Differenzen, je nach dem Niveau des Fabrikats.

Die Stepperinnen erhalten für das Dutzend Kragen, an denen sie die Steppnähte mit der Singermaschine zu fertigen haben, 10—15 ₰.

Wollen wir zu einer Anschauung davon gelangen, wieviel die Näherin in der Woche verdient, so müssen wir zunächst die Arbeitszeit in Betracht ziehen.

Dieselbe beträgt heute in den meisten Fabriken 10 Stunden, in vielen 11, in manchen, meist kleineren, auch 8—9 Stunden. Vor Erlaſs des Arbeiterschutzgesetzes, bezw. der Ausführungsbestimmungen über die Sonntagsruhe, war zwar die normale Arbeitszeit wohl nirgends über 11 Stunden; aber es kamen häufig Überstunden und Sonntagsarbeit vor,[1] sodaſs nach deren Wegfall die Arbeitszeit im ganzen sich verkürzt hat, obwohl solche Fabriken, die früher eine acht- oder neunstündige Ar-

[1] z. B. wurde nach den „Ermittelungen" 1887 in 11 von 18 Fabriken Sonntags, in einer nachts „unregelmäſsig" gearbeitet.

beitszeit hatten, dieselbe jetzt zum Teil verlängert haben.[1] Aber mit der Arbeitszeit in der Fabrik ist das Tagewerk der Näherin noch nicht vollendet. Der Fabrikant benutzt vielmehr seine Fabrikarbeiterinnen gleichzeitig als Hausindustrielle.

Wie ist dies möglich? Wir sahen bereits, dafs ein grofser Teil der Arbeit überhaupt an Heimarbeiterinnen vergeben wird, und dafs das Nähen nur soweit in der Fabrik erfolgt, als es gröfserer Beaufsichtigung bedarf. Aber der Näherin, die in der Fabrik gelernt hat und den Tag über dort in steter Übung ist, kann auch Arbeit zu häuslicher Thätigkeit anvertraut werden. Und es geschieht das in reichlichem Mafse. Alle Näherinnen mit wenigen Ausnahmen nehmen nach Schlufs der Fabrik einen Pack Zuschnitte nach Hause mit. Entweder besitzen sie hier eine eigene Maschine, deren Erwerb ihnen von einer Fabrik dadurch erleichtert wird, dafs sie dem Abzahlungsgeschäft gegenüber Bürgschaft leistet. Oder aber sie können eine eigene Maschine nicht erwerben, weil sie als alleinstehende Mädchen nur zur Schlafstelle wohnen, dann steht ihnen immer noch frei, zu Hause mit der Hand vorzurichten. Auf diese Weise pflegen die meisten noch 2—3 Stunden täglich zu Hause zu arbeiten, nur statt des Sonnabend Abends, der gewöhnlich für Vergnügungen oder Besorgungen freibleibt, 3—4 Stunden am Sonntage zu arbeiten. Fragt man die Fabrikanten, warum sie den Näherinnen Arbeit mitgeben, so hört man, es geschehe auf deren eigenen Wunsch und, um ihnen Gelegenheit zu gröfserem Verdienst zu geben. In der That, sie haben diesen Wunsch, täglich 13—14 Stunden zu arbeiten und auch Sonntags nicht zu ruhen. Aber warum? Weil sie, d. h. die Arbeiterinnen von nur durchschnittlicher Tüchtigkeit, in der Fabrikarbeitszeit von 10 Stunden nicht soviel verdienen können, als zur notdürftigen Lebensfristung erforderlich ist.

Eine Näherin z. B., die 12 ℳ wöchentlich verdient, rechnet davon $^1/_3$, also 4 ℳ auf die häusliche Arbeit. Diejenigen, die, weil sie nicht allein stehen, nicht zu Hause arbeiten, verdienen 9—10 ℳ, gleich tüchtige, die zu Hause weiter arbeiten, 12 bis 14 ℳ.

Sind diese Arbeiterinnen um 7 Uhr aus der Fabrik entlassen, so nehmen sie den Rest dessen, was sie sich morgens haben geben lassen, in einem Bündel nach Hause mit. Der Heimweg und das folgende Abendbrot bilden ihre Erholungspause und dann beginnen sie wieder mit der Arbeit, um tief in der Nacht aufzuhören.

[1] So ist in einer grofsen Fabrik 1892 die Arbeitszeit der Jugendlichen von 9 auf 10, die der Erwachsenen von 10 bezw. $10^1/_2$ auf 11 Stunden erhöht worden.

Am längsten sitzen die Näherinnen am Tage vor der Lohnberechnung an der Arbeit, von dem Wunsche beseelt, den Wochenverdienst nun noch möglichst zu steigern.

Noch in einer anderen Weise wird die Arbeitszeit verlängert, indem in fast allen Fabriken in den Frühstücks- und Vesperpausen durchgearbeitet und nur während der Arbeit etwas gegessen oder getrunken wird. Ja, selbst die Mittagspause, in der viele Arbeiterinnen in der Fabrik bleiben, wird zum Teil der Arbeit gewidmet.

Auf diese Weise wird die Vorschrift des § 137 der Gewerbeordnung umgangen, und die Näherinnen gehen der Wohlthat des Maximalarbeitstages verlustig. Nur die Stepperinnen können nicht Arbeit mit nach Hause nehmen, sofern sie nicht eine Singermaschine besitzen, weil zu ihrer Arbeit kein Vorrichten mit der Hand erforderlich ist. Ganz ausgeschlossen ist es endlich bei den Knopflochmaschinennäherinnen; denn für den Zweck eines aushülfsweisen Gebrauchs ist die Knopflochmaschine zu teuer.

Der durchschnittliche Verdienst der Näherinnen beträgt also etwa 13 ℳ, welcher Betrag auch als Durchschnittslohn der gröſsten Fabrik für 1894 ermittelt wurde.

Die Stepperinnen, die keine Arbeit nach Hause nehmen, verdienen etwa 11—12 ℳ, die Knopflochmaschinennäherinnen dagegen stehen wie in der Hausindustrie im Lohn am höchsten und erhalten im Durchschnitt 15—18 ℳ.

Alle angegebenen Durchschnittsverdienste sind jedoch noch zu hoch, denn es müssen die Ausgaben der Näherinnen für Garn, Nadeln und Maschinenöl davon abgezogen werden.

Es besteht nämlich in allen Fabriken die Einrichtung, daſs die Näherinnen das zur Arbeit notwendige Garn nicht umsonst erhalten, weil dies zu Unterschlagungen oder Verwendung schlechteren Garns den Anlaſs geben könnte, sondern die Arbeiterin muſs das Garn, das sie entnimmt, bezahlen. Meist verkauft es der Fabrikant an eine Directrice oder den Werkführer, und von diesen haben es wieder die Arbeiterinnen zu beziehen. Die wöchentliche Ausgabe einer Näherin für Garn und für Nadeln und Maschinenöl, das sie ebenfalls zu bezahlen hat, beträgt je nach der Güte des Garns und der Menge der Arbeit 60 ₰ bis 1,20 ℳ, im Durchschnitt etwa 1 ℳ. Die Stepperinnen und Knopflochnäherinnen dagegen brauchen für ihre Arbeit sehr viel mehr Garn, also für 2,50 ℳ bis 3 ℳ in der Woche.

Der Bezug des Garns darf nur vom Fabrikanten bezw. von dessen Angestellten erfolgen; hierdurch will der Fabrikant sich dagegen sichern, daſs seine Ware durch ein schlechteres Garn als das von ihm verkaufte entwertet wird. Die Innehaltung dieses Gebots wird denn auch bei Ablieferung der Arbeit streng nachgeprüft, nötigenfalls mit Hülfe der Lupe.

Bei einer solchen Einrichtung ist die Gefahr, dafs sich ein Trucksystem ausbildet, grofs, und in der That hat ein solches in der Wäschefabrikation bestanden.

Im Jahre 1885 wurde dem Reichstage der Entwurf eines Gesetzes betr. Abänderung des Zolltarifgesetzes vom 15. VII. 1879 vorgelegt. Nach dem Entwurf sollte der Zoll auf baumwollene Nähfaden von 70 auf 120 ℳ erhöht werden, um die süddeutsche Garnindustrie vor einem englischen Kartell zu schützen.

Gegen diese geplante Zollerhöhung entstand eine lebhafte Agitation seitens der Wäschenäherinnen, welche zu einer Petition von 6000 Näherinnen an den Reichstag führte.

In der Sitzung vom 23. April 1885, in der zweiten Beratung des Gesetzes, machte sich der Abgeordnete Singer zum Wortführer der Näherinnen und berechnete eine jährliche Mehrausgabe von 6 ℳ für diese als Folge der Erhöhung. In seiner Gegenrede wies der Geh. Ober-Regierungsrat Schraut auf die merkwürdige Thatsache hin, dafs die Initiative zu jener Petition nicht auf die Näherinnen, sondern die Gesellschaft Berliner Wäschefabrikanten zurückzuführen sei.

Gleichzeitig verlas er eine Eingabe, nach der den Näherinnen das Garn unerhört teuer verkauft würde, z. B. Spulgarn, das in jeder Handlung für 22 ℳ zu haben sei, für 37 ℳ. Verarbeite aber die Näherin anderes Garn, so würde sie entlassen.

Noch mehr Aufsehen erregten die Mitteilungen, die hierauf der Abgeordnete Gehlert über das vorkommende „Abrunden" der Garnpreise machte. So werde Chadwickgarn, das in Geschäften mit 30 und 28 ₰ bezahlt wird, den Arbeiterinnen für 35 ₰, also mit 20—25 % Aufschlag verkauft. Noch gröfser seien die Aufschläge, wenn der Verkauf durch Vermittelung der Directrice erfolge; hier kommen solche von 40 bis 80 % vor. Nach dem Buche einer auswärtigen Heimarbeiterin würden diese Rollen statt für 22 ₰ für 45 ₰, also mit 105 % „Abrundung" verkauft. Endlich führte er Beispiele solcher von 113 % und 128 % an.

Auf diese Mitteilungen hin regte der Abgeordnete v. Hertling in der Debatte gesetzlichen Schutz der Näherinnen an. Das nächste Ergebnis war ein Beschlufs des Reichstags vom 14. Mai 1885, wonach der Bundesrat über die Verhältnisse der Arbeiterinnen in der Konfektion und Wäscheindustrie Erhebungen vornehmen sollte, deren Ergebnisse in den Drucksachen des Reichstages von 1887 veröffentlicht sind.

In der Erhebung hat der Berichterstatter für Berlin den gröfsten Nachdruck auf die Untersuchung gelegt, ob ein Trucksystem vorhanden sei. Er hat zu dem Zweck die Bezugspreise für die gebräuchlichsten Garnsorten geprüft und sie mit den von der Directrice und der Näherin bezahlten Preisen verglichen. Die Ergebnisse seiner Untersuchung seien in folgender Tabelle zusammengefaſst.

Bezeichnung des Garns	Einheit	Bezugspreis ℳ	Verkaufspreis an Directrice ℳ	Verkaufspreis an Näherin ℳ
Göggingen 6 fach	Dtz. Rollen	5,04 (1884: 5,87)	5,15; 5,30; 5,33; 5,58	5,16; 5,40 meist 6,—
„ 4 „	„ „	3,60 (1884: 4,20)		4,20
„ Knopflochgarn	20 Knäulch.	1,10 (1884: 1,29)		1,30
„ „	1 „	0,90		1,10
Chadwick	1 Rolle	0,29		0,40
Strutt	1000 Yards	28,70	29,—	32,—
Tambour	1 Lage	0,16		0,20
Clark	Dtz. Rollen	3,65		3,80
Brooks	„ „	3,12		3,75
Coats	1 Rolle	0,54	0,58	0,60 früher 0,65
Zwirn	„ „	0,29	0,30	0,30

Die angeführten Zahlen führen eine beredte Sprache. Der Aufschlag, mit dem Fabrikant und Directrice das Garn verkauften, war bei einzelnen Sorten (vergl. Chadwick, Strutt, Göggingen) ein auſserordentlich groſser. Leider hat der Berichterstatter nicht auch die ortsüblichen Preise für die betreffenden Garne angegeben, zum Teil wohl darum, weil nicht alle Garne in Berlin im Detailverkauf vertrieben werden. Doch werden verschiedene der von den Näherinnen gezahlten Preise sicherlich die Detailpreise überstiegen haben, da der Detaillist auf einen Artikel wie Garn nur wenig aufschlägt, ja, wie der Berichterstatter mit Recht hervorhebt, einzelne kleine Posamentiere, um Kunden anzulocken, das Garn unter den Selbstkosten verkaufen.

In dem Berichte wird bereits konstatiert, daſs die Verhältnisse bei Anstellung der Untersuchung eine Besserung erfahren hatten, nachdem durch die Reichstagsverhandlungen und die durch sie veranlaſsten Arbeiterinnenversammlungen die öffentliche Aufmerksamkeit auf jene unwürdige Profitmacherei hingelenkt war.

Aber ganz ausgerottet worden ist das Übel nicht. Noch vor 4 Jahren wurde in einer sehr groſsen Fabrik auf die Forderung der Näherinnen der Garnpreis von 53 ₰ auf 50 ₰ ermäſsigt. Wie heute die Verhältnisse liegen, ist schwer festzustellen. Fragt man die Näherinnen, ob sie das aus der Fabrik bezogene Garn anderswo billiger erhalten können, so antworten sie meist mit „ja". Forscht man aber näher nach, so meinen sie meist nicht dieselbe Garnsorte, sondern eine andere, deren Qualität sie für ebenso gut halten.

Aufserdem mufs man allerdings in Rechnung ziehen, dafs heute nicht nur kleine Posamentiere, sondern auch sehr grofse Bazare Garn unter den Selbstkosten verkaufen, um Kunden anzulocken. Unter diesen Umständen wird man aus den Angaben der Arbeiterinnen, dafs sie Garn, welches sie in der Fabrik mit 40 und 50 ₰ bezahlen, anderweit für 30—35 ₰ erhalten könnten, nicht ohne weiteres auf ein Trucksystem schliefsen dürfen, umsoweniger, als mir auch einsichtige Näherinnen bestätigt haben, das in der Fabrik bezogene Garn sei besser. Dagegen scheint es mir unzweifelhaft, dafs in der grofsen Mehrzahl der Fälle, d. h. überall da, wo Directrice oder Werkführer den Verkauf auf eigene Rechnung zugewiesen erhalten, das Garn nicht zum Selbstkostenpreise des Fabrikanten, sondern mit einem kleinen Aufschlag, der den Verausgabern zu gute kommt, abgegeben wird. Dem entspricht auch die Auskunft, welche mir seitens der Königlichen Gewerbeinspektion erteilt worden ist, die auch neuerdings die Frage untersucht hat. Demnach soll ein Übersteigen der ortsüblichen Preise nicht mehr vorkommen und in manchen Fabriken bereits zum Selbstkostenpreise verkauft werden. Eine Übertretung des § 115 der Gewerbeordnung wäre demnach nicht mehr in Übung, immerhin wäre es wünschenswert, wenn alle Fabriken sich zum Princip machten, das Garn an die Arbeiterinnen direkt und zum Selbstkostenpreise zu verkaufen.

Einmal würde dadurch der ständige Verdacht der Arbeiterinnen beseitigt, dafs sie übervorteilt würden, und dann könnten solche Fälle nicht vorkommen wie der mir berichtete, in dem die Directrice die Arbeiterinnen mit sanftem Drucke zwang, ihr mehr Garn abzunehmen, als sie zu ihrer Arbeit brauchten.

In der That hat es keinen Sinn, der Directrice eine Tantieme zu gewähren von einer Thätigkeit, welche für die Produktion an und für sich von gar keinem Werte ist. Um eine schärfere Kontrolle der abgelieferten Arbeit bezüglich des verwendeten Garns zu erzielen, würden auch andere Mittel ausreichen.

Auf die Frage nach der Bewegung der Näherinnenlöhne in den letzten Jahren geben die Ermittelungen der Gewerbedeputation folgende Antwort. Es betrugen die Löhne in ℳ:

	Durchschn.	Maxim.	Minim.
1887	13,77	26,82	3,45
1888	12,57	27,62	4,58
1889	11,84	35	5
1891	11,75	32	5,45

Es ergiebt sich aus dieser Aufstellung ein nicht geringes Fallen der Löhne in den bezeichneten Jahren, eine Thatsache, welche mir durch Angaben von Näherinnen bestätigt wurde. Nicht nur durch Herabsetzen der Stücklöhne ist es verursacht — wenn z. B. für Stehkragen derselben Qualität 1893: 65 ₰ und 1895: 50 ₰ bezahlt wurden —, sondern auch dadurch, dafs im Laufe der Jahre die Fabrikation in geringeren Qualitäten zugenommen hat.

Demgegenüber kann die Angabe eines Fabrikanten, dafs seine Näherinnen 1887 durchschnittlich 13—15 ℳ, 1895 aber 14—17 ℳ erhielten, weil zu ungenau, nicht schwer ins Gewicht fallen.

Einfacher ist der Verdienst der Plätterinnen zu entwickeln. Denn es fallen bei diesen die notwendigen Auslagen fort, bis auf das in einzelnen Fabriken übliche Bolzengeld, und ihre Arbeit ist im wesentlichen auf die Fabrik und damit auch auf deren Arbeitszeit beschränkt. Nur eine Nebenarbeit kann auch zu Hause verrichtet werden: das zur Vorbereitung für das Bügeln notwendige Zupfen der durch die Stärk- und Wringmaschine stark zerknitterten Wäsche. Dies nimmt jedoch höchstens eine Stunde in Anspruch, und es ist auch bei den Plätterinnen lange nicht in dem Mafse üblich, Arbeit nach Hause zu nehmen als bei den Näherinnen.

Dagegen herrscht die teils freiwillige teils unfreiwillige Verkürzung der Pausen in den Plättsälen ebenso wie in den Nähsälen. Und von einer der gröfsten Fabriken, in der die Arbeitszeit von 7—7 Uhr mit einer Stunde Mittagspause dauert, wurde mir berichtet, dafs dort viele Plätterinnen bereits um 6 Uhr morgens erscheinen, die Fabrik offen, die Gashähne geöffnet und alles zur Arbeit bereit finden.

Die reguläre Arbeitszeit ist für die Plätterinnen dieselbe wie für die Näherinnen, und es sei daher bezüglich ihrer Dauer auf das schon Gesagte verwiesen.

Nur auf eine Frage sei die Aufmerksamkeit hingelenkt, die bei Betrachtung der Arbeitszeit der Näherinnen nicht untersucht werden konnte. Ist da, wo eine Verkürzung der Arbeitszeit eingetreten ist, auch eine entsprechende Minderung der Arbeitsleistung erfolgt? Eine Verkürzung der Arbeitszeit ist, wie schon erwähnt, nach Erlafs des Arbeiterschutzgesetzes nur zum Teil eingetreten, und hat sich meist auf den Wegfall von Überstunden und eine kürzere Arbeitszeit am Sonnabend beschränkt.

Die meisten Arbeiterinnen sind der Ansicht, dafs ihr Verdienst trotzdem n i c h t geringer geworden ist, weil sie die Abkürzung der Zeit durch schnelleres Arbeiten wieder gut machen. Dagegen klagen viele Fabrikanten über eine, wenn auch kleine Verringerung der Leistung. Diese Klagen sind allerdings tendenziös, sie ergehen um eines ganz bestimmten Zweckes willen, von dem noch zu sprechen sein wird.

Eine Plättdirectrice einer sehr grofsen Fabrik versicherte mir, dafs jetzt bei der kürzeren Arbeitszeit die Plätterinnen schneller als früher arbeiten und so durchschnittlich dasselbe verdienen, und diese Erfahrung wurde durch eine zweite Directrice bestätigt. Diese Bekundungen waren um so wertvoller, als sie in Gegenwart des Prokuristen der Firma erfolgten, welcher das Gegenteil behauptete. Nach den Lohnlisten derselben Fabrik wurden von den Plätterinnen am Sonnabend bei 1½ Stunden weniger Arbeitszeit im Durchschnitt nur 20 ₰ weniger verdient als an den anderen Wochentagen; der Verdienst von 20 ₰ entspricht aber etwa einer Arbeitsstunde, so dafs schon am Sonnabend selbst die Leistung einer halben Stunde eingeholt wird. Um so wahrscheinlicher ist es, dafs an den fünf anderen Tagen zusammen die noch fehlende Stunde nachgeholt wird.

Der Verdienst der Plätterinnen ist im Durchschnitte etwas höher als der der Näherinnen. Die Stücklohnsätze sind ähnliche, da, um ein Dutzend Kragen zu plätten, nicht viel weniger Zeit erforderlich ist, als um es zu nähen. Sie betragen für die wichtigsten Artikel pro Dutzend:

Stehkragen	20—40 ₰	durchschn.	30 ₰
Umlegekragen	20—50 „	„	35 „
Manschetten	35—90 „	„	50 „
Serviteurs	40—70 „	„	60 „

Die Lohnsätze schwanken wieder je nach der Qualität des Fabrikats. Die Tagesleistung der tüchtigen Plätterin beträgt bei Stehkragen 8—10 Dutzend, Umlegekragen 6—8 Dutzend, bei Manschetten 5—8 Dutzend, die der weniger geübten 3—5 Dutzend Umlegekragen, 4—7 Dutzend Stehkragen etc. Danach ist der Verdienst in hohem Grade von Übung und Geschicklichkeit abhängig.

Von 38 Plätterinnen aus 15 Fabriken, die meine Umfrage beantwortet haben, wurde im Durchschnitt 12,12 ℳ wöchentlich verdient, die vorkommenden Mindestverdienste betrugen 6—8 ℳ, die Höchstverdienste 18 ℳ.

In der gröfsten Fabrik verdienten im Jahre 1894 die jüngeren Plätterinnen im Durchschnitt 12 ℳ, die älteren 15 bis 17 ℳ.

In einer kleineren Fabrik betrug der Wochendurchschnitt nach den Lohnlisten des Jahres 1894: 13—14 ℳ und schwankte zwischen 11 und 20 ℳ. Es kommen einzelne sehr hohe Wochenverdienste vor, z. B. von 25 ℳ, doch bilden diese selbst bei sehr tüchtigen Arbeiterinnen die Ausnahme und der Jahresdurchschnitt beträgt auch bei ihnen höchstens 20 ℳ.

Da die Plätterinnen nicht an Arbeitslosigkeit leiden, so läfst sich aus den angegebenen Wochenverdiensten das normale

Jahreseinkommen leicht berechnen. Die befragten Plätterinnen geben dasselbe meist auf 5—600 ℳ, auch 700 ℳ an.

Ein Bild davon, wie schwankend der Verdienst ist, je nach der Qualität der zu bügelnden Artikel, aber auch je nachdem die Plätterinnen zur Arbeit aufgelegt sind, konnte ich mir durch Einsicht der Lohnbücher einer älteren und sehr geübten Plätterin aus den Jahren 1885 und 1886 verschaffen. Bei den im folgenden angegebenen Wochen- und Jahresverdiensten ist Krankenkassenbeitrag und Bolzengeld von zusammen 30 ₰ wöchentlich in Abzug gebracht.

Die Plätterin verdiente im Jahre 1885 an 260 Arbeitstagen 720,64 ℳ, d. h. im Wochendurchschnitt des Jahres 13,96 ℳ; 1886 an nur 192 Arbeitstagen 612,50 ℳ, d. h. im Wochendurchschnitt des ganzen Jahres 11,78 ℳ. 1885 verdiente sie an einem Arbeitstage durchschnittlich 2,77 ℳ, 1886 in derselben Fabrik bei gleichen Löhnen 3,18 ℳ. 1885 stieg der Verdienst in nur 3 Wochen über 20 ℳ, das Maximum betrug 25,83 ℳ, 1886 überschritt er 20 ℳ in 6 Wochen und erreichte das Maximum mit 23,81 ℳ. Der geringste Verdienst einer Woche mit voller Arbeit betrug 1885: 11,87 ℳ, 1886: 12,42 ℳ.

In der Woche mit 25,83 ℳ Verdienst wurde auch Sonntags gearbeitet. Der höchste Tagesverdienst betrug 4,49 ℳ, und es wurden an diesem Tage geplättet: 7 Dutzend Kragen zu 35 ₰, 5 zu 30 und eines zu 27 ₰, zusammen also 14 Dutzend. Der geringste Tagesverdienst in dieser Woche, abgesehen vom Sonntag, betrug 3,40 ℳ und es wurden an diesem Tage 17 Dutzend zu 27 ₰ fertiggestellt, die höchste Tagesleistung der Woche. Aus diesem Beispiel geht zur Evidenz hervor, dafs auch hier die schlechte Qualität nicht nur absolut, sondern auch relativ schlechter bezahlt wird, als die bessere.

Dieselbe Plätterin giebt ihren Durchschnittsverdienst im Jahre 1894 auf 15 ℳ und schwankend zwischen 10 und 18 ℳ an.

Die Anfängerinnen verdienen in den ersten Jahren nach der Lehrzeit etwa 6—8 ℳ und kommen erst nach längerer Übung auf 12—15 ℳ.

In einer grofsen Fabrik ist, um die Wirkung des Stücklohnsystems noch zu steigern, ein Prämiensystem eingeführt worden. Die Plätterin, welche 15 ℳ verdient, erhält noch 75 ₰ darüber, und die Prämie steigt bis 3 ℳ bei 25 ℳ Verdienst. Dort sollen die geübten Plätterinnen durchschnittlich 19 ℳ verdienen, solche, die 10 Jahre in der Fabrik sind, 20—21 ℳ.

Dafs Plätterinnen in Zeitlohn stünden, kommt überaus selten vor.

Angaben über die Durchschnittshöhe aus früheren Jahren finden sich in den Lohnermittelungen der städtischen Gewerbedeputation.

Danach betrugen die Durchschnittslöhne der Plätterinnen:

	Durchschn.	Maxim.	Minim.
1885:	13,10 M	—	—
1886:	12,50 „	—	—
1887:	12,67 „	27,— M	6,83 M
1888:	12,25 „	27,— „	5,— „
1889:	12,94 „	32,40 „	5,— „
1891:	13,77 „	27,— „	5,50 „

Im ganzen scheinen die Löhne sich ziemlich gleichgeblieben zu sein. Das stimmt auch mit den Angaben älterer Arbeiterinnen überein, wonach in den letzten 20 Jahren die Stücklöhne fast gleichgeblieben seien, und der Verdienst sich nur insofern verschlechtert habe, als jetzt die Kragen durchschnittlich aus mehr Lagen beständen und daher schwerer zu plätten seien, und früher zeitweise mehr von gut bezahlter Damenwäsche gearbeitet worden sei als jetzt. Dagegen ist eine kleine Aufbesserung in den meisten Fabriken eingetreten, infolge einer Lohnbewegung, die im Anschlufs an die Maifeier des Jahres 1890 stattgefunden und einen Lohnaufschlag von 2 % erzielt hatte. Vielfach ist allerdings dieser Vorteil seitdem wieder rückgängig gemacht worden. In einer gröfseren Fabrik betrug nach Angabe des Besitzers der Durchschnittslohn der Plätterinnen 1887: 14—16, 1895: 15—18 M, doch erscheint diese Angabe ebenso ungenau wie die entsprechende für die Näherinnen (S. 84). Zu erwähnen ist noch, welche Bewandtnis es mit dem Bolzengelde hat. In manchen Fabriken, wo noch das alte System der Bolzenplätterei herrscht, erleichtert sich der Fabrikant die Löhnung des für die Bedienung des Herdes notwendigen Arbeiters, des Bolzenmannes oder der Bolzenfrau, indem er seinen Plätterinnen eine wöchentliche Abgabe von 10 ₰ an ihn vorschreibt. Doch kommt das heute nicht mehr allzu häufig vor.

Wir haben nunmehr die Löhne jener dritten Gruppe von Arbeiterinnen zu untersuchen, die wir kurz als Wochenlohnarbeiterinnen bezeichnet haben. Es gehören dahin die Stärkerinnen, Wäscherinnen, Stemplerinnen, Kleberinnen, Kartonniererinnen. Sie verrichten meist leicht zu erlernende Arbeiten, und es werden daher besonders viele jugendliche Arbeiterinnen eingestellt, die später meist etwas anderes erlernen. Dieser Umstand wirkt ungünstig auf den Lohn, der denn auch meist ein niedriger ist. Besonders ist das bei den Stemplerinnen der Fall, die als jugendliche Arbeiterinnen 3,50 bis 5 M wöchentlich erhalten. Stärkerinnen und Wäscherinnen erhalten 12—13 M, jugendliche 7—10 M, langjährige Arbeiterinnen 15 M.

In der gröfsten Fabrik beträgt der Durchschnittslohn der Wochenlohnarbeiterinnen 12 ℳ. Im allgemeinen wird er eher niedriger als höher sein.

In den kleinen Fabriken, wo eine Kontrolle durch die Aufsichtsbeamten seltener zu erwarten ist, wird die Arbeitszeit der Wäscherinnen und Stärkerinnen oft über das gesetzliche Mafs ausgedehnt. Da von ihrer Arbeit abhängig ist, wieviel geplättet werden kann, so waltet das Bestreben ob, sie noch abends möglichst für den anderen Tag vorarbeiten zu lassen.

In einer solchen Fabrik mufsten diese Arbeiterinnen von 7 Uhr morgens bis 9 und 10 Uhr abends arbeiten, bis eine von ihnen diese Gesetzesübertretung anzeigte. Dabei wurden die Überstunden nicht besonders bezahlt, sondern höchstens aus Gnade wöchentlich 50 ₰ für solche bewilligt.

Besser stehen sich die Bolzenmacherinnen und, wo solche noch vorhanden sind, die Bolzenmänner. Erstere bekommen 12—13 ℳ und die erwähnte Abgabe der Plätterinnen, letztere 18—20 ℳ. Etwa ebenso wie sie, werden die in den grofsen Fabriken mit Dampfwaschmaschinen angestellten Waschmeister bezahlt. Fast alle diese Arbeiterinnen und Arbeiter erhalten auch in vereinzelten Fällen Stücklohn, mit Hülfe dessen sie einen höheren Verdienst erzielen.

Die Ermittelungen der Gewerbedeputation geben an als Löhne der

	1885	1886	1887	1888
Wäscherinnen	11,75	10,50	12,60	11,70
„ in Stücklohn	16,00	12,15	(14,50)	13,65
Stärkerinnen	12,25	11,00	12,00	11,70
„ in Stücklohn	—	12,00	11,00	(11,50)
Stemplerinnen	10,75	11,75	11,75	11,40
„ in Stücklohn	—	12,00	11,00	10,00
Bolzenmacherinnen	12,50	—	15,85	(12,50)
„ in Stücklohn	—	—	—	(13,50)
Bolzenmänner	18,50	12,50	20,70	20,20
„ in Stücklohn	—	—	—	22,00
Jugendl. Arbeiterinnen	6,10	5,95	5,40	5,75
„ in Stücklohn	7,35	5,25	8,35	6,40

Was die Dauer der Beschäftigung angeht, so ist diese bei den meisten Arbeiterinnen fast ununterbrochen. Besonders die Plätterinnen werden das ganze Jahr hindurch beschäftigt, da fast stets Mangel an solchen herrscht. Kommt eine stille Zeit, so wird lieber die Arbeitszeit verkürzt, als dafs Entlassungen vorgenommen werden. Dagegen reisen manche Plätterinnen, die meist vom Lande kommen, in den stillen Sommermonaten auf eine oder mehrere Wochen nach Hause. Im ganzen spielt die Saison in der Fabrikation eine geringere

Rolle als in der Konfektion. Das Verbot der Sonntagsarbeit wird dazu beitragen, daſs die Ausführung sich besonders häufender Aufträge auf längere Zeit verteilt wird.

Zum Schlusse sei noch erwähnt, daſs Löhnungstag meist der Sonnabend ist, oft auch der Freitag. Bei den Stücklohnarbeiterinnen erfolgt die Verrechnung bereits am Schlusse des vorhergehenden Tages.

Fast durchgängig sind die Arbeiterinnen auf vierzehntägige Kündigung gestellt.

Kap. XI. 2. Arbeitsordnung; Schlieſsung des Arbeitsvertrags; Arbeitsnachweis.

Nach § 134a der Gewerbeordnung ist für jede Fabrik von mindesten 20 Arbeitern eine Arbeitsordnung zu erlassen. Vor Erlaſs derselben soll den Arbeitern Gelegenheit gegeben werden, sich darüber zu äuſsern.

Beide Verpflichtungen sind wie im allgemeinen so auch von den Wäschefabrikanten recht formalistisch aufgefaſst worden. Die noch zu besprechende Vereinigung der Wäschefabrikanten hatte es sich nach Erlaſs der Gewerbenovelle vom 1. Juni 1891 zur Aufgabe gemacht, eine Musterarbeitsordnung auszuarbeiten, welche, soweit dies in den gesetzlichen Grenzen möglich war, das Interesse der Arbeitgeber wahrnehmen sollte. Daher sind die Arbeitsordnungen der meisten Fabriken nach einem Schema aufgestellt, halten sich mit Knappheit an die gesetzlichen Erfordernisse und kennen im übrigen nur Pflichten der Arbeiter. Von einer lebendigen Mitwirkung der Arbeiter bei der Abfassung ist wohl kaum irgendwo die Rede gewesen. Die Arbeitsordnung hängt in der Fabrik aus, aber „man richtet sich nicht danach,“ sagte mir ein Fabrikant. Die festgesetzte Arbeitszeit wird freilich dank der guten gewerbepolizeilichen Kontrolle selten überschritten, daſs aber die Frühstücks- und Vesperpausen meist nur formell eingehalten werden, wurde schon berichtet.

Dafür werden andere Bestimmungen der Ordnung zu Gunsten der Arbeiter lässiger gehandhabt. In vielen, besonders kleineren Fabriken wird nicht streng darauf gehalten, daſs die Arbeiter pünktlich erscheinen, und namentlich bei verheirateten Arbeiterinnen wird, wenn sie zu spät kommen, oft ein Auge zugedrückt. In den gröſseren Fabriken pflegt umgekehrt mit groſser Strenge auf Pünktlichkeit geachtet zu werden, und auf das geringste Zuspätkommen sind Strafgelder von 10—20 ₰ gesetzt. In einem aus Arbeiterkreisen stammenden Aufsatze[1]

[1] In der „Gleichheit“ vom 30. Mai 1894.

wird beklagt, dafs sich hieraus ein förmliches System gebildet habe, dafs für 30 ₰ wöchentlich die Arbeiterinnen sich das Recht erkaufen könnten, täglich 5—10 Minuten zu spät kommen zu dürfen. Die Richtigkeit dieser Behauptung habe ich nicht nachprüfen können.

Auch wegen anderer Übertretungen der Arbeitsordnung sind Strafgelder üblich, z. B. wegen Sprechens während der Arbeit, das auch im Interesse der Gesundheit mit Recht verboten ist.

Doch soll an diesen Mitteln der Fabrikdisciplin hier keine Kritik geübt werden; scharf zu bekämpfen ist nur die Art, wie sie zum Teil gehandhabt werden.

Die Beaufsichtigung der Arbeit liegt bei den Directricen und in oberster Instanz bei dem Werkführer, der oft auch die Arbeit vergiebt. War es schon bemerkt, dafs die Directricen ihre Macht recht willkürlich ausüben, so ist das doch viel gefährlicher bei dem männlichen Werkführer.

Die von ihm begünstigten Arbeiterinnen sind es oft nicht wegen ihrer Leistungen, sondern weil sie seine Gunst erkauft haben — durch Schlimmeres als Geld und gute Worte. Auch der Ton, in welchem es dem Werkführer beliebt, mit den Arbeiterinnen zu sprechen, soll häufig zu wünschen übrig lassen. Es ist nicht schön, wenn in einer grofsen Fabrik die Arbeiterinnen nach Nummern gerufen werden, sicherlich ist es aber unnötig, dafs in derselben Fabrik der Werkführer die Arbeiterinnen mit „Ihr“ anredet.

Es kommen schlimmere Willkürakte vor. Bemerkt z. B. ein sehr gefürchteter Werkführer, dafs eine Plätterin spricht, so dreht er, auch wenn es noch Vormittag ist, den zu ihrem Plätteisen gehörigen Gashahn zu, läfst sie nach Hause gehen und beraubt sie so ihres Tagesverdienstes.

Auch in anderer Beziehung ist für die Arbeiterinnen nicht überall gut gesorgt. Die Plätterinnen müssen der grofsen Hitze halber in leichter Kleidung arbeiten und sich daher vor und nach der Arbeit umkleiden. Meist sind auch besondere Ankleideräume vorhanden, und doch wurde mir von einer grofsen Fabrik berichtet, wo solche fehlen, und wo mit nicht mifszuverstehender Regelmäfsigkeit der Werkführer durch die Arbeitssäle geht, während die Arbeiterinnen sich umziehen.

Gegen solche Übergriffe giebt es nach der Arbeitsordnung den Beschwerdeweg. Aber es liegt auf der Hand, dafs die Arbeiterinnen nur in den seltensten Fällen von ihm Gebrauch machen; denn dringen sie mit ihrer Beschwerde bei dem Prinzipal durch, so sind sie nunmehr der Mifsgunst des zur Anzeige gebrachten Fabrikbeamten ausgesetzt, dringen sie nicht durch, so verlieren sie ihre Stelle.

Nach dem Gesagten wird der Wunsch nicht unbillig erscheinen, dafs in den Sälen mit weiblichen Arbeiterinnen auch nur weibliche Werkführer angestellt werden. Mag in anderen Industrien männliche Aufsicht unentbehrlich sein, in der Wäscheindustrie ist sie es offenbar nicht, das beweist nicht nur die grofse Zahl der Directricen, sondern auch das Beispiel einzelner Fabriken, die ohne Werkführer unter oberster Leitung einer Directrice arbeiten.

Mit Erfüllung dieser Forderung wäre das Uebel natürlich nicht ganz gehoben, sind die Directricen doch vielleicht launischer als ihre männlichen Kollegen, aber die schlimmste Art des Mifsbrauchs der Disciplin wäre beseitigt.

Das Mittel, mit welchem die Gewerbenovelle einen Weg für die Beschwerden der Fabrikarbeiter und zugleich ein Organ der Verständigung zwischen Arbeitern und Arbeitgeber schaffen wollte, die Begründung von Arbeiterausschüssen, ist, soviel mir bekannt geworden, nur von zwei, und zwar den beiden gröfsten Fabriken angewandt worden.

In der einen ist der Ausschufs bereits wieder abgeschafft, der der anderen ist seit seiner Begründung im Frühjahr 1892 lebenskräftig geblieben.

Satzungsgemäfser Zweck desselben ist: Vertretung der Interessen der Arbeiter, Unterstützung der Fabrikleitung, Begutachtung der erlassenen bezw. zu erlassenden Haus- und Strafordnungen, Ueberwachung bestehender sowie Beratung neuer Einrichtungen und Schlichtung von Streitigkeiten aller Art.

Der Ausschufs besteht aus 11 von den verschiedenen Abteilungen jährlich mittels Stimmzettels gewählten Vertretern (4 aus der Plätterei, 4 aus der Näherei, 1 aus der Stärkerei und 2 aus den männlichen Arbeitern). Wählbar sind solche Arbeiterinnen und Arbeiter, die grofsjährig und 3 Jahre in der Fabrik beschäftigt sind. Der Vorsitzende wird vom Ausschufs selbst gewählt.

Er ladet die Mitglieder zu den Sitzungen, setzt die Tagesordnung fest und leitet die Verhandlungen. Von der Sitzung und deren Tagesordnung mufs die Firma benachrichtigt werden und ist durch ihren Prokuristen in der Sitzung vertreten.

Auf Verlangen der Firma mufs der Vorsitzende den Ausschufs berufen. Die Firma kann beliebige Anträge stellen und diese müssen auf die Tagesordnung der nächsten Sitzung gesetzt werden. Eine Beschlufsfassung über von den Mitgliedern selbst in den Sitzungen gestellte Anträge ist zulässig nur, wenn die Firma und der Vorsitzende keinen Widerspruch erheben. Der Ausschufs kann zur Erledigung bestimmter Fragen Subkommissionen bilden.

Wie oft die Sitzungen stattfinden sollen, ist in den Satzungen nicht bestimmt. Herkömmlicher Weise findet allmonatlich eine solche statt. Den Hauptgegenstand der Thätigkeit bildet die Beilegung von Streitigkeiten unter den Arbeitern.

Doch kommen auch Mifsstände in der Fabrik in ihm zur Sprache, die dann meist von der Fabrikleitung beseitigt werden. Er hat bei Abfassung der Arbeitsordnung und gemäfs deren § 10 bei der Festsetzung der Geldstrafen für Fälle von Übertretung derselben mitgewirkt. Eine Subkommission überwacht die von der Fabrik eingerichtete Kantine.

Nach der Auskunft des Prokuristen der Firma bewährt sich der Ausschufs vorzüglich. Er bilde das einfachste Mittel, um Mifsverständnisse der Arbeiter zu zerstreuen, und um ihnen die mangelnde Berechtigung undurchführbarer Forderungen klar zu machen. Auch von Arbeiterseite schätzt man ihn. Seine Mitglieder sind gröfstenteils Fachvereinsmitglieder und vertreten daher energisch die Wünsche der Arbeiter, ohne dafs es bisher zu einem Konflikt mit der Fabrikleitung gekommen wäre.

Allerdings mangelt den Arbeiterinnen zum Teil das Verständnis für die Aufgabe des Ausschusses.

Ich habe eine Arbeiterin dieser Fabrik gesprochen, der nicht einmal die Existenz des Ausschusses bekannt war, eine andere, die von seiner Wirksamkeit und der Möglichkeit, Beschwerden an ihn zu richten, nichts wufste, und eine dritte, welche offen ihr Mifstrauen gegen den Ausschufs kundgab, weil seine Mitglieder sich von der Firma zu allem bereden liefsen, was diese wolle. Mag dies Mifstrauen auch nicht berechtigt, mag jene Unkenntnis auch nur vereinzelt sein, ein gutes Zeichen für ein wirkliches Sicheinleben der Organisation sind beide nicht. Trotzdem mufs die Einrichtung als ein erfreulicher Schritt bezeichnet werden, dessen Wirkungen vielleicht noch unscheinbar, aber doch von Tragweite für die Zukunft sind.

Der Bedarf von Arbeitskräften wird vom Fabrikanten in der Hauptsache und am liebsten durch die in der eigenen Fabrik angelernten gedeckt. Reichen sie nicht aus, und dieser Fall kann auch, ohne dafs die Produktion vergröfsert werden soll, leicht eintreten, indem der Abgang von Arbeiterinnen in der Regel durch Heirat oder andere Gründe ein starker ist, so werden neue Arbeiterinnen meist durch die Zeitung gesucht. Es besteht auch ein von den Arbeiterfachvereinen unterhaltener Arbeitsnachweis, von dem noch zu sprechen ist, der sich aber nicht der ausgiebigsten Benutzung erfreut.

Von der Organisation der Fabrikanten streng und wirksam bekämpft wird der Kontraktbruch. Jeder Arbeiter mufs ein Buch führen und wird von den der Organisation angehörigen Fakrikanten nicht angenommen ohne die Bescheinigung des letzten Arbeitgebers, dafs er ordnungsgemäfs entlassen sei.

Kap. XII. 3. Jugendliche Arbeiterinnen und Lehrlingswesen.

Die Zahl der in den Wäschefabriken beschäftigten jugendlichen Arbeiterinnen hat in den ersten Jahrzehnten der Industrie stark zugenommen, scheint aber seit der Gewerbenovelle des Jahres 1891 wieder in beträchtlichem Rückgange begriffen zu sein. Aus der ersten Zeit liegen mir Zahlen nur vor aus den Jahren 1874 und 1880, aus den letzten Jahren nur von 1893 und 1894. Danach betrugen die Zahlen

	männlich	weiblich	zusammen
1874:	4	60	64
1880:	—	—	78
1893:	8	263	271
1894:	10	218	228.

Im Alter von 13—14 Jahren befanden sich 1874 nur 2, seit 1875 gar keine Arbeiterinnen, es handelt sich also hier nur um solche von 14—16 Jahren.

Danach hat die Zahl der jugendlichen Arbeiterinnen von 1874 bis 1893 um 338, 30 % zugenommen, während die Zahl der erwachsenen weiblichen Arbeiterinnen im gleichen Zeitraum nur um 276, 1 % wuchs. Von 1893 bis 1894 dagegen fiel die Zahl der jugendlichen Arbeiterinnen um 20, 7 %, während die Zahl der erwachsenen erheblich stieg. Letztere Erscheinung ist gewifs nicht zufällig, sondern eine Wirkung der gesetzlichen Bestimmungen und deren scharfer Überwachung durch die Polizei. Besonders die kleineren Fabriken halten lieber gar keine jugendlichen Arbeiterinnen mehr, als dafs sie sich öfteren Besuchen der Polizeibeamten aussetzen, die sie als lästig empfinden.

Diese Entwickelung ist gewifs nicht zu beklagen. Wo jugendliche Arbeiterinnen noch beschäftigt werden, da wird denn auch streng auf Innehaltung der gesetzlichen Vorschriften geachtet; sie werden während der Frühstücks- und Vesperpausen nicht in den Arbeitsräumen geduldet, sodafs für sie diese Pausen noch Ruhepausen sind. Nicht alle Lehrmädchen gehören zu den jugendlichen Arbeiterinnen, in der Plätterei wohl die wenigsten, da hier gröfsere Körperkraft erforderlich ist.

Das Lehrlingswesen ist nicht ganz einheitlich geordnet. Am besten steht es in den Fabriken, welche die beste Ware herstellen, denn ihnen liegt am meisten an sorgfältiger Ausbildung der Lehrlinge. Gar keine Lehrzeit ist erforderlich für die Arbeit der Stärkerinnen, Kleberinnen und Stemplerinnen. Als solche werden daher meist jugendliche Arbeiterinnen angestellt, die später Nähen oder Plätten lernen.

Für die Näherei und insbesondere die Plätterei werden dagegen von den meisten Fabriken ständig Lehrmädchen gesucht. Es sind entweder Directricen bestellt mit der eigensten Aufgabe, die Mädchen anzulernen, oder diese werden besonders guten Arbeiterinnen, den „Lehrmeisterinnen" zuerteilt.

Ersteres ist die bessere Einrichtung, denn die Directrice kann sich mit mehr Mufse ihren Lehrlingen widmen, als die Arbeiterin-Lehrmeisterin, die ihren Tagesverdienst nicht verringert sehen will.

Um die Lehrmeisterinnen zu entschädigen, ist in vielen Fabriken üblich, dafs sie die Lehrgelder erhalten. Die üblichen Lehrzeiten sind für die Näherinnen und Plätterinnen 6 Wochen, das Lehrgeld beträgt für die Näherinnen 6—9 ℳ, für die Plätterinnen 10—15 ℳ. Nicht immer rechnet die Lehrzeit nach Wochen; in einer Fabrik z. B. mufs das Lehrmädchen in der Plätterei 40 Dutzend Kragen gut bügeln, um ausgelernt zu haben, wozu die meisten 6—8 Wochen brauchen.

Eine Eigentümlichkeit der Lehrverträge erklärt sich aus dem bereits öfter erwähnten Arbeiterinnenmangel. In verschiedenen Fabriken nämlich müssen sich die Lehrmädchen verpflichten, nach der Lehrzeit ein oder mehrere Jahre in derselben Fabrik zu arbeiten, während sich der Prinzipal das Recht vorbehält, sie auch früher zu entlassen.

Für die Durchführung dieser Klausel sorgen die schon erwähnten Mafsregeln der Fabrikanten gegen den Kontraktbruch. Darum mufs auch der Prinzipal, welcher eine Arbeiterin vor der Zeit entläfst, für die sie sich verpflichtete, die übliche Bescheinigung ausstellen, dafs sie ordnungsmäfsig entlassen ist.

Um Lehrlinge anzulocken und die ausgelernten festzuhalten, wird in einigen Fabriken das Lehrgeld nach ein, zwei oder drei Jahren der Arbeiterin, welche bis dahin in der Fabrik geblieben ist, zurückgezahlt, und in einer dieser Fabriken ist neuerdings sogar unentgeltliche Lehrzeit eingeführt worden. Zu Zeiten grofsen Arbeitermangels hat man auch früher schon zu diesem Mittel gegriffen.

Die Ausbildung der Lehrmädchen ist von vornherein auf das Nähen oder Plätten eines und desselben Artikels beschränkt, und darin liegt ein grofser Mangel. Allerdings wird es der tüchtigen Arbeiterin später nicht schwer werden, sich auch in eine andere Arbeit zu finden, aber auch ihr könnte eine bessere Lehrzeit viel Mühe und kostbare Zeit ersparen.

Die meisten Fabriken lernen so viel Lehrlinge an, als sie irgend bekommen können. In der gröfsten Fabrik werden jährlich angelernt ca. 100 Lehrlinge in der Näherei, ca. 150 in der Plätterei, das ist über $1/4$ der Zahl der Arbeiterinnen.

Manche lernen also mehr an, als sie später selbst beschäftigen können. Solange der Bedarf nach Arbeitskräften immer noch steigt, hat das keine schädlichen Folgen, wohl aber wären diese zu besorgen, wenn einmal die Produktion eingeschränkt werden müfste. Es werden sich dann manche

Fabriken nur zu sehr daran gewöhnt haben, mit vielen Lehrlingen zu arbeiten, deren Anlernen ihnen zu einer Quelle des Gewinnes geworden ist.

Kap. XIII. 4. Arbeitsräume und Hygiene.

Die Arbeitsräume sind in den Wäschefabriken Berlins durchaus verschieden.

Ihre Beschaffenheit ist am besten in den gröfsten Fabriken mit eigenen Gebäuden, die alle erst ziemlich neu sind.

Sind Licht und Luft die ersten Erfordernisse jeder Arbeitsstätte, so sind sie von ganz besonderer Bedeutung für die Wäschefabrikation. Die Näherinnen müssen vor allem mit den Augen ihre feine Arbeit verrichten, die Plätterinnen müssen sich gegen die von jedem Bügeleisen ausströmende Hitze schützen. Gegen das erste Gebot wird weniger gefehlt als gegen das letzte. Es giebt nur wenige Fabriken, wo nicht im Sommer in den Plättsälen eine fast unerträgliche Temperatur herrscht; 36 Grad Réaumur sind dann keine Seltenheit. Dazu kommt aber noch die Verschlechterung der Luft. In den Plättsälen ist es verboten, die Fenster zu öffnen, da von draufsen Rufs und Staub hineinfliegen, sich auf die Wäsche legen und angeplättet werden könnten.

Durch das Bügeln der nassen und gestärkten Wäsche entsteht ein feuchter Dunst, der die Luft verschlechtert. Der gröfste Übelstand besteht aber da, wo die Gasplätterei eingeführt ist. Einmal wird bei dem Verbrennen eine Menge Kohlensäure erzeugt, dann aber besteht die Gefahr, dafs nicht alles ausströmende Gas vollständig verbrennt, sodafs sich die äufserst schädlichen Kohlenoxyde bilden; endlich kann dadurch unverbranntes Gas entströmen, dafs der Schlauch undicht wird. Um all diese Gefahren zu mindern, hat die Behörde das Anbringen von Ventilatoren angeordnet, welche die schlechte Luft aufsaugen sollen. Solche sind denn auch in den meisten Fabriken zu finden, aber nicht immer erfüllen sie ihren Zweck. Vor allem aber ist meist zu wenig Sorge getragen, dafs auch wieder frische Luft einströmt

In der Zeitschrift der Centralstelle für Arbeiterwohlfahrtseinrichtungen[1] berichten Dr. P. Fernandez-Krug und Dr. W. Hampe über Luftuntersuchungen, die sie auf Veranlassung des Königlichen Gewerberats für Berlin in den Plättsälen zweier gröfserer Wäschefabriken angestellt haben. Das Ergebnis war, dafs zwar Kohlenoxyd nicht gefunden wurde, wohl aber grofse Mengen Kohlensäure, hohe Temperatur und starker Feuchtigkeitsgehalt der Luft. In der ersten anscheinend gut

[1] 1896 No. 2 S. 19.

eingerichteten Fabrik fanden sich 2,5 ‰ Kohlensäure, in der zweiten einmal 2,1—2,4 ‰, ein anderes Mal 2,8—3,4 ‰ und ein drittes Mal nach Einrichtung von drei Exhaustoren noch 1,2 ‰, während Pettenkofer als höchsten nicht gesundheitsschädlichen Kohlensäuregehalt 1,0 ‰ angiebt. In dieser Fabrik war die Temperatur bei 11,5° C. im Freien: 25,2° C. und bei 13° im Freien: 27,6° und nach Verbesserung der Ventilation bei 26,5° im Freien: 33,6°. Die Untersuchung soll noch weiter ausgedehnt werden, auch auf kleinere Fabriken, in denen die Verhältnisse zweifellos noch schlechtere sind.

Die Plättarbeit, und insbesondere die Gasplätterei ist denn auch der Gesundheit äufserst unzuträglich.

Die Plätterin mufs den ganzen Tag mit Ausnahme der Mittagspause, oft nicht einmal der anderen Pausen, stehen. Das bewirkt eine Disposition zu Krampfadern und anderen Fufsleiden, und wenn sie zu früh nach Geburten arbeitet, zu Unterleibskrankheiten. Sie mufs bei der Hantierung mit dem Bügeleisen fortwährend einen starken Druck ausüben, bei den Gasplätteisen noch mehr als bei den schwereren Bolzeneisen, sie steht darum breitbeinig da und ruft dadurch Unterleibskrankheiten hervor. Oder wenn sie nicht kräftig genug ist, nimmt sie die üble Gewohnheit an, sich mit der Brust oder der Seite auf das Plätteisen zu legen; auch sonst beugt sie sich bei der Arbeit vornüber und schadet so ihrer Lunge. Sie mufs angestrengt mit einer Hand in stets gleichförmiger Bewegung arbeiten, und es können sich dadurch Gelenkkrankheiten oder gar Muskelschwund herausbilden.

Sie atmet den von der Wäsche aufsteigenden Dunst oder das ausströmende Gas ein und zieht sich Halskrankheiten zu. Endlich arbeitet sie den ganzen Tag in überheifser Temperatur und wird empfindlich gegen jeden Luftzug, jede Abkühlung.

Von ganz anderer Art ist die Arbeit der Näherinnen. Sie sind nicht in dem Grade schädlichen Einwirkungen durch die sie umgebende Luft ausgesetzt als die Plätterinnen, und sie haben nicht wie diese bei der Arbeit zu stehen, sondern zu sitzen. Dagegen ist es bekannt, wie schädlich längeres Arbeiten an der Nähmaschine auf den weiblichen Körper wirkt[1]. Ein Übelstand, der nichts mit der Arbeit zu thun hat, ist die bei Näherinnen, die im Hause ihrer Eltern wohnen, sich zuweilen findende Gewohnheit, erst nach der Fabrik-

---

[1] Der Jahresbericht der Gewerbeinspektoren für 1888 meldet aus Dresden: „Umfangreiche ärztliche Ermittelungen, welche im Aufsichtsbezirk Dresden über den Einflufs der Nähmaschinenarbeit auf die körperliche Entwickelung und Gesundheit der Arbeiterinnen in Spinnereien, Webereien und anderen der Textilindustrie zugehörigen Betrieben angestellt worden sind, haben ergeben, dafs das vielstündige anhaltende Sitzen und das Treten der Nähmaschinenpedale, welches eine beständige Muskelanziehung ohne Pause

arbeitszeit, zu Hause warm zu essen, was für den Magen unzuträglich ist.

Das Vorwiegen bestimmter Krankheiten in einem Gewerbe statistisch festzustellen, ist ungemein schwer. Es ist im folgenden versucht worden, die von der Gewerbedeputation geführte Statistik der Erkrankungen in den Berliner Krankenkassen in dieser Richtung zu verwerten. Doch ist von vornherein zu bemerken, dafs diese Zahlen nur mit Vorsicht zu benutzen sind. Erstens beziehen sie sich nur auf die „erwerbsunfähigen“ Kranken, während die Zahl der erwerbsfähigen drei- bis viermal so grofs ist. Ferner beruhen sie auf den Krankenzetteln, welche der Kassenarzt nach der ersten Diagnose ausstellt. War diese falsch, so wird der Zettel nicht mehr geändert. Es ist nicht immer Irrtum, der den Fehler veranlafst: „Es ist grausam, der Arbeiterin schwarz auf weifs mitzugeben, dafs sie die Schwindsucht hat,“ sagte mir ein Kassenarzt, und aus ähnlichen Gründen figurieren Syphilis und andere Geschlechtskrankheiten meist als „Unterleibskrankheiten“.

In der folgenden Tabelle werden die Ziffern für die wichtigsten Krankheiten in der „Ortskrankenkasse für die Wäschefabrikation“ in den Jahren 1888, 1889, 1891 und 1892 [1] zusammengestellt mit den entsprechenden Zahlen für alle (92) Berliner Krankenkassen aus dem Jahre 1891 [2] und denen für die weiblichen Mitglieder der Ortskrankenkasse der Schneider für die Jahre 1893 und 1894 [3]. (Siehe Tab. VI am Schlusse des Buches.)

Zum Verständnis der Tabelle sei noch bemerkt, dafs Mitglieder der Ortskrankenkasse für die Wäschefabrikation fast nur weibliche Arbeiter sind, da die meisten Zuschneider einer eingeschriebenen Hülfskasse angehören, und dafs es zum gröfseren Teile Plätterinnen, zum kleineren Näherinnen und sonstige Arbeiterinnen sind.

Aus dieser Tabelle sei nunmehr das Verhältnis der Erkrankungsziffer für einzelne Krankheiten zur Mitgliederzahl der Kassen und zur Zahl der Erkrankungen überhaupt vergleichsweise berechnet. (Siehe Tab. VII am Schlusse des Buches.)

---

erfordert, eine Hemmung des Blutumlaufs und dadurch Bleichsucht, andauernde Müdigkeit und Kopfschmerzen zur Folge hat. Die zunehmende Einführung der mit Triebkraft bewegten Nähmaschinen, welche an mehreren Stellen hervorgetreten ist, ist daher im Interesse der weiblichen Arbeiter freudig zu begrüfsen“.

[1] Die Zahlen für 1888 und 1889 finden sich im Statist. Jahrbuch der Stadt Berlin, die für 1891 und 1892 sind unveröffentlichtes Material des Statistischen Amtes der Stadt Berlin, dessen Mitteilung ich der gütigen Erlaubnis des Herrn Geh. Reg. Rat Böckh verdanke.

[2] Stat. Jahrb. 1892 S. 232 ff.

[3] Mitgeteilt von Timm in der Soz. Praxis 1895 No. 29.

In dieser Tabelle fällt am meisten auf die grofse Prozentzahl der Augenkrankheiten bei der Kasse für die Wäschefabrikation. Sie ist offenbar auf Rechnung der Plätterei, insbesondere der Gasplätterei zu schreiben, wie mir dies auch die Erfahrung eines Augenarztes bestätigte.

Im entgegengesetzten Sinne auffallend ist die verhältnismäfsig geringe Beteiligung der Wäschearbeiterinnen in der zweiten Rubrik (Blutmangel). Die Ursache hiervon liegt wohl darin, dafs es unter den Plätterinnen nur wenige jugendliche Arbeiterinnen giebt, und dafs sie, die fast ausnahmslos vom Lande stammen, im ganzen weit kräftiger sind als die Näherinnen. Wie sehr gerade die Maschinennäherinnen an dieser Krankheit leiden, beweisen die Zahlen für die weiblichen Mitglieder der Schneiderkasse, fast ausnahmslos Näherinnen aus allen Konfektionsindustrien mit Ausnahme der Wäschekonfektion. Deren Arbeiterinnen, soweit sie überhaupt versicherungspflichtig sind (d. h. in Arbeitsstuben beschäftigt werden) gehören zur Wäschefabrikationskasse.

Dafs auch bei den Wäschenäherinnen, insbesondere den jugendlichen, die Bleichsucht aufserordentlich verbreitet ist, bewies mir die Auskunft eines alten und erfahrenen Kassenarztes, welcher schätzt, dafs 90 % der jugendlichen Wäschearbeiterinnen bleichsüchtig seien!

Das Vorwiegen der Plätterinnen in der Krankenkasse zeigt sich wieder in dem hohen Prozentsatz von Erkrankungen an Halsentzündung besonders im Jahre 1892, d. h. nach allgemeinerer Einführung der Gasplätterei, wo er doppelt so hoch ist als der allgemeine Prozentsatz und der in der Schneiderkasse.

Die traurigste Erscheinung bilden die Zahlen der letzten Spalte: die mörderische Lugenschwindsucht herrscht unter den Arbeiterinnen der Wäschefabrikation in um ein Drittel höherem Mafse als bei der Berliner Arbeiterschaft im allgemeinen. Auf Rechnung der für die ganze Statistik geltenden Fehlerquellen wird man diesen Unterschied nicht setzen können.

Interessant ist eine Zusammenstellung der Erkrankungsziffer der Ortskrankenkasse mit der der Betriebskrankenkasse der Fabrik von Wolff & Glaserfeld. Diese Fabrik ist die gröfste Berliner Wäschefabrik und hat Arbeitsräume von mustergültiger Höhe, Beleuchtung und Ventilation.

Jedenfalls ist dies der hauptsächlichste Grund, dafs die Gesundheitsverhältnisse hier weit besser sind als in der Ortskrankenkasse. Als anderer Grund wurde mir von sachkundiger Seite die gröfsere Kontrolle bezüglich der Simulation in der Betriebskrankenkasse angeführt, allein er dürfte für die erwerbsunfähigen Kranken, um die es sich hier handelt, kaum zutreffen.

In der folgenden Tabelle wird die Zahl der Erkrankungen, Sterbefälle und Krankheitstage verglichen für die Ortskrankenkasse, die Betriebskrankenkasse von Wolff & Glaserfeld und sämtliche Berliner Krankenkassen. (Siehe Tab. VIII am Schlusse des Buches.)

Die Betriebskasse hat die weitaus niedrigsten Zahlen. Dafs die Ziffern für sämtliche Kassen die höchsten sind, spricht für einen verhältnismäfsig günstigen Gesundheitszustand in der Wäschefabrikation. Um so auffallender ist, dafs die Zahlen für die Krankheiten der Tab. VII bei der Wäschefabrikationskasse soviel höher sind als bei der Gesamtheit der Kassen.

Die Sterblichkeitszahlen haben für ähnliche Rückschlüsse geringen Wert, da die Wäschefabrikarbeiterinnen ihrem Berufe selten bis zum Lebensende treu bleiben. Entweder sie heiraten und scheiden damit aus der Fabrik aus, oder, und das gilt, wie noch auszuführen, besonders von den Plätterinnen, sie wenden sich etwa nach dem vierzigsten Jahre anderen Berufen zu, sodafs unter den Mitgliedern der Wäschefabrikationskasse hauptsächlich Altersklassen mit geringer Sterblichkeit vertreten sind. Aus mir mitgeteilten Zahlen der Ortskrankenkasse konnte ich die Sterblichkeit im Durchschnitt der Jahre 1885—1890 auf sogar nur 0,49 % der Mitgliederzahl berechnen.

Die entsprechenden Zahlen der Schneiderkasse sind nach Timm: 1891: 0,95 %, 1892: 0,69 %, 1893: 0,82 %, 1894: 0,79 %.

Wo der Hebel anzusetzen ist, um eine Besserung des Gesundheitszustandes in der Wäschefabrikation herbeizuführen, das lehren die günstigen Erkrankungszahlen der Betriebskrankenkasse.

Die Arbeitsräume müssen überall noch mehr nach hygienischen Grundsätzen eingerichtet werden, und dazu gehört vor allem eine ausreichende Ventilation.

Das System, welches die Fabrik von Wolff & Glaserfeld in der Gasplätterei anwendet, wird, obwohl es offenbar der Gesamtheit der Arbeiter zuträglicher ist, in anderen Fabriken kaum Nachahmung finden, da es, wie schon erwähnt, teurer und technisch unvorteilhafter ist als das Schlauchsystem. Andererseits wäre die Forderung an die Fabriken, zum Bolzensystem zurückzukehren, unerfüllbar und nicht angebracht, da auch dies System Nachteile für die Arbeiterinnen birgt. Es werden also durch Verbesserung der Ventilation und durch Mafsregeln, welche ein Ausströmen und mangelhaftes Verbrennen des Gases unmöglich machen, wie sie seit Einführung der Gasplätterei zum Teil bereits angewandt werden, die Schäden möglichst vollständig beseitigt werden müssen[1].

[1] In No. 2 der Zeitschr. der Centralst. für Arbeiter-Wohlfahrtseinr. 1896 wird die Besprechung eines neuen, der Gesundheit zuträglicheren Plättsystems angekündigt, das in England angewandt werde.

Gegen die nachteilige Wirkung der Nähmaschine ist ein Mittel bereits gefunden, das gerade in den Fabriken mit Leichtigkeit anwendbar wäre, der Betrieb der Maschine durch Dampf.

Eingeführt ist der Dampfbetrieb für sämtliche Nähmaschinen, nicht nur die Knopflochmaschinen, soweit mir bekannt, nur in 3 Fabriken. Die Inhaber von zwei derselben bestätigten mir, sie hätten bereits einige Monate nach Einführung der Dampfnäherei beobachtet, dafs ihre Näherinnen gesunder aussähen als zuvor.

Leider bewirkt der Dampfbetrieb keine beträchtlich gröfsere Leistungsfähigkeit, also fehlt nach dieser Richtung der Antrieb für seine Einführung. Dafs sie jedenfalls in etwas erhöht wird, geht schon daraus hervor, dafs, wie mir wenigstens von einer dieser Fabriken berichtet wurde, die Stücklohnsätze nach Einführung des Dampfbetriebs herabgesetzt worden sind. Der erforderliche Mehraufwand von Dampfkraft ist verschwindend gering und würde wohl in allen Fabriken von den bestehenden Dampfanlagen geliefert werden können. Rechnet doch ein Fabrikant die Tretkraft von 200 Mädchen gleich nur einer Pferdekraft, sodafs jedenfalls 2—3 Pferdekräfte in den gröfsten Fabriken dem Bedürfnisse genügen würden.

Gröfsere Kosten würden natürlich die Veränderungen an den Nähmaschinen beanspruchen. Aber sollte die Gesundheit ihrer Arbeiterinnen den Fabrikanten nicht eines kleinen Kapitalaufwandes wert sein, der sich mittelbar sicherlich durch gröfsere Leistungsfähigkeit und Arbeitsfreudigkeit der Arbeiterin bezahlt machen würde? Zum mindesten sollten es die grofsen Fabriken, die die Dampfnäherei noch nicht eingeführt haben, als eine Ehrenpflicht betrachten, dies zu thun.

Eine Besserung aber ist auch schon mit Beibehaltung der Tretmaschinen möglich, dafs nämlich das Vorrichten, wie es schon vielfach geschieht, stets durch die Maschinennäherin erfolgt. Dann mufs diese die anstrengende Thätigkeit fortwährend mit Handarbeit vertauschen, während deren die Füfse ruhen können. Aber den Singer-Stepperinnen kann dieser Vorteil nie zu gute kommen, und er wird auch leicht in Widerspruch geraten mit der Tendenz zur Ausdehnung der Arbeitsteilung.

Zum Schlusse sei noch auf die Gefahr von Unfällen und ihre Verhütung hingewiesen. Wo in der Plätterei noch das Bolzensystem besteht, da kommt es vor, dafs sich die Plätterin bei Entgegennahme des glühenden Bolzens verbrennt; doch entstehen ernstere Unfälle dadurch wohl selten.

Dagegen birgt wirkliche Gefahr die Arbeit an den Wring- und Stärkemaschinen. Zwar soll an diesen Maschinen eine Schutzvorrichtung angebracht werden, und sie ist es auch in den meisten Fällen; aber wiederholt vorkommende Unfälle

— Quetschungen — beweisen, dafs die Schutzvorschriften nicht überall befolgt werden. Es ist das um so gefährlicher, als an solche Maschinen meist jugendliche Arbeiterinnen, die eben erst das vierzehnte Lebensjahr vollendet haben, gestellt werden.

Glücklicherweise handelt es sich bei dem Gesagten nur um Ausnahmen, und seitens der Gewerbeinspektion wird nach Kräften auf die Innehaltung der Schutzvorschriften geachtet. Im ganzen aber zeigt sich deutlich, wie sehr es in der Hand selbst des einzelnen Fabrikanten liegt, auf das Wohl und Wehe seiner Arbeiter einzuwirken, wie grofs seine Verantwortlichkeit und wie gering noch heute das Bewufstsein derselben ist!

Kap. XIV. II. Die sociale Stellung und Lebenshaltung der Arbeiterinnen.

Die Arbeiterinnen der Wäschefabrikation zerfallen in zwei social scharf gesonderte Gruppen: die Plätterinnen einerseits, die Näherinnen und übrigen Arbeiterinnen andererseits. Was sie trennt, ist am wenigsten der Unterschied im Einkommen, der, wie wir sehen, recht gering ist, es ist vielmehr ihre Herkunft.

Es war schon öfter erwähnt, dafs die Plätterinnen meist vom Lande stammen. Sie sind mit wenigen Ausnahmen frühere Dienstmädchen. Die Gründe, aus welchen sich diese fast nur vom Lande rekrutieren, sind bekannt: Der Städterin behagt nicht die Unfreiheit und Unterordnung des Gesindedienstes, und nur noch unter den patriarchalischen Verhältnissen des Landes oder der Landstadt findet sich die Willigkeit zu „dienen". Aber „Stadtluft macht frei". Schon der Zug in die Stadt ist für viele dieser Mädchen ein Schritt nicht zu gröfserer Gebundenheit, sondern zu gröfserer Freiheit. Hier aber lernen sie erst die Möglichkeit kennen, eine noch ausgedehntere Freiheit zu benutzen. Es ist gewifs oft kein ideales Unabhängigkeitsstreben, sondern Lebenslust, Eitelkeit, Vergnügungssucht, was die Mädchen nach einigen Jahren des Dienstes treibt, denselben zu verlassen. Aber zu Grunde liegt dem allen doch der den Menschen innewohnende Freiheitsdrang, der ihnen den Kampf um das tägliche Brot verbunden mit Selbstbestimmung wertvoller erscheinen läfst, als die Fülle von Speise und Trank, erkauft durch persönliche Abhängigkeit.

Eine Thätigkeit, welche fabrikmäfsig ausgeübt wird und diesen Mädchen doch durch ihre hauswirtschaftliche Beschäftigung vertraut ist, ist das Plätten. Und ist dies auch an neuer

Wäsche schwieriger als an alter, so dünkt es ihnen doch leicht zu erlernen.

Warum aber bleibt die Neuplätterei nur auf den Zulauf aus diesen Kreisen angewiesen, trotzdem sie besser bezahlt wird, als die weibliche Arbeit in vielen anderen Fabrikationszweigen? Auch hierauf ist die Antwort schon früher gegeben: Robuste Körperkraft erfordert diese Arbeit, und die ist bei dem bleichsüchtigen Kinde der Grofsstadt nicht zu finden.

Ganz andere Anforderungen stellt die Näharbeit. Auf Muskelkraft kommt es hier nicht an, wenn auch das andauernde Treten der Nähmaschine erschöpfend genug ist; die Hauptsache sind eine geschickte Hand und ein geübtes Auge. Das Arbeitswerkzeug aber, die Nähmaschine, ist der Städterin von Jugend auf bekannt und vertraut, denn es fehlt selbst im Arbeiterhaushalte selten.

Die verschiedenen Verhältnisse, aus denen sie hervorgegangen, geben der Näherin und der Plätterin ihr eigentümliches Gepräge. Blafs und schmächtig erscheint die Näherin, breiter und stärker, wenn auch nicht immer ein Bild der Gesundheit, die Plätterin. Erstere hält sich für etwas Feineres und blickt mit einer gewissen Verachtung auf die Plätterin hinab. Sie trägt sich modischer und zierlicher, spricht gebildeter und ist in ihrem Arbeitsverhältnis fügsamer. Die Plätterin weifs die erst mühsam erworbene Freiheit höher zu schätzen, sie lebt nicht wie die Näherin meist bei den Eltern, ist darum selbständiger und hat mehr „Corpsgeist".

Die Näherinnen sind vielfach Töchter kleiner Beamten und Handwerker, im grofsen und ganzen aus denselben Kreisen wie die Hausindustriellen. Leben sie bei den Eltern, ohne diese erhalten zu müssen, so können sie mit ihrem Verdienst leidlich auskommen. Eine Näherin z. B., die nach eigener Angabe ein Jahreseinkommen von etwa 500 ℳ hat, giebt davon ihren Eltern 60 ℳ Miete und 312 ℳ Kostgeld, zusammen 372 ℳ; es bleiben ihr also ca. 128 ℳ für Kleidung, Vergnügen und Ersparnisse.

Wie schon erwähnt, wohnen die Arbeiterinnen meist ganz an der Weichbildgrenze und haben oft sehr weite Wege. Nach einer im Norden der Stadt belegenen Fabrik kommen Arbeiterinnen aus Rixdorf, einem südlichen Vororte, die einen Weg von 1 ½ bis 2 Stunden zurückzulegen haben!

Die Folge ist, dafs auch Arbeiterinnen, die bei ihren Eltern wohnen, oft das Mittagessen nicht zu Hause einnehmen können. Es giebt dann für sie drei Möglichkeiten. Entweder sie nehmen für Frühstück und Vesperpause Kaffee und für die Mittagspause Brot in die Fabrik mit und essen erst abends zu Hause etwas Warmes. Oder sie nehmen sich auch für den Mittag etwas zum Wärmen in die Fabrik mit und verzehren es dort. Endlich können sie auch in einer Restauration essen, doch wird das bei ihnen selten vorkommen, da es ihre Ausgaben wesentlich vermehrt.

Die alleinstehende Arbeiterin ist natürlich ungünstiger gestellt als die bei ihren Eltern lebende. Sie mietet gewöhnlich eine Schlafstelle für 6—7 ℳ monatlich, seltener eine kleine Stube, welche je nach der Gegend 7—13 ℳ monatlich kostet. Zuweilen giebt sie sich auch bei ihren Vermietern in Kost und bezahlt dann gewöhnlich 6 ℳ wöchentliches Kostgeld. Auch in diesem Falle kann sie zu Hause essen oder das Essen in die Fabrik mitnehmen.

In den meisten Fabriken giebt es Wärmevorrichtungen; wo noch Bolzenplätterei besteht, da wird der Bolzenherd dazu benutzt, und die Bolzenfrau übernimmt für 10 ₰ das Kochen. Oder es bringen die Arbeiterinnen einen Spirituskocher mit und wärmen sich ihr Essen selbst. Es giebt auch Frauen, die in der Nähe der Fabriken wohnen und sich zum Gewerbe machen, Arbeiterinnen Kaffee und Essen zu bringen und zwar für 30 ₰ eine Portion Fleisch und Gemüse.

Die meisten Arbeiterinnen aber gehen in eine benachbarte „Budike", wo sie für 40 ₰ meist recht knappe Portionen von Suppe und Fleisch erhalten.

Das Beste ist sicherlich, wenn die Arbeiterin zu Hause essen kann; ist dies nicht möglich, so ist die Mahlzeit in der Fabrik in vieler Hinsicht der in einer Restauration vorzuziehen. Denn hier können die Arbeiterinnen nur allzu leicht in schlechte Gesellschaft geraten oder Beziehungen zu männlichen Arbeitern aus benachbarten Fabriken anknüpfen. Aber auch das Essen in der Fabrik hat seine groſsen Nachteile: die Arbeiterin schöpft keine frische Luft und nutzt die Pausen nicht aus, da sie nach beendeter Mahlzeit sofort wieder an die Arbeit geht; endlich wird die Luft in den Arbeitssälen, statt in den Pausen gründlich erneuert zu werden, durch den Essensdunst nur noch verschlechtert.

Von besonderer Wirkung könnte hier eine weitere Verbreitung der Volksküchen sein, deren Bezirke noch viel zu groſs sind, als daſs sie von allen darin belegenen Fabriken bequem zu erreichen wären.

Der Haushalt der alleinstehenden Arbeiterinnen ist vor allem verschieden je nach ihrem Einkommen. Einige Beispiele mögen das verdeutlichen:

Die Plätterin N. verdient durchschnittlich 15 ℳ wöchentlich, 750 ℳ jährlich. Sie hat eine Schlafstelle in einer besseren Straſse bei anständigen Leuten gemietet und bezahlt dafür 10 ℳ monatlich. Sie ist auch Kostgängerin bei ihnen und giebt für Essen 6 ℳ wöchentlich aus. Für Kleidung rechnet sie etwa 10 ℳ monatlich. Ihr Haushalt stellt sich also wie folgt:

Ausgaben:	Woche	Monat	Jahr
Wohnung		10 ℳ	120 ℳ
Nahrung	6 ℳ		312 „
Kleidung		10 „	120 „
		zusammen	552 ℳ
Einnahme:	15 „		750 „
		Rest	198 ℳ

Von diesem Rest gehen ab die Ausgaben für Vergnügungen und etwa noch nicht berücksichtigte Kleinigkeiten, wie Pferdebahn u. s. w. Trotzdem wird die Arbeiterin in der Lage sein, jährlich ca. 100 ℳ zurückzulegen.

Die Näherin K. arbeitet noch nicht lange, sie verdient 9 ℳ wöchentlich und ca. 450 ℳ jährlich. Ihre Ausgaben betragen

	pro Tag	Monat	Jahr
für Schlafstelle		5,50 ℳ	66 ℳ
„ Mittagessen	0,30 ℳ		109,50 „
„ übrige Mahlzeiten	0,65 „		237,25 „
			412,75 ℳ

Es bleiben also für Kleidung, Vergnügen und sonstige Ausgaben nur 37,25 ℳ jährlich, ein Betrag, mit dem sie unmöglich auskommen kann. Bei ihr wird das Fehlende durch gelegentliche Geschenke ihrer Eltern ersetzt; wie aber bei anderen?

Zum Vergleich sei hier noch mitgeteilt eine Aufstellung, welche der Berliner Gewerbeinspektor in der Reichserhebung gemacht hat. Danach betrugen die durchschnittlichen Ausgaben der Wäschearbeiterin:

pro Tag:

für Schlafstelle und Kaffee	0,20 ℳ
„ zweites Frühstück	0,15 „
„ Mittag in Restauration	0,30 „
„ Vesper	0,15 „
„ Abendbrot	0,20 „
„ 2 Flaschen Bier	0,20 „
zusammen	1,20 ℳ
oder wöchentlich	8,40 „

allein für Essen und Wohnung[1].

Man wird 600 ℳ als das Mindeste bezeichnen müssen, womit eine alleinstehende Arbeiterin in Berlin ehrlich durch-

[1] Vgl. auch unter den 1880 vom Statistischen Amt der Stadt Berlin veröffentlichten Arbeiterbudgets das einer unverheirateten Textilarbeiterin. Die Einnahmen betragen 572 ℳ, die sehr knapp bemessenen Ausgaben 524,88 ℳ. (Ballin, Haushalt der arbeitenden Klassen. Berlin 1883).

kommen kann. Von den Plätterinnen sahen wir, dafs der Durchschnitt diesen Satz erreicht.

Was aber sollen die Vielen beginnen, deren Leistung unter dem Durchschnitt steht, weil sie Anfängerinnen, kränklich oder wenig geschickt sind? Zum äufsersten Mittel greifen wohl nur wenige: der Prostitution, selbst der heimlichen Prostitution, verfällt, wie mir von den verschiedensten Seiten bestätigt wurde, nur eine sehr kleine Zahl von Arbeiterinnen. Um so gröfser ist die Zahl derjenigen, welche einen Liebhaber besitzen, sich von ihm beschenken und unterstützen lassen, zuweilen freilich auch selbst ihn unterstützen. Das Verhältnis geht meist aus den Fugen, wenn Folgen desselben eintreten, und nun ist die Arbeiterin noch mit der Sorge für das Kind belastet.

Nach den Zahlen der Ortskrankenkasse kommen im Durchschnitt der Jahre 1885—1890 auf 1000 weibliche Mitglieder 67,9 Geburten, wovon 17,6, also etwa ¼, unehelich sind. Leider ist die Zahl der verheirateten Mitglieder nicht bekannt, sodafs die angegebenen Zahlen zu Vergleichen kaum brauchbar sind. Rechnet man auf 1000 weibliche Mitglieder etwa 900 unverheiratete[1], so würden auf 1000 der letzteren ca. 20 Geburten kommen (im Deutschen Reich auf 1000 unverehelichte Frauen zwischen 15—20 Jahren: 26,5). Im Jahre 1891 gehörten in Berlin von den aufserehelichen Müttern 25,0 % den Gewerben der Bekleidung und Reinigung an und auf 1000 unverheiratete Frauen in diesen Gewerben kamen 25,8 Geburten.

Ein grofser Teil der Arbeiterinnen heiratet. Bei den Näherinnen bedeutet dies regelmäfsig auch ein Scheiden aus der Fabrik und den Übergang in die Hausindustrie.

Anders die Plätterinnen. Will ihr Mann nicht auf jeden Zuschufs zur ehelichen Wirtschaft verzichten, so müssen sie entweder etwas Neues erlernen oder weiter in die Fabrik gehen. Denn nur langjährigen, sehr tüchtigen Arbeiterinnen erlaubt der Fabrikant, Plättarbeit für die Fabrik zu Hause zu verrichten. Darum finden sich in der Fabrik gerade unter den Plätterinnen viele verheiratete Frauen. Befanden sich doch unter 38 zufällig herausgegriffenen Plätterinnen allein 8 verheiratete. Diese waren sämtlich kinderlos bis auf eine, welche 5 Kinder im Alter von 6 Wochen bis zu 12 Jahren besitzt. Während die Mutter in die Fabrik geht, werden die Kinder von der alten Grofsmutter beaufsichtigt, welche bei den Eheleuten wohnt. Nicht einmal mittags kommt die Mutter zurück, sondern sie ifst in der Fabrik, da diese über 20 Minuten von ihrer Wohnung entfernt liegt, und die Mittags-

[1] In der gröfsten Fabrik kommen auf 1000 Arbeiterinnen nur ca. 75 verheiratete.

pause dort nur 1 Stunde beträgt. Von der Befugnis des § 137 Abs. 4 der Gewerbeordnung, wonach sie, um ihr Hauswesen zu besorgen, ihre Entlassung eine halbe Stunde vor der Pause fordern könnte, macht sie keinen Gebrauch, in der gewifs berechtigten Furcht, dafs sie auf solches Ansinnen nicht nur ½ Stunde früher, sondern überhaupt entlassen werden würde. Sie ist aber um so mehr gezwungen, eifrig hinter ihrer Arbeit her zu sein, als ihr Mann, der Schlosser ist, nur 10—12 ℳ wöchentlich verdient, im Jahre 1894, wo er 6 Wochen krank war, sogar nur 460 ℳ eingenommen hat.

Für kinderlose Frauen aber, wenn ihre Wohnung der Fabrik nahe genug liegt, dafs sie in der Mittagspause nach Hause gehen können, hat die Fabrikarbeit wenig Mifsliches. Ob sie für Frauen, die Kinder haben, zu verbieten sei oder nicht, wird so lange eine offene Frage bleiben, als der ungeregelte Zustand der Hausindustrie die Fabrikarbeit zuweilen noch als das kleinere Übel erscheinen läfst; und ganz ohne Arbeit der Frau können heute nur die wenigsten Arbeiterfamilien leben.

In der Mehrzahl der Fälle bleibt aber die verheiratete Plätterin nicht in der Fabrik, und auch für die unverheiratete kommt die Zeit, in der ihr die Fabrikarbeit zu schwer wird. Dann müssen sich beide nach einer andern Arbeit umsehen. Ein Teil, besonders die unverheirateten Plätterinnen, geht in die Wasch- und Plättanstalten für alte Wäsche. Die Arbeit ist hier leichter und erfordert viel geringere Peinlichkeit als das Neuplätten. Aber sie wird auch schlechter bezahlt, und gegen Ende der Woche mufs bis tief in die Nacht hinein geplättet werden. Besonders tüchtige Arbeiterinnen, die sich von ihrem Lohn ein kleines Kapital gespart haben, thun wohl auch selbst eine solche Plättanstalt auf. Andere begeben sich in die Hausindustrie und werfen sich namentlich auf die in Berlin so aufserordentlich verbreitete Damenmäntelnäherei, nachdem sie sich von ihren Ersparnissen eine Nähmaschine erworben haben — für die Wäschenäherei ist ihre Hand nicht fein genug.

Nur zu viele werden der Sorge um einen neuen Erwerb durch einen frühen Tod an der Schwindsucht enthoben. Wenige harren bis über das vierzigste Lebensjahr bei der Fabrikarbeit aus.

Eine Übersicht über Einkommen und Lebenshaltung der Fabrikarbeiterinnen gewährt die auf Grund meiner schriftlichen Anfrage zusammengestellte Tabelle. (Siehe Tabelle IX am Schlusse des Buches.)

C. Die auswärtigen Arbeitsverhältnisse.

Kap. XV.

Mit der Beschreibung der Arbeitsverhältnisse in Berlin ist die der Arbeitsverhältnisse für die gesamte Berliner Wäscheindustrie nicht erschöpft. Es ist im ersten Teile der vorliegenden Abhandlung dargelegt worden, ein wie grofser Teil der Produktion für Berliner Verleger durch auswärtige Arbeitskräfte erfolgt. Im Rahmen dieser Untersuchung war es nicht möglich, die Arbeitsbedingungen und die sociale Lage der auswärtigen Hausindustriellen einer ebenso eingehenden Prüfung zu unterziehen, wie die der Berliner. Nur über die Verhältnisse in Potsdam konnten genauere Nachrichten eingezogen werden. Im übrigen soll versucht werden, die vorhandenen Angaben über die auswärtigen Arbeitsverhältnisse zu einem immerhin recht lückenhaften Bilde zusammenzustellen.

Die Arbeitsgebiete der Konfektion und Fabrikation sind verschiedene. Für die erstere sind es hauptsächlich Potsdam und andere brandenburgische Orte, wo genäht, und die mehrfach erwähnten sächsischen, pommerschen und ausländischen Plätze, wo gestickt wird.

Die Fabriken lassen vorwiegend im sächsischen Voigtland, aber auch in Brandenburg, Schlesien, Posen u. s. w. arbeiten.

Wir scheiden die Stickerei mit ihren von der Näherei ganz verschiedenen Bedingungen aus und betrachten nur die Verhältnisse in der Näherei.

In Potsdam ist, wie mir berichtet wurde, Mitte der 40er Jahre die erste Nähstube für Wäsche eingerichtet worden. Sie wurde von Berliner Verlegern beschäftigt. Die Löhne waren schon damals viel billiger als in Berlin. Trotzdem bewährte sich das Verschicken von Arbeit noch wenig. So konstatiert der Berliner Ältestenbericht von 1857 [1], welcher über Mangel an Arbeitskräften klagt: „Der Versuch, in den umliegenden Städten arbeiten zu lassen, genügte den hiesigen Ansprüchen nicht.“ Als aber Ende der 60er und Anfang der 70er Jahre der enorme Aufschwung der Industrie erfolgte, und die Menge der Arbeitskräfte in Berlin nicht ausreichte, das wachsende Bedürfnis zu befriedigen, da griff man auf das alte Mittel zurück und liefs in immer steigendem Mafse in Potsdam arbeiten. Damals gingen täglich zwei Botenfrauen zwischen Berlin und Potsdam hin und her, die eine bepackt mit Ballen von Leinewand, die sie nach ihrem Gutdünken an die verschiedenen Nähstuben und Hausindustriellen in Potsdam austeilte, die andere, welche die fertig genähten Sachen

[1] S. 32.

zurückbrachte und bei den Berliner Geschäften für die unbeschäftigten Potsdamer Arbeitskräfte Arbeit suchte. Diese Botenfrauen vereinigten also in sich die Rolle des Spediteurs und des Arbeitsvermittlers. Der Berliner Verleger und die Potsdamer Näherin oder Zwischenmeisterin traten nicht direkt mit einander in Verbindung, sondern nur durch die Vermittelung der Botenfrauen. Diese müssen hierbei auf ihre Rechnung gekommen sein; denn die eine gab es schliefslich auf, selbst die staubige Strafse einherzuziehen, und begründete ein kleines Speditionsunternehmen, welches den gesamten Wäschetransport an sich zog und mit diesem wuchs. Als Beförderungsmittel diente der Hundewagen, und als auch dieser sich als zu schwach erwies, der mit Pferden bespannte Frachtwagen. Natürlich blieb die Spedition nun nicht auf den Dienst der Wäscheindustrie beschränkt, und es kam ein zweites konkurrierendes Unternehmen auf. Auch die Funktion der Arbeitsvermittelung besteht nicht mehr in dem alten Umfange. Die meisten Berliner Geschäfte, welche in Potsdam arbeiten lassen, beschäftigen jetzt ihre bestimmten Nähstuben, mit denen sie direkt abrechnen und denen sie per Post bezahlen. Nur die erste Verbindung zwischen einem Berliner Wäschegeschäft und einer Potsdamer Nähstube stellt noch der Spediteur her, und oft wird ihm der Auftrag, von mehreren Nähstuben diejenige zu bedenken, welche gerade die wenigste Arbeit hat. Der Umfang, in dem Berliner Geschäfte in Potsdam arbeiten lassen, ergiebt sich ungefähr daraus, dafs die ältere der beiden Speditionsfirmen täglich ca. 5 Centner Stoff, die andere etwas weniger, zur Verarbeitung befördert. Die erstere ist für 12 Berliner Geschäfte thätig, nämlich eine Fabrik, 3 Engrosgeschäfte und 8 Detailgeschäfte.

Was die Organisation des Arbeitsprozesses angeht, so ist sie nicht die gleiche wie in Berlin. Selbständige Hausindustrielle, die für Berlin arbeiten, giebt es sehr wenige, die meisten Heimarbeiterinnen sind vielmehr von den Inhabern der Nähstuben abhängig. Deren giebt es etwa 20; die Gesamtzahl der in Potsdam mit der Wäschenäherei beschäftigten Personen beziffert sich nach einer zuverlässigen Angabe auf etwa 800. In den Nähstuben, deren Inhaber mit etwa zwei Ausnahmen weibliche sind, werden von 3 bis zu 30 Arbeiterinnen beschäftigt. Die Zahl der Nähstuben soll früher geringer, ihr Umfang aber gröfser gewesen sein. Die Möglichkeit, sich selbständig zu machen, ist mit der Verbilligung der Nähmaschine immer gröfser geworden.

Die Löhne sind aufserordentlich niedrig. Die Nähstubenarbeiterinnen stehen im Zeitlohn und zwar Monatslohn und erhalten im Durschschnitt 24—36 ℳ monatlich, d. h. 5,54 ℳ bis 8,31 ℳ wöchentlich. Der niedrigste Lohn, den ich ermitteln konnte, betrug 12 ℳ monatlich (d. h. 2,08 ℳ wöchentlich) für Anfängerinnen, der höchste 39 ℳ monatlich (d. h. 9 ℳ wöchentlich) für bessere Arbeiterinnen.

Eine Erklärung für die Niedrigkeit dieser Löhne liegt darin, dafs die Näherinnen in Potsdam meist aus Familien des Mittelstandes stammen, bei ihren Eltern wohnen und vom Lohn allein nicht zu leben brauchen. Die Inhaberin einer gröfseren Nähstube versicherte mir aber, dafs die Arbeiterinnen fauler und weniger leistungsfähig seien als die Berlinerinnen.

Früher sind die Löhne noch niedriger gewesen; so betrugen sie Ende der 70er Jahre noch durchschnittlich 15—30 ℳ monatlich.

Die gewöhnliche Arbeitszeit in den Nähstuben währt von 7—7 im Sommer und von 8—8 im Winter mit $^5/_4$ Stunden Pause. In einer gröfseren Stube fand ich $1^1/_2$, in einer kleineren 1 Stunde Pause[1].

Die in der Nähstube herrschende Arbeitsteilung ist die gleiche wie in Berlin. An einem Stück arbeiten immer zwei Maschinen- und eine Handarbeiterin.

Als Lehrzeit ist üblich ein halbes Jahr ohne Entgelt oder ein Vierteljahr gegen 3 ℳ Lehrgeld. Die Lehrmädchen werden nur zu einer Teilarbeit angelernt.

Die Lage der Zwischenmeisterinnen scheint im ganzen ein wenig besser zu sein als in Berlin, hat sich aber im letzten Jahrzehnt sehr verschlechtert. Denn mit dem, wenn auch geringen, Steigen der von ihnen zu zahlenden Löhne ging Hand in Hand ein stetiges Fallen der ihnen gezahlten Preise.

So wurde für das Dutzend folgender Artikel gezahlt:

	Ende der 80er Jahre	1893	1895
Oberhemden	13 ℳ		10,— ℳ
Reisehemden	9 „		6,— „
Herrennachthemden	5 „		2,50 „
Nachthemden		5,— ℳ	4,— bis 4,50 „
Kinderhemden		2,50 „	1,75 „

Danach sind die Preise seit Ende der 80er Jahre um etwa $^1/_3$—$^1/_2$, seit 1893 um etwa $^1/_5$ gesunken. Nur einige Geschäfte, die vorwiegend bessere Artikel herstellen lassen, bezahlen noch die alten Preise. Sie sind daher von den Nähstuben als Arbeitgeber höchst begehrt.

Eine Meisterin, welche 5 Arbeiterinnen beschäftigt und 4 Maschinen gehen läfst, versicherte mir, dafs ihr Verdienst nur in guten Zeiten ca. 50 ℳ monatlich (oder 12 ℳ wöchentlich)

---

[1] Auch diese kleine Pause schien dort nicht eingehalten zu werden. Als ich um $12^3/_4$ Uhr nachmittags die Inhaberin aufsuchte, liefs sie mich nicht in die Werkstube hinein; durch einen Thürspalt aber sah ich 3—4 Mädchen mit der Hand — nicht mit der rasselnden Maschine — nähen. In der arbeitsreichen Zeit sollen häufig Überschreitungen der üblichen Arbeitszeit vorkommen.

betrage, sonst aber geringer sei. Sie könne nicht einmal die Abnutzung der Maschinen herauswirtschaften, welche je 75 ℳ gekostet hätten und nach 3, bestenfalls 5 Jahren so abgenutzt wären, dafs sie sie nur für 10 ℳ verkaufen könne. Sind diese Zahlen richtig, so müfste sie in der That wöchentlich 42 ₰ für Maschinenabnutzung zurücklegen, was bei einem Verdienst von höchstens 12 ℳ wöchentlich ausgeschlossen ist. Diese Meisterin hat erst vor 3 Jahren als selbständige Näherin mit einer Maschine angefangen, sich aber bald genötigt gesehen, eine Arbeitsstube zu begründen, weil sie sonst nicht beständig und nicht genügend Arbeit bekommen hätte. Denn begreiflicherweise treten die Berliner Verleger am liebsten mit solchen Arbeitskräften in Verbindung, die regelmäfsig ein gröfseres Arbeitsquantum bewältigen können.

Das Los der von den Arbeitsstuben abhängigen Heimarbeiterinnen ist jedoch das traurigste. Sie verdienen etwa 15 ℳ monatlich im Durchschnitt. Zwar kommen auch höhere Verdienste vor; z. B. erhält eine solche Arbeiterin für das Dutzend Nachthemden 4,50 ℳ und stellt an einem Tage 1/4 Dutzend fertig, was einen ungefähren Wochenverdienst von 6,75 ℳ bedeuten würde. Aber ihre Beschäftigung ist sehr unregelmäfsig, so dafs die Näherin gezwungen ist, nebenbei für Privatkunden zu arbeiten. Dies Aushülfsmittel steht nur wenigen zu Gebote und ist in seinem Erfolge ebenfalls unsicher.

Auf diesen Heimarbeiterinnen lasten die Schwankungen der Konjunktur mit ganz besonderer Schwere, da in arbeitsloser Zeit sowohl der Berliner Verleger vorziehen wird, die ihm wichtigeren Nähstuben zu beschäftigen, als auch den Zwischenmeistern mehr daran liegen wird, den Arbeitern in, als denen aufserhalb ihrer Nähstube Arbeit und Brot zu verschaffen.

Für eine andere Gruppe der Heimarbeiterinnen, für die Knopflochnäherinnen, gilt dies allerdings nicht; aber auch sie werden schlechter bezahlt als ihre Berliner Kolleginnen. Während diese für 2 Dutzend (Hand-)Knopflöcher mindestens 25 ₰ erhalten, bekommen jene nur 17—20 ₰, höchstens 24 ₰; d. h. bei einer normalen Tagesleistung von 4 Dutzend Knopflöchern verdient die Berlinerin 50 ₰, die Potsdamerin im ungünstigsten Falle 34 ₰.

Vergleicht man die Arbeitsverhältnisse in Berlin und Potsdam überhaupt, so stellt sich die Lage der Heimarbeiterinnen und Werkstattarbeiterinnen in Potsdam viel schlechter, die der Zwischenmeisterinnen besser dar als in Berlin, wenn auch der letzterwähnte Vorsprung ein immer geringerer wird. Von den Produktionskosten der Ware wird in Potsdam jedoch auch ferner ein gröfserer Anteil auf den Zwischenmeistergewinn entfallen als in Berlin, weil bei dem Versand der

Arbeit nach auswärts die Thätigkeit eines Vermittlers unentbehrlich ist. Ja, es wird oft ein doppelter Zwischengewinn entstehen, nämlich in all den Fällen, bei denen auch der Spediteur eine vermittelnde Thätigkeit übt und sich diese in den Speditionskosten mit vergüten läſst.

Was Potsdam für die Wäschekonfektion, das bedeutet das sächsische Voigtland für die Kragen- und Manschettenfabrikation. Nur mit einem Unterschied: Während dort Arbeit guter Qualität gefertigt wird, liefert Sachsen fast ausschlieſslich die „Ausschuſsware.“

Über die Arbeitsverhältnisse im Voigtland stehen uns für die letzten Jahre wenig Nachrichten zur Verfügung. Dagegen finden sich für die früheren Jahre Angaben bei Bein[1] und in den Reichsermittelungen von 1887.

Die Wäscheindustrie ist in den 30er und 40er Jahren dieses Jahrhunderts im Voigtlande aufgekommen. Seit etwa 1883 lassen Berliner Fabrikanten dort arbeiten. Hauptorte für die Herstellung von Herrenwäsche sind Auerbach, Rodewich, Treuen und neuerdings Aue und Plauen. 1862 betrug in Auerbach der Durchschnittslohn für Nähmädchen 2 Thaler wöchentlich. In den günstigen 70er Jahren verdienten in Plauen wöchentlich:

	bei Stücklohn	bei Zeitlohn
Näherinnen	3 1/3—4 1/5 Thl.	1 1/2—2 1/4 Thl.
Stepperinnen	2 5/6—3 1/2 „	2 —3 „
Vorrichterinnen	2 1/4—3 3/4 „	2 11/12—3 1/4 „

Bis 1883 wurden im Durchschnitt bei Stücklohn 3 Thl., bei Wochenlohn 2 Thl. verdient.[2] Diese Angaben beziehen sich offenbar auf Arbeiterinnen in geschlossenen Etablissements, sind also für Heimabeiterinnen zu hoch gegriffen.

Der Fabrikinspektor für die Bezirke Zwickau, Plauen, Ölsnitz, Auerbach u. s. w. giebt als Durchschnittslöhne des Jahres 1883 an: für männliche Arbeiter 13,68 ℳ, für weibliche 6,83 ℳ, für jugendliche von 14—16 Jahren: 4,61 ℳ und von 12—14 Jahren: 1,73 ℳ.

Die Reichsermittelungen zeigen folgende Durchschnittslöhne an:

	Maxim.	Minim.	Durchschn.
Tagelöhner, Plauen	9,60 ℳ	5,10 ℳ	— ℳ
„ Auerbach	9,00 „	— „	7,50 „
„ Löſsnitz	6,00 „	5,10 „	— „
Accordarbeiterin, Plauen	— „	— „	9,00 „
Plätterin, Stepperin, Aue	— „	— „	8,40 „
Stepper, Aue	13,80 „	8,40 „	— „

[1] Die Industrie des Voigtlandes 1884.

[2] Vergl. für das Vorstehende: Bein Bd. II S. 402—425.

Zum Vergleiche mit den damaligen Berliner Löhnen mögen folgende Angaben der Ermittelungen dienen:

Es wurde bezahlt für das Dutzend Herrenkragen in Berlin 0,50—0,85 *M*, in Aue 0,20—0,25 *M*. Der Durchschnittslohn der Berliner Fabriknäherinnen betrug ca. 13—14 *M*, der der voigtländischen nach obiger Aufstellung 8,40—9 *M*. Jener ist kaum erreicht von den Löhnen der Stepper in Aue und höher als der der männlichen Tagelöhner im Voigtland.

Dies Verhältnis zwischen den Löhnen ist noch heute ungefähr dasselbe. Ein grofser Berliner Fabrikant schätzt die sächsischen Löhne als durchschnittlich 25 % niedriger als die Berliner. Es ist zu wünschen, dafs die bevorstehende Erhebung über die Lage der dortigen Wäschearbeiter genaueren Aufschlufs gebe.

Bei Betrachtung der aufserhalb Berlins erfolgenden Näherei ist endlich noch die Gefängnisarbeit zu erwähnen. Mehrere deutsche Strafanstalten für weibliche Gefangene haben die Wäscheherstellung als eine für ihre Zwecke besonders geeignete Arbeit eingeführt. Es wird teils Herren-, teils Damenwäsche genäht, letztere, soviel mir bekannt geworden, allerdings nur in einem Gefängnisse. Der Hauptvorzug der Gefängnisarbeit für den Arbeitgeber ist natürlich die grofse Billigkeit der Löhne. Ein Fabrikant, der früher eine Strafanstalt beschäftigte, gab mir an, dafs die Höhe der Löhne ein Drittel der Berliner betragen habe. Allein diesem Vorteil stehen auch erhebliche Nachteile gegenüber. Der Fabrikant ist verpflichtet, die wechselnde Zahl der Gefangenen stets voll zu beschäftigen. Ferner ist die Arbeitsleistung der Gefangenen die denkbar geringste. Es kommt vor, sagte mir der Inhaber eines Engrosgeschäfts, dafs von 40 neu eingelieferten Gefangenen nur 20 brauchbar sind.

Mit der Strafanstalt, in der dieser bis vor kurzem arbeiten liefs, war die Vereinbarung getroffen, dafs jede Gefangene erst eine Lehrzeit von 3 Monaten durchmachen sollte, in der sie 25 ₰ pro Tag an Lohn erhielt. Nach vollendeter Lehrzeit bekam sie 60 ₰ pro Tag. Aber der Verleger fand, dafs die angedeuteten Nachteile durch den Vorteil der Niedrigkeit der Löhne nicht aufgewogen wurden. Er machte der Behörde den Vorschlag, ihn von der Verpflichtung zu entbinden, sämtliche Gefangene zu beschäftigen. Als sie aber hierauf nicht eingehen wollte, löste er das Verhältnis.

Der Fall zeigt, dafs die von den freien Arbeitern so gefürchtete Konkurrenz der Gefängnisarbeit im ganzen wohl überschätzt wird, dafs sie sicherlich weniger gefährlich ist, als die der freien Arbeiter und Arbeiterinnen in Sachsen und anderwärts.[1] Werfen wir zum Schlufs noch einen Blick auf

---

[1] Über die Entlohnung in den für Berliner Verleger in Elsafs-Lothringen

die Arbeitsverhältnisse in den mit Berlin konkurrierenden Centren der Wäscheindustrie.

In der folgenden Tabelle sind die in der Reichs-Erhebung von 1887 für die Erhebungsbezirke angegebenen Durchschnittslöhne, soweit sie vergleichbar sind, zusammengestellt. Die Zahlen für Wien, als einen Hauptsitz der konkurrierenden österreichischen Industrie, sind einer Broschüre des Wiener Gemeinderats Herrdegen aus dem Jahre 1888 entnommen.[1]

(Siehe Tabelle X am Schlusse des Buches.)

Aus der Tabelle ergiebt sich, dafs im Jahre 1887 die Fabrikarbeiterinnen in Berlin und die Heimarbeiterinnen in Leipzig am besten bezahlt wurden, im übrigen aber die Heim- und die Werkstattarbeiterinnen in den deutschen Städten ziemlich die gleichen Löhne erhielten. In Wien wurden die Fabrikarbeiterinnen ähnlich wie in Berlin, die Heimarbeiterinnen aber unter dem deutschen Durchschnitt gelohnt. Bedeutend geringere Löhne sollen in der böhmischen Wäscheindustrie gezahlt werden. Weitergehende Schlüsse zu ziehen, erlauben die mitgeteilten Zahlen nicht, da sie nicht nach einheitlichen Gesichtspunkten ermittelt sind; in dieser Beziehung ist zu hoffen, dafs die neue Erhebung der Reichskommission vollkommener sein wird. Auch bedürfte es, um Löhne, die an verschiedenen Orten gezahlt werden, wirklich vergleichen zu können, einer ähnlichen Zusammenstellung für die Kosten der Lebenshaltung an diesen Orten.

Gerade die Berliner Zahlen würden im Verhältnis zu den übrigen in ungünstigerem Lichte erscheinen, wenn sie nicht in Geld, sondern in dem Mafse der Aufwendungen, die sie möglich machen, ausgedrückt würden.

D. Die Regelung der Arbeitsverhältnisse.

Kap. XVI. 1. Die Organisationen.

In der rein hausindustriell und kaufmännisch betriebenen Wäschekonfektion steht der Arbeitgeber dem Arbeiter vereinzelt gegenüber, weifs der eine Arbeiter nichts vom anderen und kennt der eine Unternehmer den anderen nur als Konkurrenten. Die Isolierung und wirtschaftliche Ohnmacht der Arbeiter hat den Arbeitgebern den Gedanken

arbeitenden Nonnenklöstern konnte ich leider näheres nicht erfahren. Die Verhältnisse sind dort wahrscheinlich dieselben wie in den französischen Klöstern gleicher Art (vgl. über diese d'Haussonville, Misères et Remèdes, Paris 1886.)

[1] Die Lohnverhältnisse der weiblichen Handarbeiterinnen in Wien, Wien 1888, 2. Auflage.

einer Interessengemeinschaft jenen gegenüber nicht nahe gelegt. Von einem gemeinsamen Interesse aber, das sie als Produzenten derselben Ware am selben Ort und im selben Lande hätten, wissen sie erst recht nichts, denn sie fühlen sich vielmehr als Händler, und für diese am letzten weicht das Princip der Konkurrenz dem Koalitionsgedanken.

Anders in der Wäschefabrikation. Nicht nur räumlich sind hier die Arbeiter konzentriert, das Nebeneinanderarbeiten bewirkt von selbst ein Miteinanderdenken, ein Zusammengehörigkeitsgefühl.

Zwischen den Arbeitgebern hatte in der ersten Zeit der Industrie eine sehr starke Rivalität geherrscht, die sich besonders darin äufserte, dafs bei dem grofsen Mangel an Arbeitskräften einer dem anderen die Arbeiter abjagte und zum Kontraktbruch verleitete.

Im Jahre 1879, als das Aufstürmen und Drängen der jungen Industrie einem ruhigeren Tempo wich, mufsten sich die Fabrikanten für die Berliner Gewerbeausstellung zu gemeinsamer Arbeit zusammenfinden. Das gab Ende des Jahres Anlafs zu einer „Konvention“, welche dem fast unerträglichen Übelstande ein Ende machen sollte, und an der sich fast alle Fabrikanten beteiligten. Folgendes war ihr Wortlaut:

„Wir Unterzeichneten verpflichten uns auf Ehrenwort:

1. Hinfort nur solche Arbeitskräfte im Hause zu beschäftigen, die durch ein Stellenbuch nachweisen, dafs sie vom letzten Arbeitgeber „ordnungsmäfsig“ entlassen worden sind;
2. jede uns bekannt werdende Unredlichkeit unserer Arbeitskräfte, auch derer, die wir aufser dem Hause beschäftigen, dem Vorstand anzuzeigen;
3. auf Anfrage des Vorstandes gewissenhafte Auskunft über die Arbeitskräfte und den Grund der Entlassung zu geben.“

Der „Konvention“ lag nur eine sehr lose Vereinigung der Fabrikanten zu Grunde.

Um die Durchführung der Konvention zu sichern, gründeten daher die Unterzeichner derselben am 27. Februar 1882 die „Gesellschaft Berliner Wäschefabrikanten“. Ihr statutenmäfsiger Zweck sollte sein: „Strengste Aufrechterhaltung der Konvention in den hiesigen Wäschefabriken, sowie Beratung und Durchführung von Anträgen, welche die gemeinsamen Interessen der Branche betreffen“. Die Gesellschaft hat einen Vorstand von 7 Personen, dem u. a. auch „in Streitfällen (zwischen Mitgliedern oder zwischen diesen und ihren Arbeitern), welche sich auf Beschlüsse der Gesellschaft beziehen, die schiedsrichterliche Entscheidung zusteht“, eventuell unter Zuziehung von noch zwei Mitgliedern der Gesellschaft.

Wichtiger als das „Statut“ selbst ist die ihm beigefügte „Deklaration für die Handhabung der Konvention in den vereinigten Fabriken“. Dieselbe bestimmt u. a.:

„Jeder Arbeiter soll bei seinem Austritt aus der Fabrik ein Stellenbuch fordern dürfen.

„Die Ausfüllung des Stellenbuches, welches dem Arbeiter bei oder nach seinem Austritt von der Firma, bei welcher er angestellt war, eingehändigt werden mufs, findet folgendermafsen statt:

Bei ordnungsmäfsigem Abgang bescheinigen Sie:

„Der Austritt ist ordnungsmäfsig erfolgt.“

Ist der Arbeiter jedoch ohne Einhaltung der Kündigungsfrist oder in Folge einer Unredlichkeit abgegangen, so füllen Sie die offen gelassene Stelle mit einem beliebigen anderen Worte, vielleicht „heute“ aus, sodafs das Kennzeichen (!) für eine derartige Entlassung dann lautet:

„Der Austritt ist heute erfolgt.“ Ferner:

„Der Vorstand mufs unter allen Umständen darauf sehen, dafs Arbeiter, deren Entlassung im Stellenbuch durch ein anderes Wort als „ordnungsmäfsig“ bezeichnet ist, nicht engagiert werden dürfen, und wenn dies dennoch geschehen, sofort wieder entlassen werden müssen.

Der Vorstand ist aber auch verpflichtet, die Beschwerden derjenigen Arbeiter, welche sich durch Verweigerung eines ordnungsmäfsigen Zeugnisses benachteiligt glauben, sofort zu prüfen, und wenn die Beschwerde sich als begründet erweist, einen bezüglichen Vermerk im Stellenbuch zu machen.“

„Die Listen ordnungswidrig abgegangener Arbeiter werden nach der Reihenfolge numeriert und vom Vorstande den Mitgliedern zugeschickt.“

„Mitglieder, welche Arbeiter engagieren, deren Namen in den Listen ordnungswidrig abgegangener Arbeiter verzeichnet sind, haben für jeden einzelnen Fall eine Ordnungsstrafe von 10 ℳ an die Kasse der Gesellschaft zu zahlen.“

Das von der Gesellschaft erstrebte Ziel, den Kontraktbruch zu beseitigen, wurde durch diese Bestimmungen, welche auf ihre Rechtmäfsigkeit hier nicht geprüft werden sollen, zwar nicht völlig, aber doch in der Hauptsache erreicht. Aber man kann den Kontraktbruch verdammen und doch feststellen, dafs mit dieser Deklaration, gelinde ausgedrückt, weit über das Ziel hinausgeschossen wurde. Haben ihr gegenüber die Arbeiter wirklich so unrecht, von einer „schwarzen Liste“ des Fabrikantenvereins zu sprechen? Denn wenn in jene Liste auch solche eingetragen werden, die wegen einer Unehrlichkeit abgegangen sind, wird da nicht oft der blofse Verdacht ausreichen, in das Stellenbuch ein „heute“ statt eines „ordnungsmäfsig“ zu schreiben? Und ist nicht die Möglichkeit wenigstens gegeben, daſs ein Fabrikant, der es mit den Bestimmungen nicht genau nimmt, auch ihm politisch oder persönlich miſsliebigen Arbeitern auf eine so einfache und ihnen selbst unerkennbare Weise das Kainszeichen aufdrückt? Daſs auch seitens der Arbeiter dieser Verdacht entstehen konnte, nachdem solche, die sich in der Gewerkschaftsbewegung hervorgethan, keine Anstellung fanden, erscheint begreiflich. Was nützt demgegenüber das Beschwerderecht des Arbeiters? Ist doch die Deklaration in den Fabriken nicht bekannt gemacht.

Ist es endlich gerechtfertigt, den Kontraktbrüchigen mit einer Ausschlieſsung für alle Zeit zu bestrafen? Daſs dies zu hart oder vielmehr, daſs es undurchführbar ist, haben die Fabrikanten selbst eingesehen und im Jahre 1887 der „Deklaration“ folgende neue Bestimmungen hinzugefügt:

„Ordnungswidrig abgegangene Arbeiter gelten nach sechs Monaten vom Tage der betreffenden Liste als rehabilitiert und sind vom Vorstande behufs Streichung in den Listen namhaft zu machen“.

Und: „Wenn ordnungswidrig abgegangene Arbeiter im Laufe der ersten 7 Tage nach ihrem Fortgange bei ihrem letzten Arbeitgeber um Wiederanstellung bitten, so ist der letztere verpflichtet, dieselben wieder aufzunehmen, wenn die Arbeiter sich erbieten, auf Verlangen der Arbeitgeber mindestens 6 Wochen in ihrer Stellung zu bleiben. Diese Verpflichtung tritt für den Arbeitgeber erst 7 Tage nach dem Abgange in Kraft. Wird die Wiederaufnahme verweigert, so ist der Vorstand berechtigt — nach Prüfung der Sachlage — dem Arbeitnehmer ein ordnungsmäſsiges Buch zu geben.“

Um den nicht kontraktbrüchigen Arbeitern das Stellensuchen zu erleichtern, sollen sie bereits nach Ablauf der ersten Hälfte der Kündigungsfrist eine Bescheinigung darüber erhalten.

Endlich soll die Kontrolle verschärft werden, indem jeder Arbeitgeber allmonatlich zu prüfen hat, ob in seinem Betriebe „ordnungswidrige Arbeiter“ beschäftigt werden.

Auch nach diesen Neuerungen wurde der Kontraktbruch nicht gänzlich ausgerottet. Es blieben immer einige kleinere Fabriken auſserhalb der Gesellschaft, und bei ihnen konnten die Kontraktbrüchigen, die jetzt allerdings nur noch aus gewichtigen Gründen ihre Stelle verlieſsen, Unterschlupf finden.

Zur Gesellschaft gehörten 1895: 28 Fabriken, darunter aber alle bedeutenderen. Fälle von Kontraktbruch sollen nach Auskunft des Vorsitzenden jährlich ca. 200 vorkommen.

Es ist leicht erklärlich, daſs die Bekämpfung des Kontraktbruchs nicht der einzige Gegenstand der Vereinsthätigkeit blieb. Vielmehr entwickelte sich diese zu einer Bekämpfung der auf die Verbesserung ihrer Lage gerichteten Bestrebungen der Arbeiter überhaupt, die Gesellschaft wurde zu einem

Arbeitgeber-Gewerkverein. So war bereits die Abfassung einer Musterarbeitsordnung erwähnt.

Aber nicht nur die Interessen der Arbeitgeber gegen die Arbeiter, sondern auch die des Gewerbes vertritt die Gesellschaft. Bei bevorstehenden Änderungen in der socialen oder in der Zollgesetzgebung oder, um solche zu erreichen, richtet sie Petitionen an den Reichstag oder an Behörden, den Ältesten der Kaufmannschaft liefert sie die jährlichen Berichte über den Stand der Industrie, sie nimmt die Vertretung derselben auf Ausstellungen in die Hand u. s. w. Endlich zeigen sich die Ansätze zu einer kartellartigen Entwickelung: Bei steigender Konjunktur zeigen die in der Gesellschaft vereinten Fabriken ihren Abnehmern gemeinsam eine Erhöhung der Preise an. Auch den Garnfabrikanten gegenüber beginnt bereits ein gemeinsames Handeln. Es sind allerdings nur 7 Fabriken, welche nach einem Abkommen ihr Garn von einer der gröfsten deutschen Baumwollspinnereien gemeinsam beziehen.

Unter den Arbeitern zeigten sich in der Zeit des Aufkommens der Industrie kaum die Spuren einer Bewegung. Besonders die Zuschneider hatten nicht zu klagen, erfreuten sie sich doch eines hohen Lohnes und geringer Arbeitszeit. Sämtliche Arbeiter waren begehrt und fanden volle Beschäftigung. Stiegen auch die Stücklöhne nicht, so trat eine Besserung des Verdienstes durch Einführung feinerer und schwierigerer Artikel, wie der Damenwäsche, ein.

Das einzige gemeinsame Werk war die Begründung einer Krankenkasse im Jahre 1881, welche noch heute als freie Hülfskasse besteht.

Die günstigen Verhältnisse änderten sich mit dem Rückgange der Industrie seit Anfang der 80er Jahre. Die Löhne sanken zwar zunächst nur in der Hausindustrie, aber es wurde in den Fabriken nicht mehr mit voller Kraft gearbeitet, so dafs die Verdienste geringer wurden, und auch gröfsere Entlassungen traten ein.

Das rüttelte die Arbeiter auf. Im Jahre 1885 wurde ein Fachverein der Zuschneider begründet. Derselbe entfaltete in den ersten Jahren bei immer noch sinkender Konjunktur keine gröfsere Thätigkeit. Erst im Jahre 1889, in dem das Gewerbe einen kleinen Aufschwung erlebte, erachtete der Verein den Moment für gekommen, bessere Arbeitsbedingungen für die Znschneider durchzusetzen. Seine Mitgliederzahl war von 100 auf 168 gestiegen und er umfafste damit den gröfsten Teil der Berliner Wäschezuschneider. Am 1. Februar 1890 wurde an die Fabriken die Forderung einer Lohnerhöhung von 15% und einer Herabsetzung der Arbeitszeit von 9—10 auf 8—8½ Stunden gestellt. Die erste Forderung wurde, ohne dafs es zum Ausstand kam, in fast allen, die zweite in den meisten Fabriken bewilligt. Gleichzeitig aber mit der Zuschneiderbewegung entstand eine Bewegung der weiblichen Arbeiter.

Später als unter die männlichen Arbeiter war unter sie der Organisationsgedanke gedrungen.

Die Berliner Arbeiterinnenbewegung blickt auf eine nur kurze Vergangenheit zurück. Die ersten Vereinsorganisationen waren weniger von Arbeiterinnen als für die Arbeiterinnen begründet und dienten meist philanthropischen Zwecken: so der Bildungsverein für Arbeiterinnen, gegründet 1869, und der Berliner Arbeiter-Frauen- und Mädchen-Verein von 1873. Beide gingen 1877 ein. Es folgten ihnen andere, wie der Frauen-Hülfsverein, der Verein zur Hebung der Sittlichkeit u. s. w. Der erste wirklich von Arbeiterinnen begründete und geleitete Verein war der 1885 entstandene Verein zur Wahrung des Interesses der Arbeiterinnen. Ihm folgte der Berliner Arbeiterinnen-Verein im Norden.

Beide Vereine konnten sich aber unter dem Socialistengesetz nicht lange halten und übten keine grofse Wirksamkeit. Ihre Ziele waren offen oder versteckt rein politische. Von männlichen und weiblichen Agitatoren wurden Vorträge gehalten über Atheismus, freie Liebe und ähnliche Dinge, welche wohl auch ohne die vom Gesetz beschleunigte Auflösung der Vereine ihren Reiz für die Arbeiterinnen bald verloren hätten. Von der Gewerkschaftsbewegung waren sie weit entfernt[1].

Von den Wäschearbeiterinnen mögen wenige an diesen Vereinen beteiligt gewesen sein. Aber die lebhafte Agitation, die sie hervorgerufen, bewirkte doch auch in den Kreisen jener eine Gärung, die nach dem Fall des Socialistengesetzes zu lebhaftem Ausdruck kam.

Schon vorher war einmal ein Teil der Wäschearbeiterinnen, die Näherinnen, zum Bewufstsein ihres gemeinsamen Interesses gebracht worden, und zwar durch die Fabrikanten selbst.

Die von diesen angeregte Petition der Wäschenäherinnen gegen die 1885 geplante Erhöhung des Nähfadenzolls und die ihr folgenden Näherinnenversammlungen sind bereits erwähnt worden. Die Agitation hatte damals nicht die Wirkung, die Zollerhöhung zu verhindern, aber den weit wichtigeren Vorteil, dafs der Truckunfug von den Freunden der Zollerhöhung im Reichstage ans Licht gezogen und damit die Besserung angebahnt wurde, wie dies bereits geschildert ist.

Seit dem Jahre 1890 datiert die Frauengewerkschaftsbewegung.

---

[1] Vgl. (A. Berger), Die zwanzigjährige Arbeiterinnenbewegung Berlins.

Die Maifeier dieses Jahres gab den Anlafs zu einer starken Agitation, welche die Arbeiterinnen der Wäschefabrikation unter Führung einiger Zuschneider dazu benutzten, die Forderung einer Lohnerhöhung zu stellen. Ohne dafs irgendwo länger als einen halben Tag die Arbeit eingestellt wurde, setzten sie auch in allen Fabriken eine Lohnerhöhung von 2 % durch. Der Erfolg der Bewegung legte den Gedanken der gewerkschaftlichen Organisierung nahe. Aber von vorn herein kam es zu einer Spaltung durch persönliche Reibereien der Führer. Die Kräfte wurden zersplittert, indem zwei Fachvereine gegründet wurden, der der Näherinnen und der Verein der Plätterinnen und verwandten Berufsgenossen.

Der erste wurde bereits nach einem halben Jahre mit dem bestehenden Verein der Zuschneider verschmolzen. Der neue „Verein zur Wahrung geistiger und materieller Interessen aller Arbeiter und Arbeiterinnen der Wäschebranche“ will seinen statutenmäfsigen Zweck der „Ausbildung der geistigen, gewerblichen und materiellen Interessen der Mitglieder“ verwirklichen:

„a) durch Unterhaltung einer Bibliothek,
b) durch gewerkschaftliche sowie wissenschaftliche Vorträge,
c) durch Gewährung von Rechtsschutz in gewerkschaftlichen und solchen Streitigkeiten, in welche die Mitglieder in Folge ihrer Vereinsthätigkeit geraten, sowie Regelung des Arbeitsnachweises,
d) durch Unterstützung der in Not geratenen Mitglieder,
e) durch gesellige Zusammenkünfte und Veranstaltung gröfserer Vergnügen.“

Mitglied kann jeder Arbeiter der Branche werden, der monatliche Beitrag beträgt 30 ₰. Die Notfallsunterstützung ist rein freiwillig. Der Arbeitsnachweis vermittelt jährlich etwa 200 Stellen.

Ganz ähnlich waren die Statuten des Plätterinnenvereins [1]. Infolge rühriger Agitation hatte der Verein im Jahre 1891 etwa 750 Mitglieder.

Aber rasch schmolzen die Mitgliederzahlen beider Vereine zusammen unter dem Druck des Fabrikantenvereins und noch mehr dem der fallenden Konjunktur im Gewerbe.

Bald nach Gründung der Vereine wurden die beiden Vorsitzenden in ihren Fabriken entlassen und wurden, wo sie sich um Arbeit bemühten, zurückgewiesen. Der des Wäschearbeitervereins blieb ein halbes Jahr arbeitslos und fand schliefslich bei einem nicht der Gesellschaft angehörigen kleinen

[1] Hier beträgt der Monatsbeitrag nur 20 ₰.

Fabrikanten eine Stelle. Er ist in dieser arbeitslosen Zeit, wie er mir erzählte, schärfer und verbitterter geworden.

Der Vorsitzende des Plätterinnenvereins fand erst wieder Arbeit, als in einer kleinen Fabrik die Stelle eines Zuschneiders frei wurde, und die Plätterinnen ihrem Arbeitgeber mit einem Ausstand drohten, falls er nicht jenem die Stelle gebe. Er gab später diese Stelle auf und fing in einem Berliner Vororte eine Gastwirtschaft an. Trotzdem er sich hierdurch den Interessen seines früheren Berufs ganz entfremdete, blieb er Vorsitzender des Plätterinnenvereins, und es ist das wohl der Hauptgrund, dafs es zu einer Vereinigung beider Vereine nicht gekommen ist.

Mit der abnehmenden Mitgliederzahl versandete auch die Wirksamkeit der Fachvereine. Nur seitens des Plätterinnenvereins entstand noch eine schwache Bewegung gegen die Gasplätterei, die 1892 allgemeiner eingeführt wurde, aber ohne irgend etwas dagegen ausrichten zu können, vielleicht mit dem einzigen Erfolge, dafs die Gewerbeinspektion auf die Gesundheitsgefährlichkeit des neuen Systems aufmerksam gemacht wurde und infolgedessen auf Ventilationseinrichtungen drängte.

Die Vereine konnten nicht verhindern, dafs die 1890 bewirkte Lohnerhöhung vielfach wieder rückgängig gemacht worden ist.

Die Ursache des Rückgangs der Vereine war, wie gesagt, dafs die Fabrikanten sie zu unterdrücken suchten, indem sie gegen alle Vereinsmitglieder, in welchen sie „Agitatorinnen“ sahen, ebenso wie gegen die Vorsitzenden vorgingen, dann aber, dafs dem kurzen industriellen Aufschwung von 1890 bald wieder ein Rückgang folgte, der erst seit Anfang 1895 wieder umzuschlagen scheint.

Durch die geringe Mitgliederzahl — Ende 1895 betrug sie bei dem Wäschearbeiterverein 20—30 Zuschneider und etwa ebensoviel Arbeiterinnen — wurde natürlich die Thätigkeit der Vereine aufs äufserste gelähmt. Es ist möglich, dafs, wenn die steigende Konjunktur in der Industrie anhält, die Agitation für eine Lohnbewegung die Kräfte der Vereine verstärken wird, zumal wenn es gelingen sollte, die beiden Vereine mit einander zu verschmelzen. Vor allem würde zum Erfolge notwendig sein eine stärkere Betonung der rein gewerkschaftlichen Ziele und Fernhaltung der politischen Tendenzen, wie dies alle socialdemokratischen Fachvereine vermissen lassen.

Gerade die Zuschneider sind nur zum kleinsten Teil socialdemokratisch gesinnt, und die es sind, machen nur einen sehr gemäfsigten Gebrauch davon. Allerdings die Arbeiterinnen, so ist mir von allen Seiten versichert worden, sind fast ausnahmslos Socialdemokratinnen. Aber abgesehen davon, dafs sich wenige, Frauen am allerwenigsten, den Einflüssen und Anschauungen ihrer Umgebung entziehen können, so ist doch die Hauptursache der bei den Frauen als den Jugenderzieherinnen doppelt beklagenswerten Gesinnung der Mangel an Erkenntnis davon, dafs sie auch auf dem Boden der bestehenden Gesetze durch gewerkschaftliche Organisation ihre Lage verbessern können. Dafs diese Möglichkeit vorhanden ist, wenn auch in beschränkterem Grade, als bei den männlichen Arbeitern, zeigt die Bewegung der Frauengewerkvereine in England.

Allerdings fehlt bei uns noch das Vorbild einer starken Gewerkvereinsbildung der männlichen Arbeiter, an das sich die der weiblichen anlehnen könnte. Aber eine Bedingung, die sich in England als notwendig für das Gedeihen der Arbeiterinnenbestrebungen erwiesen hat, dafs nämlich ihre Gewerkvereine nicht nur weibliche, sondern auch männliche Arbeiter umfassen, ist auch bei einem der hier in Rede stehenden Fachvereine, dem Wäschearbeiterverein, zutreffend. Es wäre lebhaft zu bedauern, wenn unter den Zuschneidern die Ansicht Platz griffe, der wir noch begegnen werden, dafs an dem Rückgange ihres Vereins nicht die geschilderten Thatsachen, sondern die Vereinigung mit dem Näherinnenvereine schuld sei. Gerade das Zusammenwirken mit einer im ganzen so gemäfsigten und nüchternen Arbeiterschaft, wie der der Zuschneider, könnte von segensreichem Einflusse auf die Arbeiterinnenbewegung sein. Wie sehr die Zuschneider als geeignetes Material für eine von der politischen Bewegung getrennte Gewerkschaft erscheinen, dafür mag als Stimmungsbild der Eindruck dienen, den ich aus einer Zuschneiderversammlung empfing, welche im November 1895 durch den Fachverein einberufen war, um den Plan einer für das nächste Frühjahr in Aussicht genommenen Bewegung eines Minimalstücklohntarifs zu beraten.

Es mochten etwa 50—60 Zuschneider versammelt sein; da nur sie geladen waren, war von den weiblichen Vereinsmitgliedern nicht mehr als eines erschienen. Die Anwesenden trugen durchaus den Typus des Kleinbürgers, nicht des Fabrikarbeiters. In Erscheinung, Kleidung, Auftreten war bei den meisten eine gewisse Behäbigkeit unverkennbar.

Eingeleitet wurde die Versammlung durch den Vortrag eines der Vorsitzenden über Entwickelung der Gewerkvereine und Koalitionsgesetzgebung in den verschiedenen Ländern. Der Redner trug den wohlstilisierten und zu Papier gebrachten Inhalt in freier Weise vor. Dieser gipfelte in einem bewundernden Hinweise auf die Erfolge der Trade Unions, wobei zu wiederholten Malen Brentano citiert wurde. Er hielt sich in wohlthuender Weise fern von allen revolutionären Phrasen, wies mehrmals darauf hin, dafs „selbst bei uns“ die

Koalitionsfreiheit noch nicht voll verwirklicht sei, und wenn dem Vortrage etwas vorzuwerfen war, so war es Mangel an Wärme in der Aufforderung, die Lehren desselben nutzbar zu machen. Dies wurde in der Diskussion wieder gut gemacht durch einen Zuschneider, der unklarer aber packender die Nachteile und die Vorzüge der Organisation schilderte und den Eindruck wiedergab, welchen auf den internationalen Arbeiterkongressen die Engländer durch ihr Auftreten und ihre hohe Lebenshaltung auf ihre kontinentalen Genossen gemacht hätten.

Der Vorsitzende hielt hierauf ein kurzes Referat über den Plan einer Lohnbewegung und forderte die Wahl einer Kommission zur Ausarbeitung eines Minimalstücklohntarifs. Die Bedeutung dieser Forderung ist bereits oben (S. 73 ff.) gewürdigt worden. In der Debatte zeigten sich verschiedene Strömungen. Die eine schien auszugehen von Zuschneidern der kleinen Winkelfabriken, in denen die schlechtesten Löhne gezahlt werden. Sie traten am eifrigsten für die Bewegung ein. Ihnen schlossen sich an Vertreter einiger der gröſsten Fabriken, deren Stücklohnsätze voraussichtlich dem Minimaltarif zur Grundlage dienen sollten. Opposition erhob sich dagegen namentlich von seiten eines Zuschneiders, der, in einer der Fabriken mit den niedrigsten Lohnsätzen, erklärte, den höchsten Verdienst zu machen, indem die Arbeit dort weit leichter, die Kontrolle weniger lästig sei und daneben eine weit gröſsere Bewegungsfreiheit bestünde als in mancher der gröſsten Fabriken. Er erklärte sich einem etwaigen Strike abgeneigt und vertrat dafür Forderungen, die auf anderem Gebiete lagen, wie Rückbildung des Fachvereins in einen reinen Zuschneiderverein ohne die störenden weiblichen Mitglieder, welche besser mit dem Plätterinnenverein vereinigt würden, Ausschlieſsung nicht ordentlich gelernter und gelohnter Arbeiter von der Mitgliedschaft, Regelung des Lehrlingswesens und Errichtung einer Fachschule. Er verriet mit diesen Forderungen, obwohl die erste im Interesse der weiblichen Arbeiter zu bekämpfen ist, etwas von dem nüchtern-praktischen, von einem gewissen Egoismus nicht freien Blick, welcher den englischen Gewerkvereinler auszeichnet und der in unseren deutschen Fachvereinen leider so wenig angetroffen wird.

Bei der Abstimmung ergab sich, daſs die Mehrzahl der Anwesenden für die Wahl einer Kommission, also für Eintritt in die Bewegung war.

Die Kommission ist zwar in der Folge zusammengetreten, zu einer Lohnbewegung ist es aber nicht gekommen und wird es nach Ansicht eines der ältesten und erfahrensten Zuschneider auch in absehbarer Zeit nicht kommen, weil der gröſste Teil der Zuschneider feste Vertrauensstellungen und sein gutes Auskommen hat.

Aus diesem Grund gehört auch, wie schon erwähnt, nur eine Minorität der socialdemokratischen Partei an. Leider sind es aber gerade deren Anhänger, welche die Fachvereine beherrschen und nicht zum wenigsten hierdurch die Mehrzahl der Zuschneider dem Verein fernhalten.

Dagegen sind die Bestrebungen der weiblichen Arbeiterschaft in ein neues Stadium getreten durch die grofse Bewegung der Arbeiter und Arbeiterinnen in den nahe verwandten Konfektionsindustrien. Der Erfolg des Konfektionsarbeiterstrikes vom Februar 1896, welcher wesentlich durch die Sympathie der öffentlichen Meinung herbeigeführt worden ist, rief naturgemäfs auch unter den Wäschearbeiterinnen das allgemeine Verlangen hervor, in eine Bewegung zu treten. Da eine solche jedoch gänzlich unvorbereitet gewesen wäre, gelang es dem Einflusse der Führer, die plötzlich erwachte Begeisterung der Arbeiterinnen auf ein weiteres Ziel zu lenken, die Vorbereitung einer Lohnbewegung zum Frühjahr 1897. Ob es gelingen wird, nicht nur die Fabrikarbeiterinnen, sondern auch die Heimarbeiterinnen zum Anschlufs zu bewegen, steht dahin. Wenig wahrscheinlich aber ist es, dafs eine dauernde Angliederung der Heimarbeiterinnen an die Organisation erreicht werden wird.

Was aber auch die Zukunft der Gewerkvereinsbewegung der Wäschearbeiter sein möge, so ist doch nicht zu hoffen, dafs sie aus eigener Kraft alle Schäden in der Fabrikarbeit beseitigen, geschweige denn, dafs sie mit nennenswertem Erfolge Besserungen im hausindustriellen Arbeitsverhältnis durchsetzen wird.

Der Genossenschaftsgedanke hat unter den Arbeitern unserer Industrie noch gar keinen Eingang gefunden. Dafs seine Verwirklichung auch auf diesem Gebiete nicht ausgeschlossen ist, beweist das Beispiel einer Produktivgenossenschaft in Wien. Es ist vielleicht nicht unangebracht, an dieser Stelle hierüber zu berichten.

In einer Broschüre über „Die Lohnverhältnisse der weiblichen Handarbeiterinnen in Wien“ [1] hatte der dortige Gemeinderat Herrdegen nach Aufdeckung der furchtbaren Niedrigkeit von Lohn und Lebenshaltung insbesondere der Wäschenäherinnen einen Aufruf an die Frauen der wohlhabenden Klassen zur Gründung einer Produktivgenossenschaft gerichtet, in welcher er das Heilmittel gegen die geschilderten Schäden erblickte. Der Aufruf hatte Erfolg, und es kam durch freiwillige Gaben das nötige Kapital zusammen. Im Jahre 1892 wurde die „Erste Wiener Produktivgenossenschaft für Frauenhandarbeit“ begründet zum Zwecke der Herstellung und des Verkaufs von weiblichen Handarbeiten, besonders Wäsche-

[1] Wien, 1888.

artikeln. Aus den Statuten sei hervorgehoben: „Der Genossenschaft können nur Mädchen und Frauen beitreten, welche auf einen eigenen Erwerb angewiesen sind und sich an dem Genossenschaftsunternehmen als Handarbeiterinnen oder Wäscheputzerinnen oder aber in kaufmännischer Thätigkeit persönlich beteiligen.“ Nichtmitglieder dürfen nicht als Arbeitskräfte beschäftigt werden.

Das Eintrittsgeld beträgt 30 kr., der Wochenbeitrag 10 kr. Letzterer ist nur so lange zu leisten, bis der Geschäftsanteil in Höhe von 15 fl. gedeckt ist. Von diesen darf kein Mitglied mehr als 20 erwerben.

Die Leitung der Genossenschaft erfolgt durch Mitglieder, es scheinen aber Frauen der wohlhabenden Klassen zu sein, welche sich zu diesem Amte haben wählen lassen.

Was die geschäftlichen Ergebnisse anbelangt, so liegt mir nur der Rechnungsabschlufs für 1894 vor. Danach schlofs die Bilanz mit einem Ausfall von 581,44 fl. ab. Die Schuld daran wird der Lage des Geschäftslokals in einer wenig frequenten Strafse gegeben. Die Genossenschaft hatte 57 Mitglieder mit 70 Geschäftsanteilen.

Der Warenumsatz betrug: 16503,29 fl., das Lohnkonto: 5083,20 fl. oder 30 % des Umsatzes gegen 24,9 % im Jahre 1893.

Nach einer Auskunft der Genossenschaft werden nicht alle Mitglieder das ganze Jahr ausschliefslich von ihr beschäftigt, aufser denen, welche in ihrer Werkstätte arbeiten. Letztere haben dauernd guten Verdienst, nämlich die Maschinennäherinnen 8—10 fl. (13,60—17 ℳ), die Handnäherinnen 5—6 fl. (8,50—10,20 ℳ) pro Woche.

Das geschilderte Unternehmen ist kein Werk eigentlicher Selbsthülfe. Es ist gegründet und wird geleitet nicht durch seine arbeitenden Mitglieder, sondern durch freiwillige Hülfskräfte aus den oberen Klassen. Allein es wäre thöricht, von den armen Näherinnen zu verlangen, was selbst unter den hochstehendsten Arbeitern nur wenige Auserwählte vermögen. Als Allheilmittel zur Hebung socialer Schäden kann daher die Produktivgenossenschaft in unserer Industrie noch viel weniger in Betracht kommen, als in anderen. Aber wer sich auch auf wirtschaftlichem Gebiete von dem Aberglauben an die blaue Blume befreit hat, der wird nicht die hohe Bedeutung verkennen, welche gerade für die weibliche Arbeiterschaft die Erziehung zur Selbsthülfe, das thatkräftige Zusammenwirken mit gebildeten Frauen haben mufs. Und werden auf solche Weise auch nur einzelne Arbeiterinnen geistig und materiell gehoben, so können diese doch als erfahrene und selbständige Führerinnen hunderten und tausenden von anderen zum Segen gereichen.

Ist also das, was auf unserem Gebiete die Selbsthülfe erreichen kann, auch nur wenig, so ist es doch nicht zu verachten. Welche Faktoren da einzutreten haben, wo sie versagt, das wird in einem letzten Kapitel zu erörtern sein.

Kap. XVII. 2. Die Arbeiterversicherungs- und Arbeiterschutzgesetzgebung.

An mannigfachen Stellen unserer Erörterung hatten wir Gelegenheit, den weitgehenden Einflufs der wirtschaftlichen und socialen Gesetzgebung auf das Wohlergehen der Industrie und ihrer Arbeiter zu beobachten. Im Zusammenhange sind bereits die Wirkungen der Zollgesetzgebung besprochen, und es ergaben sich die Wünsche, welche unsere Industrie an sie knüpft. Aber in der Handelspolitik ist kein einzelner Staat allmächtig, er mufs mit anderen kämpfen und sich vertragen, er kann nicht zu Gunsten einer Industrie andere wichtigere preisgeben; wo er zwischen der Vielheit der Einzelinteressen das Staatsinteresse findet, das kann man ihm nicht im einzelnen Falle vorschreiben, will man nicht einem fruchtlosen Doktrinarismus verfallen.

Anders in der Socialpolitik. Hier stehen sich nur zwei Interessen gegenüber, das der Arbeitgeber und das der Arbeiter. Oft genug ist ihr Widerstreit nur ein scheinbarer, und der Staat verwirklicht nur ein gemeinsames Interesse. Oft allerdings ist der Zwiespalt thatsächlich vorhanden, und hier hat der Staat die Aufgabe, eine solche Lösung zu finden, die der Wohlfahrt der Gesamtheit dient.

Die tiefgreifendsten Reformen hat das Reich bisher auf dem Gebiete der Versicherungsgesetzgebung geschaffen.

Vor Erlafs des Krankenversicherungsgesetzes gab es in unserer Industrie nur eine freiwillige Versicherung in der Krankenkasse der Zuschneider Berlins. Diese wurde im Jahre 1881 mit etwa 50 Mitgliedern begründet, hatte 1883 bereits 170 Mitglieder und wuchs seit 1892 bis auf die jetzige Zahl von etwa 250 Mitgliedern, so dafs sie etwa zwei Drittel der Berliner Zuschneider umfafst. Es werden wöchentlich 40 ₰ Beitrag erhoben, wofür nach einer Karenzzeit von 13 Wochen während 26 Wochen 12 ℳ wöchentliches Krankengeld und freie ärztliche Hülfe und Arznei gewährt wird. Solche, die die Kasse nur als Zuschufskasse benutzen, erhalten 4,05 ℳ wöchentlich für Arzt und Arznei. Endlich wird ein Sterbegeld von 100 ℳ gewährt.

Die grofse Masse der Arbeiter aber war bis zum Erlafs des Krankenversicherungsgesetzes nicht versichert. Seitdem besteht die Ortskrankenkasse für die Wäschefabrikation. Dieselbe hatte im Jahre 1894: 10291 Mitglieder, darunter 9818 weibliche.[1]

Die Mitglieder zerfallen in 5 Lohnklassen, deren Grenzen die Wochenverdienste von 7,50; 10,50; 13,50; 16,50 ℳ bilden. Die Höhe von Eintrittsgeld, Beiträgen und Krankengeld ergiebt sich aus folgender Tabelle:

			Beiträge	Anteil des Mitglieds	Anteil des Arbeitgebers	Eintrittsgeld	Krankengeld
Klasse	I	pro Woche	15 ₰	10 ₰	5 ₰	45 ₰	50 ₰
„	II	„ „	21 „	14 „	7 „	63 „	75 „
„	III	„ „	30 „	20 „	10 „	90 „	100 „
„	IV	„ „	36 „	24 „	12 „	108 „	125 „
„	V	„ „	45 „	30 „	15 „	135 „	150 „

Das Krankengeld wird während 13 Wochen gezahlt.

Neben die Ortskrankenkasse ist seit Ende des Jahres 1890 die Betriebskrankenkasse der Fabrik von Wolff & Glaserfeld getreten. Sie hatte im Durchschnitt des Jahres 1894: 970 Mitglieder, darunter 930 weibliche. Sie unterscheidet vier Lohnklassen, für welche sich die Leistungen, wie folgt, stellen:

			Beiträge	Anteil des Mitglieds	Anteil des Arbeitgebers	Eintrittsgeld	Krankengeld
Klasse	I	pro Woche	15 ₰	10 ₰	5 ₰	45 ₰	50 ₰
„	II	„ „	21 „	14 „	7 „	63 „	75 „
„	III	„ „	33 „	22 „	11 „	99 „	115 „
„	IV	„ „	60 „	40 „	20 „	180 „	200 „

Das Krankengeld wird während 20 Wochen gezahlt.

Es verlautet, daſs das Beispiel der gröſsten Fabrik Nachahmung finden und eine andere groſse Wäschefabrik ebenfalls eine Betriebskrankenkasse einrichten wird. Der Grund dafür liegt darin, daſs in der Betriebskrankenkasse die Kontrolle eine viel schärfere ist und damit der Gefahr der Simulation besser vorgebeugt wird, und daſs die Betriebskasse in den Augen der Fabrikanten den Vorzug hat, ihre Arbeiter von der Beteiligung an den allgemeinen Versammlungen und Wahlen der Ortskrankenkasse und damit von der Annäherung an ihre Berufsgenossen zurückzuhalten.

Ganz auſserhalb der Krankenversicherung steht die Hausindustrie. Allerdings schwebt zur Zeit ein Rechtsstreit der Armendirektion Berlin gegen die Betriebskrankenkasse bei dem Oberverwaltungsgericht, der die Frage zum Gegenstande hat, ob eine für die Fabrik zu Hause Knopflöcher nähende Arbeiterin als „Heimarbeiterin“ oder „Hausindustrielle“ im

[1] Seit 1893 sind die Wasch- und Plättanstalten in die Kasse einbezogen.

Sinne des Gesetzes zu betrachten ist. Im ersteren Falle wäre sie versicherungspflichtig. Man darf auf die Entscheidung, welche von grundsätzlicher Bedeutung ist, gespannt sein. In einem ähnlichen Falle hat das Oberverwaltungsgericht die betreffende Arbeiterin, dem Sinne des Gesetzes nach wohl mit Recht, als „Hausindustrielle“ erklärt.[1]

Doch ist aus der in den mafsgebenden Kreisen vorhandenen Stimmung zu schliefsen, dafs, wenn die Einbeziehung der Hausindustrie in die Versicherungspflicht auf Grund des bestehenden Gesetzes nicht möglich ist, eine Änderung desselben zu erwarten steht. Übrigens kann schon jetzt statutarisch die Versicherungspflicht auf die Hausindustriellen ausgedehnt werden. Ähnlich verhält es sich mit der Invaliditäts- und Altersversicherung; nur bei der Unfallversicherung würde eine Ausdehnung auf die häuslichen Arbeitsstätten noch unthunlich sein. Von den Leistungen dieser Versicherungen für die Fabrikarbeiter zu sprechen, ist hier nicht nötig, da dieselben in unserer Industrie keinerlei Besonderheit aufweisen und im allgemeinen als bekannt vorausgesetzt werden dürfen.

Die deutsche Arbeiterschutzgesetzgebung hat sich bisher in der Hauptsache auf die Reglementierung der Fabrikarbeit beschränkt. Für die Wäschefabrikation mit ihrer überwiegend weiblichen Arbeiterschaft kam insbesondere in Betracht die Einführung des Maximalarbeitstages für Arbeiterinnen. Zwar herrschte auch vordem nur in wenigen Fabriken eine längere Arbeitszeit als 11 Stunden, es wurden aber die häufigen Überstunden nunmehr unmöglich gemacht. Einschneidender war dagegen die Einführung der Sonntagsruhe durch Verordnung vom 1. April 1895, welche einem noch heftigeren Widerstande seitens der Fabrikanten begegnete, weil die Industrie bisher in der Saison sich in ausgedehntestem Mafse der Sonntagsarbeit bediente. Von keinerlei Einflufs war das Verbot der Kinderarbeit, die auch bisher nicht üblich gewesen. Dagegen griffen mehr ein die Bestimmungen über die jugendlichen Arbeiter.

Von all diesen segensreichen Schutzbestimmungen blieb das grofse Gebiet der Hausindustrie so gut wie unberührt. Nur die gröfsten der von Zwischenmeistern geleiteten Nähstuben, welche die Polizeibehörde als Fabriken ansah, wurden durch sie betroffen.

In der Menge der kleinen Nähstuben aber, in denen gerade die längsten Arbeitszeiten herrschen, blieben die Arbeiterinnen nach wie vor der willkürlichen Arbeitsordnung der selbst an die härteste Arbeit gewohnten Zwischenmeister und Meisterinnen unterworfen. Und die Tausende von Heimarbeiterinnen mit ihren helfenden Familienangehörigen blieben weiter

---

[1] Vgl. Socialpol. Centralblatt 1893. S. 590.

gezwungen, ihre Arbeitszeit im Verhältnis zu den ihnen durch die Verleger diktierten sinkenden Lohnsätzen zu verlängern.

Und während sich die Fabrikarbeiterinnen organisierten oder doch bei wichtigeren Anlässen zusammenfanden, um ihre Arbeitsbedingungen zu verbessern, oder wenigstens nicht verschlechtern zu lassen, blieb die individualistische Hausindustrie unberührt von jedem Gedanken der Organisation.

Die der gesetzlichen und socialen Fesseln ledige Heimarbeit wurde in der Konkurrenz mit der Fabrikarbeit gestärkt. Da, wo die letztere noch keinen Eingang gefunden, wie in der Konfektion, wurde ihre Einführung erschwert, da wo die Fabrikarbeit bereits überwog, wurde ein Aufsaugen der Heimarbeit durch sie verhindert und die Fabriknäherin wurde gleichzeitig Heimarbeiterin.

Ähnliche Erscheinungen haben sich auch in anderen Gewerben gezeigt, und die Ausdehnung des Arbeiterschutzes auf die Hausindustrie ist eine der brennendsten Forderungen auf dem Gebiete der Socialpolitik geworden.

Erst in jüngster Zeit, am 15. Januar 1896, ist im Reichstage ein Antrag Hitze beraten worden, der u. a. bezweckt, „die Ausdehnung der Bestimmungen der Gewerbeordnung, betreffend den Schutz der jugendlichen und weiblichen Arbeiter (§§ 135—139 b) auf die Hausindustrie — unter besonderer Berücksichtigung der Wirkungen der Fabrikgesetzgebung auf die Vermehrung der Hausindustrie — durch Erhebungen wirksam vorzubereiten und anzuregen.“ Die Äufserungen des Regierungsvertreters zu diesem Punkte sind aus den Zeitungsberichten leider nicht zu ersehen, doch zeigen spätere Verhandlungen, dafs auch von seiten der Regierung die Forderung bereits erwogen wird. Der Antrag wurde von den Rednern aller politischen Parteien und socialpolitischen Richtungen unterstützt und einstimmig angenommen.

Noch mehr in Beziehung auf unsere Industrie wurde dieselbe Frage in den Reichstagsverhandlungen vom 12. Februar 1896 aufgerollt. Die von den Abgeordneten v. Heyl und Gen. eingebrachte Interpellation bezog sich zwar nur auf Mafsregeln gegen das Trucksystem, wie es durch die Erhebung des Jahres 1887 aufgedeckt worden, die Debatte darüber nahm aber angesichts des gleichzeitig schwebenden Konfektionsstrikes einen allgemeineren Charakter an. In seiner Erwiderung auf die Anfrage teilte Staatssekretär v. Bötticher mit, dafs die Kommission für Arbeiterstatistik mit einer Erhebung über die Lage der Arbeiterinnen in der Wäschefabrikation und Konfektion betraut werden solle. Aufser auf das Trucksystem solle das Augenmerk gerichtet werden auf die etwaige Ausbeutung des Arbeitsverhältnisses zu unsittlichen Zwecken und auf die Möglichkeit, die Hausindustrie auf diesem Gebiete auszuschliefsen. Als zu erwägende Mafsregeln stellte er hin: eine gesetzliche

Ermächtigung für den Bundesrat, vorzuschreiben, dafs der Abschlufs der Arbeitsverträge für gewisse Industriezweige schriftlich erfolgen mufs, ferner Verbot der Annahme weiblicher Arbeiter von Personen, welche in sittlicher Beziehung ungeeignet erscheinen, endlich Beschränkung der Arbeitszeit durch kaiserliche Verordnung. Die Anregung des Interpellanten, es sollten weibliche Fabrikinspektoren ernannt werden, fand seitens des Ministers von Berlepsch eine ablehnende Antwort.

Seitdem ist die Frage der Ausdehnung des Arbeiterschutzes auf die Hausindustrie in ein neues Stadium gerückt, und statt des „ob“ ist das „wie“ zu erwägen, nämlich, welche Schutzbestimmungen ausgedehnt werden, und wie ihre Durchführung gesichert werden soll. Unstreitig die wichtigsten sind die Beschränkungen der Arbeitszeit, und ihre Übertragung auf die Hausindustrie durch die in § 154 der Gew. O. vorgesehene Verordnung ist der Angelpunkt der ganzen Frage. Verhältnismäfsig einfach ist die Lösung, soweit die Ausdehnung auf die Arbeitsstuben in Betracht kommt. Es würde hierzu in der Hauptsache nur einer Vermehrung der Gewerbeinspektionsbeamten bedürfen. Allerdings wird sich eines als unumgänglich erweisen: die Ernennung weiblicher Gewerbeinspektoren. Das Vertrauen weiblicher Arbeiter, insbesondere aber der hausindustriellen werden sich nur weibliche Beamte erwerben können. Aber auch das technische Verständnis für die Arbeit gerade in Industrien, wie die beschriebenen, welches z. B. zur Beurteilung hygienischer Fragen wesentlich ist, ist bei Frauen eher zu suchen als bei Männern. Das Gelingen der Versuche, die in England mit weiblichen Fabrikinspektoren gemacht werden, wird das Seinige dazu beitragen, auch bei uns die mafsgebenden Faktoren einem Eingehen auf diesen Wunsch geneigt zu machen.

Bei weitem gröfseren Schwierigkeiten, als die Ausdehnung des Arbeiterschutzes auf die Werkstätten würde die auf die Heimarbeiterinnen begegnen. Es erscheint als ein Ding der Unmöglichkeit, die in Berlin allein nach Zehntausenden zählenden Hausindustriellen etwa in ihren Wohnungen daraufhin zu kontrollieren, ob sie täglich nur 11, oder, wenn jugendlich, 10 Stunden, ob sie Sonntags, ob sie nachts arbeiten etc. Lehrreich in dieser Beziehung ist die Gesetzgebung des Staates Illinois. Nach einem Aufsatz der dortigen Oberfabrikinspektorin Florence Kelley[1] ist durch ein Gesetz des Jahres 1893 eine beschränkte Kontrolle auch der Wohnräume von Hausindustriellen eingeführt worden. Es sollen nämlich die Räumlichkeiten, die zur Herstellung von Kleidungsstücken und Cigarren verwendet werden, sauber und frei von Ungeziefer, wie auch

[1] Socialpolit. Centralbl. v. 30 Juli 1894.

frei von der Gefahr ansteckender Krankheiten gehalten werden. Die Verleger müssen zu dem Zweck eine genaue Liste der Zwischenmeister, diese eine solche der Heimarbeiter führen, von denen der Gesundheitsbehörde eine Abschrift zugestellt wird. Eine Überwachung durch die Fabrikinspektoren erklärt selbst die Verfasserin des Aufsatzes für unmöglich, meint aber, dies werde gutgemacht durch die Gesetzesbestimmung, dafs, wenn sich in einer Hausarbeitsstube Krankheit oder Ungeziefer finden sollte, die Gesundheitsbehörde alle darin für den Markt bestimmten Gegenstände unverzüglich zu vernichten habe. Allein es liegt auf der Hand, dafs selbst viel schärfere Strafbestimmungen als diese die Durchführung der gesetzlichen Anordnung nicht sichern werden, solange sich der Hausindustrielle sagen mufs, dafs er eher den Gewinn des grofsen Loses als den Besuch eines Inspektors zu erwarten habe.

Mufs auch das Princip jenes Gesetzes, zunächst nur einzelne Arbeitszweige regeln zu wollen, als zweckmäfsig bezeichnet werden, so ergiebt sich doch die Notwendigkeit, in der Kontrolle der Heimarbeit an demselben Punkte anzusetzen, wie in der Fabrikarbeit, nämlich bei dem Arbeitgeber, d. h. dem Verleger oder Zwischenmeister. Es ist undenkbar, auch nur die geringste Schutzbestimmung durchzuführen, ohne ihn mitverantwortlich zu machen. Ist doch die Abhängigkeit der Heimarbeiter von ihm noch viel gröfser als die der Fabrikarbeiter von ihrem Arbeitgeber. Sein entgegenstehender Wille würde genügen, jede Anordnung des Gesetzes, die über seinen Kopf hinweggeht, illusorisch zu machen. Allerdings ist bisher bei dem Verleger ein Bewufstsein seiner Verantwortlichkeit als Arbeitgeber auch noch nicht in den Anfängen zu finden. Haben doch auch die Heimarbeiter da, wo der Verleger gleichzeitig Fabrikant ist, nirgends Anteil an dessen freiwilligen Wohlfahrtseinrichtungen. Dies Verantwortlichkeitsgefühl wird zunächst geweckt werden müssen, und das ist zu erreichen durch die Ausdehnung der Alters- und Krankenversicherung auf die Hausindustrie, welche gleichzeitig ein Zusammengehörigkeitsgefühl unter den Heimarbeitern schaffen wird. Diese beiden ethischen Momente scheinen mir allerdings die notwendige Voraussetzung zu einer wirksamen Durchführung des Arbeiterschutzes zu sein.

Ist der Verleger durch die Pflichten, welche ihm die Versicherungsgesetzgebung auferlegt, erst genötigt, sich mehr um die Verhältnisse seiner Heimarbeiter zu kümmern, so kann man ihm auch eine Verantwortlichkeit auferlegen, die ihm heute noch nicht zugemutet werden darf, nämlich die, dafs keine seiner Heimarbeiterinnen eine gröfsere Arbeitsportion erhalten darf, als sie etwa in 11 Stunden bewältigen kann.

Wie die Durchführung dieses vom Gesetze auszusprechenden Princips noch mit anderen als moralischen Mitteln zu sichern wäre, das sei an dieser Stelle nicht erörtert. Dafs eine gewisse Kontrolle, nicht in den Arbeiterwohnungen, aber an der Stelle, wo die Arbeit ausgegeben wird, unmöglich sei, wird nicht behauptet werden können.

Fände so die Arbeitszeit der Heimarbeiterinnen eine Regelung, so müfste andererseits in hygienischer Hinsicht durch ein energisches Vorgehen in der Wohnungsfrage eingegriffen werden.

Es ist höchst wahrscheinlich, dafs die Hausindustrie durch Einführung solcher Vorschriften einen starken Stofs erhalten würde. Von ihrer gänzlichen Ausrottung könnte aber nicht die Rede sein, es würden der Heimarbeit nur dieselben Schranken auferlegt werden als der Fabrikarbeit, sodafs beide Betriebssysteme nunmehr unter gleichen Voraussetzungen zu rivalisieren hätten. Wo sich dann die Hausindustrie noch als lebenskräftig erweist, da wäre es ein schwerer Fehler, sie gänzlich aufheben zu wollen. Ein radikales Verbot der hausindustriellen Herstellung von Kleidungsstücken, wie es neuerdings angeregt worden ist, würde ich für überstürzt und undurchführbar halten. Es würde für Tausende von Arbeiterfamilien die Bedrohung ihrer Existenz bedeuten und müfste auch den Absatz schwer schädigen. Dagegen wäre ein Verbot der Herstellung von Kinderwäsche und -Kleidung im sanitätspolizeilichen Interesse wohl zu rechtfertigen.

Zu beseitigen ist jedenfalls die künstliche Begünstigung, welche die Hausindustrie bisher vor dem Fabrikbetrieb durch die Befreiung von den schützenden Bestimmungen der socialen Gesetzgebung geniefst.

Hand in Hand damit aber müfste das Verbot ergehen, dafs der Fabrikant seinen Fabrikarbeiterinnen noch Arbeit nach Hause mitgiebt. Dies Verbot, ohne gleichzeitige Regelung der Hausindustrie, würde dieser einen neuen Vorzug geben, die Regelung der Hausindustrie ohne dies Verbot nur eine halbe Mafsregel sein.

Alle diese Vorschläge würden, zu einem Gesetzentwurf verdichtet, voraussichtlich starkem Widerstande bei den Arbeitgebern begegnen, ebenso wie früher die Einführung des Maximalarbeitstages und der Sonntagsruhe. Haben doch die Wäschefabrikanten erst kürzlich in einer Petition um Verlängerung der Arbeitszeit für ihre Branche gebeten, weil in ihr zur Zeit die Beschäftigung sehr grofs sei und ein fühlbarer Mangel an Plätterinnen herrsche. Aber ebensowenig wie eine Minderleistung der Plätterinnen in der verkürzten Arbeitszeit die wahre Ursache dieses Verlangens ist, würde auch die Ausdehnung des Arbeiterschutzes dem wirklichen Interesse der Unternehmer zuwiderlaufen. In der Wäschekonfektion würden die Verleger noch mehr wie bisher dazu übergehen, eigene Arbeitsstuben einzurichten, und darin ein billigeres und besseres

Fabrikat herstellen können, als sie es aus den Stuben der versicherungspflichtigen Zwischenmeister erhalten. Dies und die Möglichkeit technischer Verbesserungen würden sicherlich dazu beitragen, den Ruf des Berliner Fabrikats im In- und Auslande zu heben.

Auch die Fabrikanten würden einen grofsen Teil ihrer Hausindustrie in die Fabrik ziehen. Versicherte mir doch der Angestellte einer grofsen Fabrik, sobald nur die Versicherungspflicht auf die Heimarbeiterinnen ausgedehnt wäre, würde die Fabrik in dem Mafse vergröfsert werden, dafs sämtliche Heimarbeiterinnen darin beschäftigt werden könnten.

Würde auch eine derartige Aufsaugung der Hausindustrie nicht die allgemeine Folge sein, so würde eine Betriebsform doch nur noch einen schweren Stand haben, das Zwischenmeistersystem. Die Zwischenmeister, gleichzeitig als Arbeiter des Verlegers und als Arbeitgeber ihrer Arbeiterinnen versicherungspflichtig und kontrolliert, würden bei ihrem ohnehin keinen reichlichen Gewinn bringenden Geschäfte kaum noch ihre Rechnung finden. Damit aber schwände gerade der Ursprung der schwersten Schäden in der Hausindustrie, und es wäre ein falsches Mitleid, wenn man, um die Existenz der Zwischenmeister nicht zu gefährden, die Ausdehnung des Arbeiterschutzes und der Versicherung unterlassen wollte. Die Meisterinnen in der Wäscheindustrie werden als tüchtige Heimarbeiterinnen immer noch ihr Auskommen finden, ihre Werkstattarbeiterinnen aber in den Arbeitsstuben der Verleger besseren und lohnenderen Verdienst finden als bei ihnen.

Endergebnis.

In den letzten Kapiteln dieser Erörterung mufste bereits mehrmals der enge Rahmen, in welchem sich die Beschreibung des Zustandes einer Industrie bewegt, überschritten werden, weil die Fragen, welche für die Fortbildung der wirtschaftlichen und socialen Verhältnisse dieser Industrie in Betracht kommen, im Zusammenhange stehen mit allen grofsen volkswirtschaftlichen Zeitfragen.

Von mannigfachen Gesichtspunkten drängt sich die Frage auf: Welches wird die Zukunft der Betriebsformen in unserem Gewerbe sein? Wir sahen, wie sich die Wäscheindustrie in zwei Zweige spaltete, der eine rein hausindustriell, der andere in der Hauptsache fabrikmäfsig betrieben. Wir sahen in ersterem die Ansätze zum Betriebe im geschlossenen Etablissement verkümmern, im anderen, neben einem Fortschritt des fabrikmäfsigen Grofsbetriebs, ein Rückgreifen auf die Hausindustrie. In der Wäschekonfektion verschwanden die Nähstuben, weil sie sich gegen die aufkommende Nähmaschinenarbeit spröde verhielten, und weil selbst nach Einführung der Nähmaschine die in der Werkstatt vereinigten Arbeiterinnen mangels genügender Arbeitsteilung kaum mehr leisteten als eine gleiche Anzahl vereinzelter Heimarbeiterinnen. Dagegen lohnte sich die Begründung von Nähstuben mit einer mäfsigen Arbeiterinnenzahl durch Hausindustrielle, welche sich zu Zwischenmeisterinnen aufschwangen, weil die Spesen viel geringer waren, als die der Werkstätten von Geschäften, und weil der nötige Kapitalaufwand sich mit der Verbilligung und Bezugserleichterung der Nähmaschinen verminderte.

Aber für alle besseren Artikel blieb die Herstellung durch einzelne Heimarbeiterinnen vorwiegend, weil hier Geschmack und individuelle Geschicklichkeit den Ausschlag geben.

Die Ursache davon, dafs im Gegensatze hierzu Kragen und Manschetten fabrikmäfsig hergestellt werden, lag darin, dafs diese in weit höherem Mafse Massenartikel sind als andere Wäschestücke, dafs ihre grofse Gleichförmigkeit das Einarbeiten der einzelnen Näherinnen auf viel speciellere Teilarbeiten gestattet und damit die Vorteile der Arbeitsteilung in der Näherei vergröfsert, und endlich, dafs der technische Fortschritt in den Hülfsarbeitsprozessen, welche speciell für diese Artikel erforderlich sind (Waschen, Plätten), den centralisierten Betrieb erforderte. Die vermehrte Inanspruchnahme der Hausindustrie erfolgte nur in der Näherei und zwar in der von Kragen und Manschetten geringster Qualität, für welche die durch Arbeitsteilung erzielte Feinheit der Arbeit überflüssig erschien, ferner in der Näherei von Knopflöchern, von Oberhemden und ähnlichen Artikeln, für welche die geschilderten besonderen Vorteile der Arbeitsteilung nicht gelten. Endlich ist es die Befreiung der Hausindustrie von den Lasten der socialen Gesetzgebung, welche diese teilweise Rückbildung begünstigte.

In all diesen Faktoren wird voraussichtlich in nächster Zeit keine Änderung eintreten mit Ausnahme der wohl als nahe bevorstehend anzusehenden Ausdehnung von Arbeiterversicherung und Arbeiterschutz auf die Hausindustrie. Es ist schon ausgeführt, dafs hierdurch wahrscheinlich die Hausindustrie eingedämmt werden wird. Um aber die Wäschekonfektion in gröfserem Umfange in die Bahn des Fabrikbetriebs zu lenken, wird diese Mafsregel nicht genügen. Denn die gröfsere Billigkeit der hausindustriellen Produktion in diesem Gewerbszweige hängt, wie wir sahen, doch von tieferen Ursachen ab. Möglich nur, dafs hier, wie so oft, die sociale Reform die Ursache eines technischen Fortschritts wird, der etwa die Leistungsfähigkeit der Nähmaschine bei Dampfbetrieb gegenüber dem Fufsbetrieb in höherem Grade steigert als bisher. Dann würde dem Fabrikbetrieb ein gröfserer Vorsprung vor dem hausindustriellen gegeben sein, als die Verschiebung der socialpolitischen Lasten allein bewirken könnte.

Doch man täusche sich nicht: Zu einer völligen Ausrottung der Hausindustrie auf diesem Gebiete würde es auch dann nicht kommen. Solange der Lohn einer Heimarbeiterin, sei es in Berlin, sei es in Sachsen oder anderwärts, die Hälfte des Lohnes einer Fabrikarbeiterin beträgt, so lange Gegenstände hergestellt werden, an welche die Anforderung technisch vollkommener Arbeit nicht gestellt wird, so lange wird auch ein Teil der Produktion hausindustriell erfolgen. Dafs andrerseits für Luxusartikel die Heimarbeit bestehen bleiben wird, ist nicht zu bedauern, weil deren Herstellung gut bezahlt wird.

Eine gänzliche Überführung der Hausindustrie in den Fabrikbetrieb, so erwünscht sie auch vom Standpunkte des technischen und socialen Fortschritts wäre, ist also für unsere Industrie in absehbarer Zeit nicht zu erwarten. Rechne man darum mit dem Gegebenen und lege die Hand an, wo die

Schäden sich zeigen, ohne zu verzweifeln, weil nicht mit einem Schlage alle Forderungen zu verwirklichen sind.

Soll doch die Frucht einer Untersuchung wie der vorliegenden die Erkenntnis sein, dafs das wirtschaftliche Leben zwar nicht ein regelloses Chaos singulärer Erscheinungen ist, sondern von allgemein gültigen Gesetzen beherrscht wird, dafs aber die Wirkung dieser Gesetze notwendig eine ebenso verschiedene ist, als die Menschen und Dinge verschieden sind, die von ihnen beeinflufst werden.

Allerdings, wer diese Mannigfaltigkeit der socialen Thatsachen mifsachtet und nur e i n e Formel zur Lösung „der" socialen Frage kennt, wer erst nach Vernichtung aller Entwickelungskeime, der lebenskräftigen wie der faulen, aus dem Nichts heraus eine neue Gesellschafts- und Wirtschaftsordnung geschaffen sehen will, für den ist jede Einsicht in die Zustände der Gegenwart und ihre Bedingungen wertlos und die Vermittlung solcher Einsicht verlorene Mühe.

Aber diese Auffassung beginnt zu schwinden. Die „Logik der Thatsachen" hat selbst die Führer der Socialdemokratie gezwungen, nicht, wie sie einst gewollt, als thatenlose Zuschauer dem „Todeskampfe der kapitalistischen Gesellschaft" zuzusehen, sondern mehr und mehr mit eigenen Vorschlägen an der Reformarbeit der bürgerlichen Gesellschaft teilzunehmen.

Das aber, was mehr Not thut, als die Bekehrung einiger politischen Führer, ist die Befreiung der Arbeiterschaft von dem Fatalismus der Marxistischen Lehre. Jede sociale Reform mufs Stückwerk bleiben, ohne die thätige Mitwirkung der durch sie betroffenen Arbeiter, und jede That, die nur f ü r sie und nicht d u r c h sie geschieht, bestärkt sie nur in dem Glauben an die Nutzlosigkeit, zu anderem Thun die Hand zu rühren, als zur gewaltsamen Ergreifung des Staatsruders. Die Erziehung des Arbeiters zu nüchterner Thätigkeit für die nächstliegenden Interessen seines Berufs, welche nur zu erreichen ist durch freies Gewährenlassen der Gewerkschaftsbewegung, des Aschenbrödels der Socialdemokratie, ist das wichtigste Mittel zu einer friedlichen socialen Entwickelung.

Da aber, wo der Staat am wenigsten und am schwersten helfen kann, die socialen Schäden zu bessern, in der weiblichen Hausindustrie, da liegt es geradezu im Staatsinteresse, die Organisation der Schwächsten der Schwachen zu b e g ü n s t i g e n.

Hier ist auch das Feld, wo neben Staatshülfe und Selbsthülfe die Gesellschaft eingreifen mufs. Sie hat diese Pflicht schon erkannt, wenn auch erst unvollkommen. Kirchliche Vereine veranstalten vor Weihnachten Verkäufe von den Arbeiten armer Näherinnen, Stiftungen gewähren Nähmaschinen oder vermitteln ihren Ankauf zu billigen Preisen, Frauenvereine haben sich gebildet, deren Mitglieder die Häuser des

Berliner Nordens und Ostens besuchen und den hülfsbedürftigen arbeitenden Frauen thatkräftig und moralisch zur Seite stehen, Haushaltungs- und Fortbildungsschulen für die Mädchen der arbeitenden Klassen sind begründet und ähnliche Ziele werden durch Vereine und Private gefördert.

Aber was bisher in dieser Beziehung geschehen ist, kann und soll erst der Anfang sein einer Bewegung, welche die zerrissenen Gesellschaftsklassen durch friedliche Thätigkeit einander annähert. Es wird vor allem die Aufgabe der Frauen sein, zu wirken an der wirtschaftlichen und moralischen Hebung und der socialen Versöhnung ihrer in harter Arbeit kämpfenden Schwestern aus der Arbeiterklasse. Groſs ist die Aufgabe, aber auch groſs der Lohn, der ihnen winkt; denn, wer die Frau des Arbeiters gewinnt, der hat auch die Jugend und die Zukunft gewonnen!

Anhang.

Tabelle I.

Kosten und Preise von Wäschegegenständen nach Angabe eines Grossisten.

Artikel	Material-kosten pro Dutzend ℳ	Arbeitslohn pro Dutzend ℳ	Herstellungszeit für ein Dutzend[1]	Engrospreis pro Dutzend ℳ	Detailpreis pro 12 Stück ℳ
Bunte Männerhemden (sogen. Arbeiterhemden.)	13,50	1,60—1,75	1 Tag	17,00—17,50	24
Weifse Männerhemden	14,50	3,50	2 Tage	21,00—22,50	30
Frauenbeinkleider	9,00	1,00 für Nähen 1,70 für Languettieren	$^1/_2$ Tag Nähen 1 Tag Languettieren	15,00	21
Kinderbeinkleider	—	0,50 für Nähen 1,00 für Lang.		3,30	—

[1] Die hier angegebenen Zahlen dürften etwa die Maximalleistung der Näherin darstellen, sodafs aus ihnen nicht ohne weiteres auf ihren Durchschnittsverdienst geschlossen werden kann.

Tabelle II befindet sich auf Seite 140 und 141.

Tabelle III.

Wochenabrechnung eines Engrosgeschäfts für Arbeiterwäsche in der Saison (Anfang December 1895).

Die ausgezahlten Verdienste betrugen in ℳ:

4,40	4,25	5,90
3,30	4,90	9,45
9,75	18,20 *	6,00
7,40	6,45	7,30
7,65	16,15 *	12,50
6,55	10,50	6,00
3,70	9,15	4,00
2,50	9,70	13,00
3,75	11,15	7,90
9,40	16,55 *	7,20
10,45	3,30	6,75
4,00	4,45	8,65
6,75	4,40	15,25 *
20,50 *	4,35	9,50
7,00	7,45	15,60 *
4,40	6,30	—

* Zwischenmeisterinnen.

Der Durchschnittsverdienst der allein arbeitenden Heimarbeiterinnen beträgt also in jener Woche 6,87 ℳ. Etwa 20 Arbeiterinnen hatten noch nicht abgerechnet, um in der nächsten Woche einen gröſseren Posten Geld für Weihnachtsbesorgungen in die Hand zu bekommen.

Tabelle II.

Die Ausfuhr an leinener und baumwollener Leibwäsche aus dem Deutschen Reiche.

Jahr	Gesamt-Ausfuhr		Von der Ausfuhr gingen Kilogramm nach									
	in kg	in ℳ	Dänemark	Schweden	Norwegen	Rufsland	Österreich-Ungarn	Schweiz	Frankreich	Belgien	Niederlande	Grofsbritannien
1880	811 700	9 740 000	50 800	83 100	—	71 300	26 600	66 600	27 300	47 700	200 700	43 000
1881	827 700	9 932 000	42 400	86 200	—	55 400	25 900	69 400	35 500	57 900	201 200	28 600
1882	878 900	9 668 000	59 000	85 000	—	36 000	—	65 800	42 600	69 700	219 500	—
1883	1 065 600	10 656 000	67 200	96 600	—	15 200	26 000	65 800	54 100	86 000	243 500	94 200
1884	1 125 300	9 003 000	58 200	84 300	—	—	—	73 400	40 100	83 100	264 400	93 900
1885	1 080 000	8 099 000	49 700	71 600	—	9 000	21 000	128 200	25 000	74 800	224 800	41 700
1886	1 183 600	8 877 000	45 300	50 300	—	—	26 400	144 300	36 400	69 600	228 800	47 600
1887	1 316 100	9 871 000	46 700	49 400	—	—	32 800	171 000	26 100	70 700	233 000	103 400
1888	1 224 600	8 572 000	50 400	52 700	—	—	36 500	129 400	25 500	62 600	267 400	52 500
1889	1 217 600	8 523 000	50 200	49 100	39 000	11 000	32 600	138 000	26 000	45 300	276 000	53 800
1890	1 233 800	8 637 000	50 800	53 400	44 500	—	30 600	142 400	28 100	60 500	293 700	42 900
1891	1 364 500	9 006 000	50 500	46 200	49 000	9 500	35 200	172 600	28 500	47 200	394 700	49 900
1892	1 330 000	8 512 000	64 800	57 600	49 400	6 800	31 900	146 700	25 000	49 200	449 500	60 600
1893	1 430 300	9 368 000	72 800	51 400	58 600	4 900	18 000	175 300	23 800	54 000	488 900	55 900
1894	1 499 600	9 747 000	72 900	60 100	57 600	23 100	16 600	186 300	39 400	54 700	538 800	59 700

Tabelle II (Fortsetzung).

Die Ausfuhr an leinener und baumwollener Leibwäsche aus dem Deutschen Reiche.

Jahr	Von der Ausfuhr gingen Kilogramm nach													
	Portugal	Italien	Rumänien	Verein. Staaten	Mexiko	Centralamerik. Staaten	Argentinien	Brasilien	Chile	Venezuela	Uruguay	Brit. Ostindien	Niederl. Ostindien	Brit. Australien
1880	12 700	14 000	—	—	—	—	—	22 000	—	—	—	—	—	—
1881	—	14 400	—	—	—	—	—	13 200	—	—	—	—	—	—
1882	12 800	—	—	—	—	—	—	22 200	—	—	—	—	—	—
1883	—	11 900	—	—	—	—	—	—	—	—	—	—	—	—
1884	—	—	—	—	—	—	—	—	—	—	—	—	—	—
1885	—	14 000	—	—	—	—	—	—	—	—	—	—	—	—
1886	—	14 100	—	—	—	—	—	—	—	—	—	—	—	—
1887	—	23 300	—	—	—	—	—	—	—	—	—	—	—	—
1888	—	13 600	—	—	—	—	—	27 100	—	—	—	—	—	—
1889	—	16 000	—	51 600	—	15 600	70 600	154 800	20 700	—	—	—	—	12 700
1890	40 100	18 400	—	52 200	14 300	22 000	21 400	166 100	17 400	—	—	15 900	—	—
1891	39 400	11 200	19 800	33 100	12 600	24 300	4 900	147 600	8 100	10 200	—	83 800	17 800	—
1892	29 400	8 400	13 500	29 400	10 600	16 600	9 800	117 200	27 100	7 200	5 300	55 900	6 200	700
1893	19 500	6 300	15 300	45 200	8 800	24 100	8 700	168 400	16 300	14 200	9 800	16 200	7 200	400
1894	10 800	5 100	13 300	47 800	6 400	14 200	5 100	172 100	10 400	8 600	10 900	17 400	6 800	400

Tabelle IV. **Das Einkommen von 28 Heim-**

Beruf der Heimarbeiterin	Arbeitgeber Engrosgesch.: EG Detailgesch.: DG Fabrik: F Zwischenmeister: Zw	Alter	Durchschnittlicher Wochenverdienst ℳ	Ungefährer Jahresverdienst*) ℳ	Beruf des Mannes
Näherin	EG	28	8	400	Modelleur
„	F	25	5½	286	Tischler
„	F	43	6	300	Tischler
Handknopflochnäherin	F	45	3,30	150	Arbeiter
Maschinenknopflochnäherin	F	30	13,50	675	Droschkenkutscher
„	F	30	arbeitet m. d. Mann zusamm.		Knopflochnäher
„	Zw	30	12	600	Schneider
„	Zw	35	4	200	Schnurdreher
„	Zw	36	15	750	Fabrikarbeiter
Näherin	Zw	40	13,50	730	Dekateur
„	Zw	40	9,50	450	Arbeiter
„	Zw	42	5	250	Gürtler
„	Zw	23	5	250	Maurer
Plätterin †)	F	42	6	300	Korbmacher
„ †)	F	30	13,75	420	Steinsetzer
Maschinenknopflochnäherin	F	54	10	500	Walker, invalide
„	Zw	31	5	250	Maler, krank
Näherin	EG	45	8	400	verstorben
„	F	42	15	700	„
„	Zw	36	8	400	„
„	F	51	6	300	„
„	DG	19	10	500	unverheiratet
„	DG	30	14	700	„
„	F	38	10,50	550	„
„	F	28	13	650	„
Maschinenknopflochnäherin	F	20	24	1200	„
„	F	34	12	600	„
„	Zw	50	18,50	925	eheverlassen

*) Soweit die Arbeiterinnen denselben nicht selbst angegeben haben,

†) Frühere Fabrikplätterinnen, denen ausnahms-

arbeiterinnen und ihren Familien.

Des Ehemannes durchschnittlicher Wochenverdienst ℳ	Des Ehemannes ungefährer Jahresverdienst ℳ	Nebeneinkommen im Jahre ℳ	Gesamteinkommen der Familie im Jahre ℳ	Zahl der unversorgten Kinder	Ausgabe für Wohnungsmiete ℳ	Wohnräume (St. = Stube, Ka. = Kammer, Kü. = Küche, Schl. = Schlafstelle)
30	1500	—	1900	—	300	2 St. 1 Ka. Kü.
—	864	—	1150	1	270	1 „ — „
—	1200	—	1500	?	270	1 „ — „
—	?	?	—	2	249	1 „ — „
—	1000	—	1675	2	252	1 „ — „
14,50	725	—	725	2	270	1 „ — „
18	900	—	1500	2	285	1 „ — „
15	750	108	1058	1	285	2 „ — „
15,50	775	60	1585	2	252	1 „ — „
30	1500	—	2030	—	288	2 „ — „
17	510	—	960	2	216	1 „ — „
18,50	925	—	1175	3	228	1 „ 1 Ka. „
25	750	—	1000	1	216	1 „ — „
14	700	—	1000	1	255	1 „ — „
35	950	—	1370	1	240	1 „ — „
—	Rente in Aussicht	—	z. Z. 500	—	246	1 „ — „
—	—	Wohlthätigkeit	250	5	186	1 „ — „
—	—	?	400	3	285	1 „ — „
—	—	78	778	1	252	1 „ — „
—	—	? Wohlthät.	400	4	288	1 „ — „
—	—	222	522	—	261	1 „ — „
—	—	—	500	—	0	1 „ bei Eltern
—	—	120	820	—	240	1 „ „ „
—	—	—	550	—	72	Schl. b. Mutter
—	—	—	650	—	?	„ „ „
—	—	—	1200	—	48	„ „ Schwester
—	—	—	600	1	291	1 St. — Kü.
—	—	144	1069	—	360	2 „ — „

ist derselbe auf Grund des angegebenen Wochenverdienstes berechnet.
weise erlaubt ist, zu Hause zu arbeiten.

Tabelle V.

Das Einkommen von 14 Zuschneidern und ihren Familien.

Alter	Arbeiterzahl in der Fabrik des Arbeitgebers: überhaupt	Arbeiterzahl in der Fabrik des Arbeitgebers: männl.	Stücklohn (St) oder Wochenlohn (W)	Höhe des Wochenverdienstes: mindestens ℳ	Höhe des Wochenverdienstes: durchschn. ℳ	Höhe des Wochenverdienstes: höchst. ℳ	Höhe des Jahreseinkommens ℳ	Verdienst der Frau, wenn verheiratet (v.)? ledig (l.)?	Nebenverdienst	Was geben die Kinder von ihrem Verdienste ℳ	Gesamteinkommen ℳ	Zahl der unversorgten Kinder	Jährliche Ausgabe für Miete ℳ	Zahl der Wohnräume (St = Stube, Kü = Küche, Ka = Kammer, Schl = Schlafstelle)
43	380	22	?	—	(24)	—	1894: 1248	v. ?	—	624	1872	—	282	1 St, 1 Kü
45	„	„	St	21	—	25	1000—1200	v. verkauft im Cig.-Gesch.		—	?	1	1200	1 Laden, 1 St, Kü, Keller, Bod.
42	„	„	„	—	30	—	1500	v. ?	—	—	1500	2	120	Schl
34	61	7	W	—	22,50	—	ca. 1000, 1894: 924	v. ?	—	—	1000	1	240	1 St, Kü
32	163	12	W	—	25,50	—	1894: 1326	v. ?	—	—	1326	—	213	1 St, Kü
27	„	„	„	—	24	—	1200, 1894: 1000	v. 500	—	—	1700	1	270	?
30	35	5	„	—	26	—	1200	v. ?	—	—	1200	1	264	1 St, 1 Ka, 1 Kü
35	471	21	St	30	—	36	1800—1900, 1894: 1980	v. ?	—	—	1800—1900	2	300	1 St, 1 Kü
31	?	?	W	—	25	—	1300	v. ?	—	—	1300	1	240	1 St, 1 Kü
36	?	?	?	—	30	—	1500	v. ?	—	—	1500	1	261	?
27	163	12	W	—	28,50	—	1894: 1480	l.	—	—	1480	—	inkl. Kostgeld 624	bei den Eltern
18	„	„	„	—	21	—	1092	l.	—	—	1092	—	„ „ 416	„ „ „
24	„	„	„	—	27	—	1894: 1400	l.	—	—	1400	—	„ „ 520	„ „ „
19	„	„	„	—	24	—	1100, 1894: 850	l.	—	—	1100	—	„ „ 520	„ „ „

Tabelle VI.

Wichtigste Krankheiten	Ortskrankenkasse für die Wäschefabrikation									Alle (92) Berliner Krankenkassen im Jahre 1892			Weibliche Mitglieder der Ortskrankenkasse der Schneider	
	1888*)	1889	1891			1892							
			männl.	weibl.	Zus.	männl.	weibl.	Zus.	männl.	weibl.	Zus.	1893	1894
Akuter Gelenkrheumatismus	7	16	—	9	9	—	14	14	1 101	131	1 232	—	—
Syphilis	3	4	—	2	2	—	4	4	703	60	763	—	—
Blutmangel	69	110	—	84	84	—	120	120	191	2 749	2 940	615	722
Knochen- u. Gelenkentzündungen	18	15	—	—	—	—	—	—	825	166	991	—	—
Rheumatismus	47	30	3	39	42	3	52	55	7 812	1 260	9 072	296	291
Sonst. Krankh. d. Knochen u. Gelenke	9	10	—	—	—	—	—	—	—	—	—	—	—
Augenkrankheiten	33	49	2	36	38	2	39	41	1 448	453	1 901	80	90
Kehlkopfkrankheiten	22	23	1	41	42	—	33	33	1 697	473	2 170	231	231
Akute Bronchitis	3	11	1	3	4	1	7	8	1 617	337	1 954	—	—
Chronischer Bronchialkatarrh	39	61	1	46	47	1	35	36	5 528	1 148	6 676	—	—
Akute Lungenentzündung	13	7	—	3	3	1	6	7	748	98	846	534*)	652*)
Lungenschwindsucht	24	29	3	21	24	2	25	27	866	225	1 091		
Halsentzündung	81	65	2	40	42	2	105	107	2 214	732	2 946	188	169
Magenkrankheiten	99	14	2	76	78	1	66	67	—	—	—	402	562
Unterleibsentzündung	16	38	—	—	—	—	—	—	62	127	189	—	—
„Sonstige Unterleibskrankheiten“	—	—	—	65	65	—	103	103	126	1 515	1 641	782**)	859**)
Krankh. d. weibl. Geschlechtsorgane	86	93	—	—	—	—	—	—	—	3 224	3 224		
Darunter Entbindungen	—	—	—	—	—	—	—	—	—	2 630	2 630		
„ Fehlgeburten	—	—	—	40	40	—	48	48	—	410	410		
Gesamtzahl der Erkrankungen	887	1 182	56	1 015	1 071	56	1 300	1 356	70 786	22 123	92 909	4 650	5 051
Mitgliederzahl	4 694	5 157	—	—	4 784	—	—	5 023	—	—	311 802	18 047	19 078

*) Nur Hauskranke.

*) „Lungenleiden aller Art“.
**) ohne Entbindungen.

Tabelle IX. (Tabelle VII und VIII siehe Seite 148.)

Das Einkommen von 47 Fabrikarbeiter-

Plätterinnen (P), Näherinnen (N), Wochenlohnarbeiterinnen (W)	Alter	Verheiratet (v) oder ledig (l)	Wochenverdienst (ohne Abzug der Auslagen) in Mark			Arbeitszeit in Stunden nach Abzug der Pausen			Wenn Arbeit nach Hause genommen wird: durchschnittliche Arbeitszeit zu Hause:		Wöch. Ausgabe für Nadeln, Garn, Öl u. s. w. ₰	Reineinkommen in Mark pro Woche
			mindest.	durchschnittlich	höchst.	mindest.	durchschnittlich	höchst.	Wochentags	Sonntags		
P	21	l	—	9	—	—	11	—	—	—	—	—
„	25	„	9	(10,50)	12	—	9	—	Saison: 1	—	—	—
„	29	„	8	(9,50)	10—12	—	$9\frac{1}{4}$	—	—	—	—	—
„	18	„	8	(12)	13	—	9	10	—	—	—	—
„	25	„	13—17	(15)	16—17	8	9	—	—	—	—	—
„	29	„	12	(14)	16	—	11	—	—	—	—	—
„	35	v	6	(7)	8	7	9	—	—	—	—	—
„	23	l	—	10	—	—	9	—	—	—	—	—
„	27	„	8	(11,50)	15	—	9	10	—	—	—	—
„	24	„	7	(8,50)	10	—	9	—	—	—	—	—
„	25	v	6—7	(9,50)	12—13	8	—	10	—	—	—	—
„	20	l	9—10	(11,50)	13—14	—	—	—	—	—	—	—
„	41	„	12	(14,50)	16—17	—	11	—	—	—	—	—
„	24	„	12	(15)	18	—	($10\frac{1}{2}$)	—	—	—	—	—
„	39	„	12	(14)	15—16	—	$8\frac{1}{2}$	—	—	—	—	—
„	30	„	—	16—18	—	—	9	—	—	—	—	—
„	22	„	13	13,50	14	$10\frac{1}{2}$	—	11	—	—	—	—
„	20	„	8—10	(11)	12—14	$10\frac{1}{2}$	—	11	—	—	—	—
„	31	„	9—10	(11,50)	13—14	$10\frac{1}{2}$	—	11	—	—	—	—
„	30	„	10	(11,50)	12—13	$10\frac{1}{2}$	$10\frac{1}{2}$	$10\frac{1}{2}$	—	—	—	—
„	31	„	9	(12)	15	$8\frac{1}{2}$	—	10	—	—	—	—
„	25	v	7,50—8	(11,25)	14—15	—	$8\frac{1}{2}$	—	—	—	—	
„	30	l	7—8	(9,75)	12	$8\frac{1}{2}$	—	$10\frac{1}{2}$	—	—	—	—
„	20	„	—	—	—	—	—	—	—	—	—	—
„	27	„	10	(11,50)	13	9	—	11	—	—	—	—
„	25	„	10	(12)	13—14	$9\frac{1}{2}$	—	$11\frac{1}{2}$	—	—	—	—
„	27	v	—	12	—	—	$8\frac{1}{2}$	—	—	—	—	—
„	24	l	—	12—14	—	—	$11\frac{1}{2}$	—	—	—	—	—
„	38	v	10	(15)	18	$9\frac{1}{2}$	—	11	—	—	—	—
„	27	l	10	12	—	—	—	—	—	—	—	—
„	20	„	8	10	—	—	8	—	—	—	—	—
„	43	v	11	14	—	—	—	—	—	—	—	—
„	26	l	15	16,50	18	$10\frac{1}{2}$	—	11	—	—	—	—
„	21	„	9—10	(10,50)	11—12	$10\frac{1}{2}$	—	11	—	—	—	—
„	21	„	9—10	(10,20)	12—13	$10\frac{1}{2}$	—	11	—	—	—	—
„	21	„	10—12	(13)	14—15	$10\frac{1}{2}$	—	11	—	—	—	—
„	25	v	12—13	(13,50)	14—15	$10\frac{1}{2}$	—	11	—	—	—	—
„	20	l	—	15	—	—	11	—	—	—	—	—
N	19	„	5—6	—	9	—	($10\frac{1}{2}$)	—	2	1—2	100	(6,25)
„	24	„	—	11—12	—	—	$10\frac{1}{2}$	—	2	1—2	100	(10,50)
„	27	„	10	13,20	—	—	10	—	selten		120	12
„	20	„	9	12	14	—	$10\frac{1}{2}$	—	3	4—5	?	(12)
„	20	„	9—10	13—14	—	—	11	—	3—4	3—4	54	(13)
„	20	„	—	10	—	—	9	—	nie	2	60	10
W	15	„	—	7,50	—	—	8	—	—	—	—	—
„	21	„	—	11,50	—	—	11	—	—	—	—	—
„	28	„	—	13,0	—	11	—	$12\frac{1}{2}$—$13\frac{1}{2}$	—	—	—	—

innen (und ihren Familien).

Reineinkommen in Mark pro Jahr: gewöhnlich	Reineinkommen in Mark pro Jahr: 1894	Nebenverdienst in Mark: pro Woche	Nebenverdienst in Mark: pro Jahr	Einkommen des Mannes in Mark: pro Woche	Einkommen des Mannes in Mark, pro Jahr: gewöhnl.	Einkommen des Mannes in Mark, pro Jahr: 1894	Zahl der zu versorgenden Familienmitglieder inkl. Mann	Gesamteinnahme der Familie in Mark: pro Woche	Gesamteinnahme der Familie in Mark: pro Jahr	Ausg. f. Miete d. Wohnung oder Schlafstelle pro Jahr in Mark	Einkommen d. Frau in % des Einkommens d. Mannes	Mietspreis in Prozent d. Einkommens: der Arbeiterin	Mietspreis in Prozent d. Einkommens: der Familie
—	—	—	—	—	—	—	—	—	—	66	—	11,5	—
—	—	—	—	—	—	—	1	—	—	72	—	13,1	—
—	—	—	—	—	—	—	—	—	—	72	—	14,5	—
600	520—540	—	—	—	—	—	—	—	—	72	—	12,0	—
—	390—400	—	—	—	—	—	—	—	—	80	—	10,3	—
—	—	—	—	—	—	—	1	—	—	—	—	—	—
—	—	—	—	—	700-750	—	—	—	(1050—1100)	180	5,3	49,4	17,1
—	—	—	—	—	—	—	—	—	—	48	—	9,2	—
—	—	—	—	—	—	—	1	—	—	120	—	20,1	—
—	—	—	—	—	—	—	—	—	—	108	—	24,4	—
—	—	—	66	15	—	—	1	—	(1291)	243	63,3	49,2	15,6
—	575	—	—	—	—	—	—	—	—	60	—	10	—
—	500—600	—	192	—	—	—	1	—	(692—792)	291	—	30,8	—
—	750	—	—	—	—	—	—	—	—	84	—	10,8	—
—	—	—	—	—	—	—	—	—	—	78	—	15	—
—	—	—	—	—	—	—	1	—	—	72	—	8,1	—
—	—	—	—	—	—	—	—	—	—	—	—	—	—
—	—	—	—	—	—	—	—	—	—	—	—	—	—
—	550	—	—	—	—	—	1	—	—	84	—	14,1	—
—	550—600	—	—	—	—	—	—	—	—	72	—	12	—
600	555	—	—	—	—	—	—	—	—	126	—	20,2	—
500—600	170	—	—	16—17	—	634,35	1	(27,75)	—	168	68,2	28.7	11,6
—	—	—	—	—	—	—	2	—	—	78	—	15,4	—
—	—	—	—	—	—	—	—	—	—	—	—	—	—
—	—	—	78	—	—	—	2	—	(651)	228	—	38,1	—
500—550	—	—	—	—	—	—	—	—	—	72	—	11,5	—
500	—	—	—	24	950	950	1	36	1450	240	50	38,4	12,7
—	—	—	—	—	—	—	—	—	—	156	—	23,1	—
600—700	—	—	—	10	—	400	7	25	—	305	66	39,1	23,5
—	—	—	—	—	—	—	—	—	—	—	—	—	—
—	—	—	—	—	—	—	—	—	—	—	—	—	—
—	—	—	—	15	—	720	1	29	—	240	93,3	33	24,3
—	—	—	—	—	—	—	—	—	—	144	—	16,8	—
500—530	—	—	—	—	—	—	—	—	—	96	—	18,5	—
530	—	—	—	—	—	—	—	—	—	72	—	13,5	—
—	—	—	—	—	—	—	—	—	—	72	—	10,6	—
600	—	—	72	?	?	?	—	—	?	276	—	—	39,3
700	—	—	—	—	—	—	—	—	—	120	—	15,4	—
—	—	—	—	—	—	—	—	—	—	0	—	—	—
—	—	—	—	—	—	—	—	—	—	0	—	—	—
—	—	—	—	—	—	—	—	—	—	36	—	5,8	—
—	—	—	—	—	—	—	—	—	—	?	—	—	—
500	—	—	—	—	—	—	—	—	—	60	—	8,8	—
—	—	—	—	—	—	—	—	—	—	72	—	13,8	—
—	—	—	—	—	—	—	—	—	—	0	—	—	—
—	—	—	—	—	—	—	—	—	—	60	—	10,5	—
—	—	—	—	—	—	—	—	—	—	114	—	17,5	—

Tabelle VII.

Verhältniszahlen von vier Krankheiten.

		Augenkrankheiten			Blutmangel			Halsentzündung			Lungenschwindsucht		
		%d.Mitgl.	%d. Erkrank. übh.	%d. Erkrank. weibl.	%d.Mitgl.	%d Erkrank. übh.	%d Erkrank. weibl.	%d.Mitgl.	% d. Erkrank. übh.	% d. Erkrank. weibl.	%d.Mitgl.	%d.Erkrank. übh.	%d.Erkrank. weibl.
Ortskrankenkasse für die Wäschefabrikation	1888	0,70	3,72	—	1,49	7,89	—	1,73	9,13	—	0,51	2,71	—
	1889	0,95	4,15	—	2,13	9,30	—	1,26	5,49	—	0,56	2,45	—
	1891	0,79	3,54	3,54	1,76	—	8,27	0,88	3,92	3,94	0,50	2,23	2,07
	1892	1,09	3,03	3,00	2,39	—	9,23	2,10	7,89	8,23	0,56	1,98	1,91
Berl. Krankenk.	1892	0,60	2,04	—	0,94	3,16	12,43	0,94	3,17	3,30	0,35	1,17	1,02
Weibl. Mitgl. der Ortskrankenkasse der Schneider	1893	0,44	1,71		3,35	13,23		1,04	4,05		—	—	—
	1894	0,47	1,78		3,78	14,29		0,88	3,34		—	—	—

Tabelle VIII.

Krankheitsstatistik.

	Von 100 Mitgliedern erkrankten		Von 100 Mitgliedern starben		Auf 100 Erkrankungen kamen Todesfälle		Zahl der Krankheitstage auf 1 Mitglied		Zahl der Krankheitstage auf 1 Erkrank.	
	m.	w.	m.	w.	m.	w.	m.	w.	m.	w.
Berliner Krankenkassen 1889	34,0	33,7	1,23		—	—	7,65	8,85	28,5	26,3
1890	38,8	31,2	1,12		—	—	7,76	9,40	25,2	30,2
Ortskrankenkasse für die Wäschefabr. 1892	21,7	28,6	1,18	0,61	5,46	2,13	4,23	5,25	19,56	18,34
Betriebskrankenkasse v. Wolff & Glaserfeld 1892	11,5	20,6	—	0,35	—	1,71	3,29	3,76	28,50	18,27

Tabelle X.

Durchschnittslöhne nach der Reichserhebung von 1887.

Ort	Fabrikarbeiterin ℳ			Heimarbeiterin ℳ			Werkstattarbeiterin ℳ		
	Maxim.	Minim.	Durchschn.	Maxim.	Minim.	Durchschn.	Maxim.	Minim.	Durchschn.
Berlin	23,55	5	9—15	12—20*	5—6*	9—10*	—	—	9—10*
Bielefeld-Herford	9	4,50	6	—	—	—	—	—	—
Breslau	—	—	—	15	9	10,50	9—12	4,50—7,20	7,20—9,60
Chemnitz	9	unter 6	—	—	—	—	über 10	unter 4,50	4,50—9,60
Cöln	12	4,80	8,40—9	—	—	10—11	—	—	7,20
Dresden	—	—	—	9,60	7,20	—	—	—	—
Düsseldorf-Neufs-Barmen-Elberfeld	—	—	—	10,40	—	6,34—9	—	—	—
Erfurt	—	—	—	8	6,40	—	9	6	7
Leipzig	—	—	—	—	—	16—18	15	3	8—9
Posen	—	—	—	15	12	—	—	—	3
Stettin	—	—	—	9,60	7,20	—	7,20	4,80	—
Voigtland	—	—	8,40—9	—	—	—	—	—	—
Wien,** Maschinennäherin	—	—	10,20—14,28	—	—	5,10—7,14	—	—	—
„ Handnäherin	—	—	6,12—8,16	—	—	3,57—5,10	—	—	—

* In Ermanglung von Angaben für diese Kategorien, sind die privatim ermittelten Zahlen für 1894/95 eingesetzt worden.
** Bei der Umrechnung in ℳ ist der Kurs von 1,70 zu Grunde gelegt.

FSC
www.fsc.org
MIX
Papier | Fördert
gute Waldnutzung
FSC® C083411

Kolibri 360 GmbH
Ferdinand-Jühlke-Straße 7
99095 Erfurt, Deutschland
produktsicherheit@kolibri360.de

Druck:
CPI Druckdienstleistungen GmbH
im Auftrag der
Kolibri 360 GmbH
Ferdinand-Jühlke-Str. 7
99095 Erfurt